海洋ガバナンス の 国際法

普遍的管轄権を手掛かりとして

横浜市立大学国際総合科学部准教授
瀬田 真
Makoto Seta

[著]

三省堂

はしがき

　海洋は、科学技術の発展に伴いその利用形態を変え、そして、それに対応する形で海洋法も発展してきた。そして、海の憲法とも呼ばれるUNCLOSが採択されてから、既に30年以上が経過した。この間、UNCLOSを補填するために、複数の条約が締結されてきたものの、これらの条約も、現行海洋法の課題、つまり、規定された実体的規則の遵守が確保できていないことを根本的に解決するには至っていない。むしろ、科学技術の発展に対応した実体的規則の増加により、それらの規則を遵守すべき旗国・沿岸国の不遵守が、一層顕著となってきている。そのような状況においては、おそらく旗国・沿岸国以外の国家（第三国）による遵守の確保を期待するほかない。これが、本書における私の問題意識である。

　では、第三国が遵守を確保するとして、その際の課題はなにか。この問いへの国際法の観点からの答えは極めて明確である。それは、彼らが国際法上の権限を有さない点にある。旗国・沿岸国にのみ管轄権の行使が認められるのが一般的である現行海洋法においては、第三国が管轄権を行使できる場面、換言すれば、普遍的管轄権が認められる場面はさほど多くはない。しかし、多くはないながらも、そういった場面が存在するのが現状である。そこで、この例外的な普遍的管轄権はなぜ許容されるのか、その理論的根拠を考えていけば、何かが見えてくるのではないか。このような考えから、普遍的管轄権に焦点をあてることとした。

　他方で、この理論的根拠を考察するだけでは、あくまでも、現状の認識だけで終わってしまい、学術的な研究としては面白くない。そこで、この普遍的管轄権がなぜ許容されているかだけでなく、いかに許容されていくべきかをも研究の射程に含みたいと思うようになった。その際に着目したのが、問題意識と密接に連関し、本書のタイトルでもある「海洋ガバナンス」という概念である。普遍的管轄権の形成には、この概念の影響がみられる。それ故、普遍的管轄権は今後もこの概念に沿った形での発展が期待される。本書はこのような観点から、海洋法上の普遍的管轄権の展開を考察するものである。

ここまで挙げた、普遍的管轄権や海洋ガバナンスといった用語・概念は、極めて多義的に用いられており、その用法は人・学問領域によって異なる。本書は、このように多義的なものに、唯一無二の定義を提供することを試みるほど、野心的ではない。さりとて、本書は、前述した研究を行うにあたり、可能な限り正確に私の考えを伝えたいという思いから、それぞれの用語・概念を本書なりに定義している。さらに、管轄権の法理については、従来よりも緻密に区分し、先行研究とは異なる形で用いている点に特徴がある。

　本書は、国際法学の博士論文として執筆したものを加筆修正したものであることから、まずは、国際法に関心を有する方に読んでもらいたい。他方で、海洋の問題を考えるにあたっては、刑事法学や国際政治学のような他の社会科学の領域だけでなく、自然科学などの分野についての見識も不可欠である。私自身、海洋そのものについて語るほどの見識はとても持ち合わせてはいないが、国際法学から海洋を考えたものとして、海洋について興味を持つ方にも読んでもらえればと思う。

　以上より、ここでも簡潔に記した問題意識を、より正確に記述した序章は全ての方にお読み頂ければと思うが、管轄権について詳述した第1章については、国際法に関心を強く有しない方にとっては読み飛ばしも可能かもしれない。他方、国際法を学びながらも海洋法については興味がない、という私とは嗜好が異なる国際法に関心を有する方であっても、第1章についてはご覧頂きたい。第2章から第4章においては、それぞれ、海賊行為、SUA条約上の犯罪、船舶起因汚染、と事項別に現行法制における普遍的管轄権について、条文解釈や判例評釈といった法学のオーソドックスな手法をもって検討している。そのため、もし、どれかひとつの事項にのみ関心がある、という方がいたら、その章だけを読むという選択肢もなくはない。第5章は、それまでの検討を踏まえ、これからの海洋法における普遍的管轄権について展望している。この章は、法学というよりも、海洋ガバナンスの概念を用いることで、より政策的な記述となっている。この章だけを読んでもおそらく意味不明なので、そういった読み方はあまりお勧めしない。終章では、海洋法に焦点をあてた本書が、国際法一般にもつ意味合いについて、私なりの考えを記した。ぜひ、本書を手にした全ての方にお読み頂ければと思う。

　博士論文の提出から1年に満たない期間での出版ということもあり、加筆修

正をしたとはいえ、その内容は博士論文から大きく変わってはいない。国際法の分野では博士論文の提出がますます求められるようになっている今日、本書が、博士論文を執筆する方にとって、何らかの見本となれば幸いである。

2016年1月
瀬田　真

目　次

はしがき ● *i*

略称一覧 ● *vii*

序章　海洋の自由から海洋の管理へ ……………………… *1*

第1節　問題の所在：海洋法における実体的規則の
　　　　　　　　遵守確保とその限界 ……………………… *1*

第1款　海洋法における旗国・沿岸国への権限配分 ● *1*　　第2款　海洋法における実体的規則の増加・多様化 ● *7*　　第3款　旗国・沿岸国による遵守確保の限界 ● *15*

第2節　本書の目的 …………………………………………… *19*

第1款　先行研究の課題 ● *19*　　第2款　本書の分析枠組み ● *21*

第3款　本書の検討課題 ● *24*

第3節　本書の構成 …………………………………………… *28*

第1章　国際法における管轄権の法理と
　　　　　普遍的管轄権 ……………………… *31*

第1節　管轄権の作用上の分類と適用基準 ………………… *31*

第1款　作用上の分類と立法管轄権の理解 ● *32*　　第2款　作用上の分類と適用基準をめぐる混乱 ● *38*

第2節　普遍的管轄権の予備的考察 ………………………… *46*

第1款　ジェノサイドに対する普遍的司法管轄権 ● *46*　　第2款　普遍主義と代理主義の相違 ● *53*

第2章　海賊行為に対する普遍的管轄権の
　　　　　形成と理論的根拠 ……………………… *61*

第1節　海賊行為に対する普遍的管轄権の形成 …………… *62*

第 1 款　「海賊行為」の定義とその変遷 ● 62　　第 2 款　普遍的管轄権の形成過程 ● 66
　第 2 節　海賊行為に対する普遍的司法管轄権の理論的根拠 ……………… 71
　　第 1 款　犯罪の性質基準 ● 71　　第 2 款　処罰の効率性基準 ● 82
　第 3 節　海賊行為に対する非旗国の
　　　　　　海上警察権と普遍的司法管轄権 …………………………………… 83
　　第 1 款　海賊行為に対する非旗国の海上警察権の理論的根拠 ● 83　　第 2 款　海賊行為に対する非旗国の海上警察権と普遍的司法管轄権の連結 ● 88
　第 4 節　海洋ガバナンスにおける
　　　　　　海賊行為に対する普遍的管轄権の意義 ……………………………… 94
　　第 1 款　ソマリア沖の海賊問題に対する安保理決議 ● 95　　第 2 款　安保理決議にみる現行法制の再考とその限界 ● 100

第 3 章　改正 SUA 条約における
　　　　　　普遍的管轄権の規定と理論的根拠 ……………… 107

　第 1 節　改正 SUA 条約上の犯罪 …………………………………………… 108
　　第 1 款　SUA 条約上の犯罪 ● 108　　第 2 款　改正議定書上の犯罪 ● 113
　第 2 節　改正 SUA 条約における司法管轄権の法構造 …………………… 116
　　第 1 款　SUA 条約における司法管轄権 ● 117　　第 2 款　容疑者所在国の司法管轄権の適用基準 ● 123　　第 3 款　改正 SUA 条約上の犯罪に対する普遍的管轄権の理論的根拠 ● 128
　第 3 節　改正 SUA 条約における海上警察権の法構造 …………………… 134
　　第 1 款　改正議定書における海上警察権の配分 ● 134　　第 2 款　改正議定書における非旗国の海上警察権の適用基準 ● 140
　第 4 節　海洋ガバナンスにおける
　　　　　　改正 SUA 条約上の普遍的管轄権の意義 ……………………… 143

第 4 章　船舶起因汚染に対する
　　　　　　普遍的管轄権の形成と理論的根拠 …………… 147

　第 1 節　内水の法的地位と寄港国管轄権 ………………………………… 148
　　第 1 款　内水における外国籍船舶に対する管轄権 ● 148　　第 2 款　寄港国管轄権の定義及び性質 ● 151

第2節　船舶起因汚染に対する条約制度 ……………………………………… *153*
　　第1款　第3次国連海洋法会議以前の条約制度 ● *153*　　第2款　第3次国連海洋法会議とUNCLOS ● *156*

第3節　船舶起因汚染に対する寄港国司法管轄権の適用基準 ………… *163*
　　第1款　適用基準を属地主義に求める理論 ● *163*　　第2款　適用基準を域外適用に求める理論 ● *175*

第4節　海洋ガバナンスにおける船舶起因汚染に対する
　　　　普遍的管轄権の意義 ……………………………………………………… *182*
　　第1款　UNCLOS第218条2項による海洋の一体化 ● *183*　　第2款　「PSCの地域的了解覚書」による統合的管理 ● *184*

第5章　UNCLOS体制における普遍的管轄権の展開：海洋ガバナンスの視点から ……… *187*

第1節　UNCLOS体制における普遍的管轄権の拡張とその限界 … *188*
　　第1款　海洋法における普遍的管轄権の拡張 ● *188*　　第2款　海洋法における一方的行為による管轄権の拡張とその限界 ● *191*

第2節　UNCLOSを超えた海洋ガバナンスへ …………………………… *197*
　　第1款　海洋ガバナンスを志向する普遍的管轄権における効率性の追求 ● *197*　　第2款　UNCLOSの存立基盤を超えた普遍的管轄権へ ● *206*

終章　海から陸を視る ……………………………………………………………… *217*

あとがき ● *225*
主要文献・資料目録 ● *229*
事項索引 ● *259*

装丁＝志岐デザイン事務所　秋元真菜美
組版＝株式会社　エディット

略称一覧

(1) 主な国家・国際機関

安保理	国連安全保障理事会	ILC	国連国際法委員会
国連	国際連合	ILO	国際労働機関
ソビエト連邦	ソビエト社会主義共和国連邦	IMB	国際海事局
		IMCO	政府間海事協議機関
CJEU	欧州連合司法裁判所	IMO	国際海事機関
DRC	コンゴ民主共和国	ISA	国際海底機構
FAO	国連食糧農業機関	ITLOS	国際海洋法裁判所
ICC	国際刑事裁判所	NAFO	北西大西洋漁業機関
ICJ	国際司法裁判所	USCG	米国コーストガード
ILA	国際法協会		

(2) 主な条約・法令

欧州人権条約	「人権及び基本的自由の保護のための条約」
海事王令	「ルイ14世の1681年8月の海事に関する王令」
海賊対処法	「海賊行為の処罰及び海賊行為への対処に関する法律」
公海条約	「公海に関する条約」
拷問等禁止条約	「拷問及び他の残虐な、非人道的な又は品位を傷つける取り扱い又は、刑罰に関する条約」
国家代表等犯罪防止処罰条約	「国際的に保護される者（外交官を含む。）に対する犯罪の防止及び処罰に関する条約」
ジブチ行動指針	「西インド洋及びアデン湾地域における海賊及び武装強盗の抑止に関するジブチ行動指針」
新麻薬条約	「麻薬及び向精神薬の不正取引の防止に関する国際連合条約」
大陸棚条約	「大陸棚に関する条約」
テロ資金供与防止条約	「テロリズムに対する資金供与の防止に関する国際条約」
ハーグ条約	「航空機の不法な奪取の防止に関する条約」
フランス海賊対処法	「海賊への対処及び海上国家警察権の行使に関する2011年1月5日の法律第13号」
領海条約	「領海及び接続水域に関する条約」
APPS	「船舶からの汚染防止法」
AWPPA	「北極水域汚染防止法」
CFPA	「沿岸漁業保護法」
IUU漁業寄港国協定	「IUU漁業の防止・抑制・廃絶のための寄港国措置に関するFAO協定」

MARPOL条約	「船舶による汚染の防止のための国際条約」		のための国際条約」
MLC	「2006年海事労働条約」	STCW条約	「船員の訓練及び資格証明並びに当直の基準に関する国際条約」
NPT	「核兵器の不拡散に関する条約」	SUA条約	「海洋航行の安全に対する不法な行為の防止に関する条約」
OILPOL条約	「1954年の油による海水の油濁の防止のための国際条約」	UNCLOS	「海洋法に関する国際連合条約」
ReCAAP	「アジア海賊対策地域協力協定」	UNFSA	「国連公海漁業実施協」
SOLAS条約	「海上における人命の安全		

(3) 主なその他の用語

海運EU-ETS	海運EU排出量取引制度		（unreported）・無規制（unregulated）の漁業
トルーマン宣言	大陸棚の地下及び海床の天然資源に関する合衆国政府の宣言	MOU	了解覚書
BCN兵器	生物・化学・核兵器	PCASP	民間武装警備員
EEZ	排他的経済水域	PLF	パレスチナ解放戦線
GHG	温室効果ガス	TFG	ソマリア暫定連邦政府
IUU漁業	違法（illegal）・無報告	WMD	大量破壊兵器

序 章

海洋の自由から海洋の管理へ

　神が海をもって陸地を囲み、いずれの方向へも航行できるようにしたことや、一定の方向から吹く風の流れや、あるいはつねに同一の地方からではなく、ときによっていろいろな地方から吹く不規則な風の流れは、すべての民族が他のすべての民族のところへ行くことが、自然によって許されていることを、充分に証明することにはならないであろうか[1]。

第1節　問題の所在：海洋法における実体的規則の遵守確保とその限界

第1款　海洋法における旗国・沿岸国への権限配分

　海洋は、科学技術の発展に伴いその利用形態を変えてきた。古くは、15世紀のキャラック船やキャラベル船の発明が大航海時代を導き、航路としての海洋の利用形態を確立した。世界経済のグローバル化に伴い海上貿易が増加の一途を辿り、大型のコンテナ船やタンカーが7つの海を縦横に運航する今日においては、航路としての海洋の重要性は増すばかりである。また、縄文時代の貝塚が日本においても確認されるように、人類は古代より海洋で漁業を行ってきた。魚類は無尽蔵であり、際限なくとることができるとのグロティウス以来の認識は、流し網漁業に代表される漁業技術の発展により改められることとなった。

　1）伊藤不二男『グロティウスの自由海論』（有斐閣、1984年）204頁。

また、20世紀における音響測深システムやボーリング技術の発達が、大陸棚や深海底の資源を開発可能ならしめている。漁業こそが海洋資源の利用であるというそれまでの認識を覆すこのような科学技術の発達は、資源開発の場としての海洋の利用価値を高めるものである。

このように海洋がその利用形態を変えるにつれ、海洋法も対応する形で発展してきた。ローマ帝国の施政下では、同帝国の名の下にひとつの海とされ海洋の自由が認められていたが、複数の主権国家が林立する時代に入ると、トルデシリャス条約のように海は領有の対象ともされた[2]。しかし、新型船舶が発明され航行の自由の需要が高まるにつれ、グロティウスにより整理された「海洋の自由」が確立することとなる[3]。その後、19世紀前半に公海と領海の2つに海洋が大きく区分されると[4]、前者には旗国主義原則がとられ、後者には沿岸国が領域主権を有することとなった。

このような旗国と沿岸国が排他的に権限を配分する海洋法の枠組み（以下「伝統的枠組み」と称する）は、20世紀に入り海洋法の法典化が行われ、多様な規則が設けられるようになっても原則としては維持されたままであった。例えば、1958年に採択されたいわゆるジュネーヴ海洋法4条約においては、沿岸国の権限を中心に規定する「領海及び接続水域に関する条約（以下「領海条約」と略記）」と海洋の自由を中心とする「公海に関する条約（以下「公海条約」と略記）」は、2つの異なる条約として採択された。また、「大陸棚に関する条約（以下「大陸棚条約」と略記）」により大陸棚制度が設けられたが、同制度も主として沿岸国の権限を規定するものであり、伝統的枠組みに影響を与えるものではなかった。

その後、1982年に「海洋法に関する国際連合条約（以下「UNCLOS」と略記）」が採択されると、海洋においては、排他的経済水域（以下「EEZ」と略記）と深海底の2つの制度が新たに設けられることとなった。EEZは、新たな水域として導入された概念であるため、公海と領海との海洋の二元的構成を変質するも

---

[2] A. Pardo, "Perspectives on Ocean Governance", in J. M. Van Dyke, D. Zaelke and G. Hewison (eds.), *Freedom for the Seas in the 21st Century: Ocean Governance and Environmental Harmony*, (1993), p.38.

[3] 西本は、グロティウスの整理はあくまでも先行学説に依拠するものであり、海洋理論に大きな転換・発展をもたらすものではなかったと指摘する。西本健太郎「海洋管轄権の歴史的展開（一）」『国家学会雑誌』第125巻5・6号（2012年）195頁。

[4] R. Churchill and A. V. Lowe, *The Law of the Sea*, 3rd ed., (1999), p.205.

のであるとの指摘もある[5]。しかしながら、EEZ に関しても、沿岸国が主権的権利や管轄権といった権限を有することに鑑みれば、伝統的枠組みに影響を与えるものではない[6]。したがって、現行の UNCLOS 体制においてもこの伝統的枠組みは維持されていると言えることから、海洋法を展望するに際しては、同枠組みについての検討を行うことが肝要である。

伝統的枠組みの原則のひとつである旗国主義は、公海の自由の成立に伴い確立したとされ[7]、同自由は、海洋自由論争後の18世紀初頭にはほぼ確立していたとされる[8]。ここで、海洋の自由と公海の自由の関係について整理すると、前者は後者を包含するより広い概念と言える[9]。例えば、横田は『海洋の自由』と題した著書において、公海の自由と並べる形で、中立通商の自由を記す[10]。海洋の自由のひとつである航行の自由は、公海だけでなく領海等の他の水域においても、無害通航権のような形で相当程度認められてきたのである[11]。

公海自由の原則は、公海にはいずれの国も主権を設定することはできないという消極的側面と、いずれの国も自由に利用することが可能という積極的側面との2つの側面からなる。しかしながら、いずれの国も主権の下におくことができない空間を、各国が自由に利用するとなれば、当該空間は無秩序となるお

---

5) 水上千之『排他的経済水域』（有信堂、2006年）53頁。ICJ は、アイスランド漁業管轄権事件判決において、EEZ の前身とも言える漁業水域を「領海と公海との間の第三の海域 (terium genus)」と評している。*Fisheries Jurisdiction (United Kingdom v. Iceland), Merits, Judgment, I.C.J. Reports 1974*, p. 25, para. 54

6) 前述の枠組みからの説明が困難となるのは、もう一方の新制度たる深海底制度である。周知の通り、同制度は UNCLOS 採択後に締結された「国連海洋法条約第11部実施協定」により修正されており、UNCLOS の規定がそのまま効力を有するわけではない。しかしながら、国際海底機構（以下「ISA」と略記）を創設し、同機構に深海底の管理を委ねるという制度の基本構造は、UNCLOS 採択の時点から変わっていない。「人類の共同遺産（Common Heritage of Mankind)」概念の名の下に、このように国際機関に権限を集約する制度は、まさに、旗国と沿岸国が排他的に権限を配分してきた枠組みから逸脱するものと評価できよう。

7) 旗国主義原則は、公海自由の原則の自然的帰結 (natural corollary) とも評されている。R. G. Rayfuse, *Non-Flag State Enforcement in High Seas Fisheries*, (2004), p. 8.

8) 横田喜三郎『海洋の自由』（岩波書店、1944年）46頁。

9) 海洋の自由は歴史的には海洋全体に通底する側面を有することを指摘するものとて、P. B. Potter, *The Freedom of the Seas in History, Law, and Politics*, (1924), p. 1.

10) 横田『前掲書』（注8）53頁。

11) 同様の指摘を行うものとして、R. Lapidoth, "Freedom of Navigation: Its Legal History and Its Normative Basis", *Journal of Maritime Law & Commerce*, Vol. 6 (1975), p. 259.

それがある[12]。そのような無秩序を回避するために、旗国主義原則は確立したと言えるのである[13]。

このような事実を捉え、西本は、船舶に権限を行使する主体として旗国が最も適当ということは、「自明であると考えられている一方、他の考えうる帰属主体がないという、非常に消極的な理由に基づくものである。」と指摘している[14]。同様に、ウィットも「船舶1隻1隻にある国の国籍を付与することにより、当該国家の管轄権に服させるということが、最善の解決策（best solution）とみなされた。」としている[15]。このように、旗国主義原則は積極的な理由に基づいて形成されたものではなく、他の手段が存在しないがために許容された、消極的な理由に基づくものと評価される。

また、旗国に対し船舶への権限を配分する背景には、19世紀までは、旗国と自国籍船舶との関係が密接であったことが挙げられる。当時の各国の船舶登録法においては、自国籍船舶に配乗される船員やその所有者は自国民でなければならないとすることが一般的であった[16]。それ故、船舶において問題が発生した場合、旗国により管轄権が行使されることは、所有者・運航者・船員といった関係する私的主体にとって利便性が高かったのである。

旗国の権限は、現在、UNCLOSの第92条1項において規定されている。同項は、公海条約第6条を継承したものであり、「船舶は、一の国のみの旗を掲げて航行するものとし、国際条約又はこの条約に明文の規定がある特別の場合を除くほか、公海においてその国の排他的管轄権に服する。」と規定されてい

---

[12] 類似の指摘を行うものとして、International Law Commission, *Yearbook of the International Law Commission 1956*, Vol. II, p. 279.
[13] 古賀は、「公海の自由は、航行に関しては旗国による船舶管理を前提とした放任秩序である。」と指摘する。古賀徹「旗国主義の周辺的問題―船舶に対する介入権と船籍登録―」『西南学院大学法学論集』第21巻（1989年）40頁。
[14] 西本健太郎「『便宜置籍船問題』の再検討」『本郷法政紀要』第14号（2005年）200頁。
[15] J. A. Witt, *Obligations and Control of Flag States: Developments and Perspectives in International Law and EU Law*, (2007), p. 7.
[16] 例えば、ギリシャの商船に関する1836年11月14日の政令は、その第4条において、外国人がギリシャ船舶の所有権を実質的に有することを禁止し、第5条において、船舶職員全員と、乗組員の4分の3がギリシャ国民でなければならない旨規定している。1863年のポルトガルの海運法や、1878年のチリの海運法においても同様の規定が設けられている。それぞれ、United Nations, *Laws Concerning the Nationality of Ships*, (1955), pp. 69, 145-146, and 17.

る[17]。同規定を文理解釈すると、「排他的管轄権」という用語が、旗国以外の国家（以下「非旗国」と称する）による管轄権を排除している印象を与える。しかし、エンリカ・レクシー号事件において、インド・イタリアの両国が司法管轄権を主張した点に関し、ギルフォイルは、同事件においては両国とも管轄権を有し、その意味では、旗国が「排他的管轄権」を有するとするのは誤りであると指摘している[18]。こうした例にみられるように、同規定はあくまでも非旗国による公海上の船舶に対する臨検や拿捕を禁止しているのであって[19]、公海上の船舶において発生した事件に関し、他の適用基準に基づき管轄権を有する非旗国が訴追等を行うことを禁止するものではないとされる[20]。立法・司法管轄権に関しては疑いなく、旗国の管轄権は他国の管轄権と併存し得るのである[21]。

　伝統的枠組みのもう一方の原則たる沿岸国の権限についても同様に、現在はUNCLOSにおいて規定されている。同条約第2条によれば、沿岸国の主権は領海にまで及び、そして、当該主権は同条約及び国際法の他の規則に従って行使されなければならない。それ故、現在では領海に対して国家は主権を有すると認識されているが[22]、このような領海に対する主権は、領土に対する主権と異なり、アプリオリに主権概念に包含されるものではない[23]。むしろ、西本が論証するように、「国家の権限を陸上におけるのと同様の領有権または主権といった法概念を通じて把握せざるを得なかった」ために[24]、このような主権が認められる

---

[17] J. M. Isanga, "Countering Persistent Contemporary Sea Piracy: Expanding Jurisdictional Regimes", *American University Law Review*, Vol. 59 (2010), pp. 1304-1305.

[18] D. Guilfoyle, "Shooting fishermen mistaken for pirates: jurisdiction, immunity and State responsibility", *EJIL: Talk!* (2nd Mar. 2012) *available at* <http://www.ejiltalk.org/shooting-fishermen-mistaken-for-pirates-jurisdiction-immunity-and-state-responsibility/> (last visited 29th Oct. 2015).

[19] *Ibid*.

[20] 山本草二「海上犯罪の規制に関する条約方式の原型」山本草二・杉原高嶺編『海洋法の歴史と展望』（有斐閣、1986年）247頁。C. J. Colombos, *The International Law of the Sea*, 6th ed., (1967), pp. 306-307.

[21] 旗国と非旗国の管轄権の競合について検討したものとして、西村弓「公海上の船舶内での行為に対する裁判管轄権」『海洋権益の確保に係る国際紛争事例研究（第3号）』（2011年）337-38頁。

[22] D. R. Rothwell and T. Stephens, *The International Law of the Sea*, (2010), p. 69.

[23] Churchill and Lowe, *supra* note 4, pp. 71-75.

[24] 西本健太郎「海洋管轄権の歴史的展開（六・完）」『国家学会雑誌』第126巻3・4号（2013年）287頁。

ようになったと言える。

　そうは言っても、条約において主権が認められている以上、領海に対する国家の権限は広範に渡る[25]。UNCLOSはその第27条及び第28条において、沿岸国の刑事裁判権及び民事裁判権の限界についてそれぞれ規定しているが、これらの規定は、刑事・民事を問わず、沿岸国が原則として司法管轄権を領海に適用することができることを前提とするものである。実際、このような沿岸国の権限は、領海条約の起草過程において、国連国際法委員会（以下「ILC」と略記）も指摘するところである[26]。

　領海に対し、その接続する水域において設定することが可能なEEZについては、沿岸国は主権的権利（sovereign rights）または管轄権（jurisdiction）の行使が認められるにすぎない。主権的権利は、大陸棚条約第2条1項においても規定されており、事項的範囲が限定されるという点で領域主権とは異なる一方で、対象となる事項については強制管轄権の行使までが許容されるという点で主権に類似するものである[27]。UNCLOS上、沿岸国はEEZの天然資源及び経済活動に関してのみ同権利を有するとされている（第56条1項(a)）。

　また沿岸国は、人工島、施設及び構築物の設置及び利用、海洋の科学的調査、海洋環境の保護及び保全に関する管轄権を有するとされる（第56条1項(b)）。ここで言う管轄権は立法・執行・司法の3作用のいずれをも含むとされるが、主権的権利と比較した場合、萬歳も指摘するように、管轄権は「沿岸国の権限の程度や排他性の点において制限的である[28]。」このように峻別される主権的権利と管轄権ではあるが、実務的観点からはあまり重要ではないとの指摘も為されている[29]。

　管轄権には主権という表現は含まれていないものの、EEZが領域主権の行使対象となる領土の存在を前提として設定される以上、同水域に対する管轄権を含むあらゆる権限が領域主権に由来するものと言えよう。領域主権そのものが

---

[25] 山本草二『海洋法』（三省堂、1992年）52頁。
[26] International Law Commission, *supra* note 12, pp. 275-276.
[27] Y. Tanaka, *The International Law of the Sea*, 2nd ed., (2015), pp. 130-132；島田征夫・林司宣『国際海洋法』（有信堂、2010年）68頁。
[28] 島田・林『同上書』69-70頁。
[29] F. O. Vicuña, *The Exclusive Economic Zone: Regime and Legal Nature under International Law*, (1989), p. 26.

認められているわけではなく、事項的に限定された機能的な権限とは言え、領土を基盤として許容されている権限という意味においては、領海に対する主権もEEZに対する主権的権利・管轄権も大差はないのである。

このように、海洋法の伝統的枠組みは、私的主体の海洋利用を円滑にするために、旗国及び沿岸国の権限をいかに配分するかに主眼をおいており、私的主体の船舶が国際法に違反し、他の国家に損害を与えるような事態はあまり想定していなかった。それ故、旗国及び沿岸国の負う義務は限定的なものにすぎなかったのである。19世紀の段階では、安全な海上交通を実現する上では必要不可欠な航行の規則でさえ明確な統一は為されておらず[30]、そのような規則を欠いた状態にあっては、私的主体による国際違法行為を観念すること自体が困難であったと考えられる。また、仮にある国の船舶が国際違法行為により他国に被害を与えた場合、そのような問題は国家間で解決され、被害国が船舶に対し直接的な措置をとるようなことは、海賊行為などの例外を除き存在しなかった[31]。このような形での問題解決が可能であったという事実もまた、私的主体による国際違法行為が極めて稀であったことを物語るものと言えよう。

第2款 海洋法における実体的規則の増加・多様化

第1款で示したように、現行のUNCLOSにおいても原則として維持されている海洋法の伝統的枠組みは、旗国と沿岸国とに権限を配分する。その一方で、同枠組みは両者に対し義務を課している。

(1) 旗国義務の増加・多様化

旗国が自国籍船舶に対して義務を負うことは、船舶に対して権限を有することのコロラリーとして考えられているものの[32]、旗国主義が確立したとされる18世紀から、旗国に対し多様な義務が課されていたわけではない。海上犯罪の取締りに関する義務は、山本の指摘するように、1880年代から1890年代にかけ

---

30) 実際に衝突が問題となった1871年のスコチア号事件において、米国連邦最高裁判所は、航行の規則を条約以外のものに求める必要があった。この事件については、*The Scotia*, 81 U.S. 14 Wall. 170 (1871).

31) Potter, *supra* note 9, p.101.

32) Witt, *supra* note 15, p.50.

て締結された複数の条約(「北海における漁業警察に関する条約」、「海底電信線保護万国連合条約」、「北海における漁民間の酒精飲料売買の弊害の是正に関する条約」、「反奴隷制度に関するブリュッセル条約」)においてようやく規定されることとなった[33]。

また、航行に関する義務も、水上が指摘するように[34]、1910年代より締結された複数の条約(1910年の「海難における救援援助についての規定の統一に関する条約」及び「船舶衝突についての規定の統一に関する条約」、1914年の「海上における人命の安全のための国際条約(以下「SOLAS条約」と略記)」、1930年の「国際満載喫水線条約」)において規定された。航行の規則は、その後、公海条約第10条において規定されている。同条は、1項において旗国の義務を具体的に挙げ、2項においてはそれらの義務を、「一般的に受諾されている国際的基準(generally accepted international standards)」に従って果たすことを規定している。

UNCLOSは、公海条約と比べて旗国が負う義務を多様かつ詳細な形で規定している。UNCLOS第94条1項は公海条約第5条1項第2文を、3項は公海条約第10条1項を、5項は公海条約第10条2項をそれぞれ継承したものである。しかしながら、同条2、4、6、7項は公海条約においては見られなかった内容をそれぞれ規定している[35]。このような規定の増加は、UNCLOS採択時においては、旗国の義務を1958年よりも詳細に定める必要があったためと考えられる[36]。とりわけ、UNCLOSを採択した第3次国連海洋法会議が開催されていた1973年から1982年の間に、旗国の義務に関する3つの重要な条約が国際海事機関(以下「IMO」と略記)の前身たる政府間海事協議機関(以下「IMCO」と略記)において改正・採択されたことが、UNCLOSにおける旗国義務の規定に影響を及ぼしたと考えらえる[37]。

具体的には、第1に、船舶の構造や設備等について基準を設定するために締結されたSOLAS条約が、1974年に全面的に改正された。同改正により、船舶

---

33) 山本「前掲論文」(注20) 248頁。
34) 水上千之『船舶の国籍と便宜置籍』(有信堂高文社、1994年) 36頁。
35) Rothwell and Stephens, *supra* note 22, p.160.
36) J. N. K. Mansell, *Flag State Responsibility: Historical Development and Contemporary Issues*, (2009), p.65.
37) A. Blanco-Bazán, "IMO interface with the Law of the Sea Convention", (2000), *available at* <http://www.imo.org/blast/mainframe.asp?topic_id=406&doc_id=1077> (last visited 29th Oct. 2015).

の構造や設備等に関する安全の強化が図られることとなった[38]。第2に、1967年に発生したトリー・キャニオン号の事故を受け、海洋環境の船舶起因汚染を防止するために、1973年に「船舶による汚染の防止のための国際条約（以下「MARPOL条約」と略記）」が採択された[39]。そして第3に、1978年には、これまで統一されていなかった船舶乗組員の資格・能力要件について国際的な基準を設定するために、「船員の訓練及び資格証明並びに当直の基準に関する国際条約（以下「STCW条約」と略記）」が採択された[40]。

　これらの条約の改正・採択を受け、UNCLOS第94条2項は旗国に対し登録簿の保持及び乗組員に対する管轄権の行使を義務付け、3項においては措置をとるべき事項として、船舶関係（構造、設備、堪航性）、船員関係（配乗、労働条件、訓練）、航行の安全確保（信号、通信等）を挙げている。そして、この3項の措置の具体例を、4項において列挙している。4項は、公海条約採択時においては締結されていなかった条約規定を考慮し、3項の措置を実効的に行うために挿入されたものと言える。

　この3項及び4項に関連して、5項では、「いずれの国も、3及び4に規定する措置をとるに当たり、一般的に受け入れられている国際的な規則、手続及び慣行を遵守し並びにその遵守を確保するために必要な措置をとることを要求される。」と規定している。同項によれば、旗国は規制にあたっては国際的な規則に準拠しなければならず、その裁量は制限されている[41]。この5項でいう「一般的に受け入れられている国際的な規則、手続及び慣行」は、「一般に受諾されている国際的基準」（以下、このような規則・基準を「国際基準」と総称する）と規定した公海条約第10条2項と同様の、いわゆる参照規則（rules of reference）としての役割を果たすとされる。

　さらにUNCLOS採択後も、IMOや国際労働機関（以下「ILO」と略記）の活動により採択された条約を中心に、海洋における実体的規則は増加している。例

---

38) この改正に関しては、三谷泰久「1974年SOLAS条約の改正について」『日本造船学会誌』第628号（1981年）522-526頁参照。
39) MARPOL条約については、大嶋孝友「MARPOL73/78議定書」『らん』第44号（1999年）12-15頁参照。
40) STCW条約については、和田昌雄「STCW条約」第647号（1983年）286頁参照。
41) J. Harrison, *Making the Law of the Sea: A Study in the Development of International Law*, (2011), p. 167.

えば、1988年に採択された「海洋航行の安全に対する不法な行為の防止に関する条約（以下「SUA条約」と略記）」及び、「海洋航行の安全に対する不法な行為の防止に関する条約に対する2005年議定書（以下「改正議定書」と略記）」は、海上での暴力行為や、テロ目的に使用するための大量破壊兵器（以下「WMD」と略記）運搬に関し、旗国にその容疑者を訴追する義務を課す[42]。また、SOLAS条約の議定書が9.11事件を受け2002年に改正された結果、旗国は海上テロ対策の強化を図る措置を講じる義務を新たに負うこととなった[43]。STCW条約も、1995年、2010年と2度の改正を経て大幅にその内容は変更されており、旗国が発給する必要のある証書の数は改正ごとに増加し、要求される船員の能力の水準もより高いものとなっている[44]。労働の分野においては、複数存在していた労働関係の条約を統合・改正する形で「2006年海事労働条約（以下「MLC」と略記）」がILOにおいて採択され、旗国は検査や証書の発給など、新たな義務を負うようになっている[45]。これらの条約が、UNCLOS第94条の参照規則において、どのように対応するかは、次の表1の通りとなる[46]。

42) SUA条約の歴史に関しては、以下のIMOのウェブページを参照。<http://www.imo.org/About/Conventions/ListOfConventions/Pages/SUA-Treaties.aspx> (last visited 17th Aug. 2012).
43) SOLAS条約の歴史に関しては、以下のIMOのウェブページを参照。<http://www.imo.org/KnowledgeCentre/ReferencesAndArchives/HistoryofSOLAS/Documents/SOLAS%201974%20-%20Brief%20History%20-%20List%20of%20amendments%20to%20date%20and%20how%20to%20find%20them.html> (last visited 17th Aug. 2012).
44) STCW条約の歴史に関しては、以下のIMOのウェブページを参照。<http://www.imo.org/about/conventions/listofconventions/pages/international-convention-on-standards-of-training,-certification-and-watchkeeping-for-seafarers-(stcw).aspx> (last visited 17th Aug. 2012).
45) MLCの詳細に関しては、J. I. Blanck Jr., "Reflections on the Negotiation of the Maritime Labor Convention 2006 at the International Labor Organization", *Tulane Maritime Law Journal*, Vol. 31 (2006), pp. 35-55参照。
46) 表に関しては、Mansell, *supra* note 36, p. 67を参照し、筆者が作成。

表1：UNCLOS第94条における参照規則

UNCLOS条文	要　件	条　約
94.3 (a)	構造、設備、堪航性	SOLAS
94.3 (b)	配乗	SOLAS, MLC
94.3 (b)	労働条件	MLC
94.3 (b)	訓練	STCW
94.3 (c)	信号の使用	SOLAS
94.3 (c)	通信の維持	SOLAS
94.3 (c)	衝突の予防	SOLAS
94.4 (a)	登録前検査	該当条約無し
94.4 (a)	適当な間隔の検査	SOLAS
94.4 (a)	海図、航海用刊行物、航行設備、航行器具	SOLAS
94.4 (b)	乗組員の資格	STCW
94.4 (b)	乗組員の人数	SOLAS, MLC
94.4 (c)	乗組員の航行規則の認識	SOLAS, STCW
94.6	寄港国管理への対応	SOLAS, MARPOL, STCW, MLC
94.7	事故調査	SOLAS, MARPOL

　以上に示したように、時代の流れと共に海洋を規制する実体的規則は増加し、旗国が自国籍船舶に対して負う義務は、多様化し重くなる傾向にある。そのため、旗国が自国籍船舶に対して今日負う義務は、公海自由のコロラリーとして旗国主義が確立した18世紀初頭のそれとは似て非なるものとなっている。

(2) 沿岸国義務の増加・多様化

　沿岸国は、領海・EEZといった自国領土と接続する水域に対して権限を有する一方で、同水域に対して義務を負うこととなる。領海制度において沿岸国が負う第1の義務は、外国籍船舶の無害通航権を保障する義務である。無害通航権はその名称が示すように、UNCLOSでもその第17条において権限として規定される。しかしながら、同条約第24条は、「沿岸国は、この条約に定めるところによる場合を除くほか、領海における外国船舶の無害通航を妨害してはならない。」と、沿岸国の義務をも規定している。具体的には、第24条1項(a)において領海を通航する際の要件を課すことによる無害通航の否定や阻害を慎む

義務を、同項(b)において船籍や仕出港・仕向港・荷主の国籍に基づく差別を禁止する義務を設けている。

1930年代において、領海の幅員は確定してはいなかったものの、当時は3海里を主張する国家が比較的多かったことに鑑みれば、沿岸国が無害通航権を保障する義務も、3海里の範囲であったと考えられる。しかしながら、幅員の限界が12海里と定められる現行法制においては、無害通航を保障する水域が拡大し、沿岸国の負担は増大したと言えよう。

このような領海の地理的な拡大に加え、領海に対して沿岸国が負う義務には、内容の多様化も見られる。1949年の国際司法裁判所（以下「ICJ」と略記）コルフ海峡事件判決は、人道の基本的考慮、海上コミュニケーションの自由、領域管理責任といった原則から、アルバニアが自国領海に存在していた機雷について英国海軍に対して通知する義務を負っていたと判断した[47]。この義務を一般化する形で、UNCLOS第24条2項は沿岸国に対して危険通知義務を課している。さらにUNCLOSにおいては、類似の義務として、第16条2項における海図等や、第21条3項の無害通航権に関する法令等の公表義務が規定されている。また、学説においては、灯台を設置したり、救助を行うことも沿岸国の義務として挙げられている[48]。このように、現代のUNCLOS体制においては、領海制度の確立期に比べ、領海に対して沿岸国の負う義務は多様化していると考えられるのである。

加えて、UNCLOSにおいて導入されたEEZに対しても沿岸国は義務を負う。EEZについての範囲は基線から200海里を上限とするとされており、200海里より小さい水域を自国のEEZとして定めることも可能である。しかしながら、国連海事海洋法課 (Division for Ocean Affairs and the Law of the Sea) によれば、2010年段階においてEEZを設定している130ヶ国のうち、他国との調整や境界画定の場合を除き、あらゆる国家が原則として自国のEEZを200海里に設定している[49]。それ故、それぞれの能力を問わず、ほぼ全ての国家が、自国の沿岸200海

---

47) *Corfu Channel case, Judgment of April 9th, 1949: I.C.J. Reports 1949*, p.22.
48) H. Yang, *Jurisdiction of the Coastal State over Foreign Merchant Ships in Internal Waters and Territorial Sea*, (2006), p.183; Churchill and Lowe, *supra* note 4, p.100.
49) United Nations, Division for Ocean Affairs and the Law of the Sea, *Law of the Sea Bulletin*, No.73 (2010), pp.53-71.

里の水域という、領海に比して著しく広大な水域についての義務を負うこととなっているのである。

　EEZにおいては、公海と同様に、航行、上空飛行、パイプラインの敷設といった自由が非沿岸国に対しても認められており（第58条）、そのような非沿岸国の権限・義務とEEZ沿岸国の権限・義務とを調整する必要がある。そのため、UNCLOS第56条2項において、EEZにおける他の国の権利及び義務に対して「妥当な考慮を払う」沿岸国の義務が規定されているのである[50]。

　さらに、EEZにおいて特別的に許容される生物資源に対する主権的権利や、人工島、施設及び構築物に対する管轄権を行使する際にも、沿岸国は義務を負う。例えば、UNCLOS第61条2項は、「沿岸国は、自国が入手することのできる最良の科学的証拠を考慮してEEZにおける生物資源の維持が過度の開発によって脅かされないことを適当な保存措置及び管理措置を通じて確保する。」と、生物資源の保存に関する沿岸国の義務を規定する。その上、EEZ内の生物資源の最適利用について規定したUNCLOS第62条によれば、沿岸国は、自国の漁獲可能量の全てを漁獲する能力がない場合には、他の国家による余剰分の漁獲を認めなければならない。これらの生物資源に関する規定は、生物資源の利用を持続可能とすることを前提に、沿岸国と非沿岸国の利益を調整する形で設けられたものである。

　これらの実体的な義務に加え、沿岸国には、EEZ内での法執行に関して手続的な義務も課されている。例えば、沿岸国の法令に違反したために拿捕された船舶及びその乗組員に対して、沿岸国は速やかに釈放する義務を負う（UNCLOS第73条1項）。さらに、同水域内において違法な形で漁業に従事した者に対しては、拘禁刑や身体刑を科してはならないとされている（同2項）。

　これまで確認してきたように、UNCLOSにおいて旗国・沿岸国の負う義務が増加し、かつ多様化していることを受け、同条約は、伝統的枠組みの原則たる「海洋の自由」を変質するものであるとする評価も見られる。例えば、UNCLOSにおける公海自由の原則について、フリーストーンは、従来のレッセ・フェール的な自由とは異なる、海洋を管理するための「条件付き自由」であると評して

---

[50] M. Nordquist (ed.), *United Nations Convention on the Law of the Sea 1982: a Commentary*, Vol. II (1993), pp. 543-544.

いる[51]。同様にアナンダも、第3次国連海洋法会議を受け、海洋の自由は「法の下の自由」になっていくとしている[52]。より急進的な主張は、このような規則の増加・多様化を、「海洋の自由」を変質させるのみならず、「海洋の自由」から「海洋の管理」へと、海洋法の原則そのものを変質させようとするものとして捉える。例えば杉原は、古い自由を「レッセ・フェール的自由」とし、UNCLOS制度の下ではこの自由に換わり、海洋が「管理 (management, governance)」されることを想定していると指摘する[53]。また都留は、UNCLOSを「『海洋の自由』への決別のはじまり」と位置づけた上で、国連公海漁業実施協定（以下「UNFSA」と略記）によって、「海洋の管理」の時代へと移行したとしている[54]。

しかしながら、UNCLOSにおいて実体的規則が増加・多様化し、海洋の管理が志向されるようになったとしても、そのような実体的規則の遵守を確保する手続を欠いたままでは、海洋の管理は画餅にすぎない。換言すれば、実体的規則の遵守確保ができてこそ、初めて、海洋の管理は実現することになる。そこで次款では、現行海洋法において遵守確保の役割を課されている旗国・沿岸国が、実際にそのような役割を果たしているか、果たすことができるのかについて検討する。

---

51) D. Freestone, "Principles Applicable to Modern Oceans Governance", *International Journal of Marine and Coastal Law*, Vol. 23 (2008), p. 391；同様に、海洋においてレッセ・フェール的な自由を維持し続けることがもはや適切ではないと指摘するものとして、R. P. Anand, "Changing Concept of Freedom of the Seas: A Historical Perspective" in J. M. Van Dyke, D. Zaelke and G. Hewison (eds.), *Freedom for the Seas in the 21st Century: Ocean Governance and Environmental Harmony*, (1993), p. 82；さらに、公海上の生物資源の文脈に限定してではあるが、1974年のアイスランド漁業管轄権事件において、国際司法裁判所も、「以前のレッセ・フェール的取扱いは、他の国家の権利に妥当な考慮を払うという義務の認識及びすべての国家の利益のための保存の必要性に取って換わった」と指摘している。*Fisheries Jurisdiction, supra* note 5, p. 32, para. 72；また、古賀は、途上国の増加が自由競争の原則を変える力学として働いたと指摘する。古賀衞「『人類の共同遺産』概念再考」『西南学院大学法学論集』第35巻3・4号（2003年）42頁。

52) R. P. Anand, *Origin and Development of the Law of the Sea: History of International Law Revisited*, (1983), p. 241.

53) 杉原高嶺「海洋法の発展の軌跡と展望—*mare liberum*から*mare communue*へ」栗林忠男・杉原高嶺編『海洋法の歴史的展開—現代海洋法の潮流（第1巻）』（有信堂高文社、2004年）272, 288-290頁。

54) 都留康子「『海洋の自由』から『海洋の管理』の時代へ—環境問題との連関による国際海洋漁業資源の規範変化の過程—」『国際政治』第143号（『規範と国際政治理論』）（2005年）111, 115, 119頁。

第3款　旗国・沿岸国による遵守確保の限界

(1) 旗国と船舶の関係の希薄化

　先述したように、19世紀の各国の船舶登録法は、旗国との関係が密接である船舶に対してのみ、自国の旗を掲げることを認めていた。しかしながら、このような旗国と自国籍船舶との関係は、便宜置籍船の増加に伴い変質することとなる[55]。戦後間もない1947年の時点では、総トン数においてわずか2％にすぎなかった便宜置籍船国への登録船舶であるが、公海条約が採択された1958年においては13％、UNCLOSが採択された1982年には24％とその数を増加させ[56]、現在においては、およそ40％を占めるに至っている[57]。このような便宜置籍船の増加は、旗国と船舶の関係の希薄化を象徴するものと言えよう。

　また、このような便宜置籍船の増加に対応するために海運国は、裸用船契約の際のフラッグ・イン及びフラッグ・アウトの制度を設けた。フラッグ・インの制度は、自国民が外国籍船舶を裸用船する際に自国国旗の掲揚を認める制度であり、フラッグ・アウトの制度は、そのようなフラッグ・インの場合に自国籍船舶に他国の旗を掲揚することを認める制度である[58]。ドイツやオランダ等で確認されるこのような制度は[59]、ひとつの船舶に実質的に複数の国旗を掲揚させることとなるため、船舶と旗国の関係を希薄化する側面を持つと言える[60]。

　さらに、海運国ではいわゆる第2船籍制度を設ける動きも確認される。同制度は、通常の船舶登録制度とは別の船舶登録制度を設けるものであり、オフショア登録制度と国際登録制度の2つに大別される。前者は、英国のマン島やフランスのケルゲレンに設けられたように、従属地や旧植民地といった特定の地域

---

55) 便宜置籍の定義については、学説や国際機関の見解においても一致はみられないが、一般的に、①自国民以外による保有または支配が可能であること、②登録が簡易であること、③税の負担が少ないこと、④配乗要件が課されていないこと、などが共通項として挙げられる。逸見真『便宜置籍船論』(信山社、2006年) 91-95頁。Great Britain, Board of Trade (ed.), *Committee of Inquiry into Shipping Report*, (1970), p.51参照。

56) Mansell, *supra* note 36, p.85.

57) International Transport Workers' Federation, *Seafarers Bulletin*, No.24 (2010), p.4.

58) 河野真理子「船舶と旗国の関係の希薄化と旗国の役割に関する一考察」『早稲田大学社会安全政策研究所紀要』第3号 (2011年) 163-164頁。

59) 具体的な各国の制度に関しては、日本海運振興会『外国籍船に自国国旗を掲揚させる制度に関する実態調査報告書』(2006年) 参照。

60) 河野「前掲論文」(注58) 170-171頁。

の登録制度を独自に設けるものである。後者は、そういった特定の地域を定めず、単に同一国内における第2の制度として設けられるものである。これら2つの制度も、便宜置籍国に流出する船舶を食い止めようと各国に設けられた制度であり、配乗要件が課されないなど、その内容は便宜置籍船制度に類似したものとなっている[61]。また、これら2つの動きとは別に、海運国の一般的な登録制度においても、登録要件や配乗における国籍要件は緩和する傾向にある[62]。このように、海運国においても自国籍船舶との関係の希薄化が進行していると言えるのである。

　加えて、船員の多国籍化も、旗国と船舶との関係を希薄化する要因となっている。2003年に行われたカーディフ大学の調査によれば[63]、船舶登録数が世界最大のパナマの場合、同国に登録される船舶で働く船員の39.2％をフィリピン人、11.3％を中国人、9.3％をインド人が占める。また、第2位のリベリアの場合、32.7％をフィリピン人、9.9％をロシア人、8.4％をインド人が占めている。これらの例が示すように、自国籍船舶において自国民が働くことは、国際海運においてはもはや一般的とは言えない。このような傾向は便宜置籍船だけに限られるものではない。例えば、日本籍船に関しても、2008年より、外国人全乗とすることが可能となっている[64]。

　以上示してきたように、旗国と船舶の関係も、旗国主義が確立した18世紀初頭と現在とでは大きく異なっている。前款(1)で示したように、海洋を規制する実体的規則が増加し、旗国が果たすことが期待される義務が多様かつ重くなっていく一方で、関係する私的主体が旗国の国籍を有しない場合が一般化しており、船舶と旗国の関係は希薄化しているのである。

---

61) European Parliament, Directorate General for Research, *Outflagging and Second Ship Registers: Their Impact on Manning and Employment*, (2000), pp. 13-14, *available at* <http://edz.bib.uni-mannheim.de/www-edz/pdf/dg4/SOCI107_EN.pdf> (last visited 29th Oct. 2015).

62) 水上『前掲書』(注34) 107-130頁参照。

63) N. Ellis and H. Sampson, *The Global Labour Market for Seafarers Working Aboard Merchant Cargo Ships 2003*, (2008), p. 29, Table 25, *available at* <http://www.sirc.cf.ac.uk/uploads/publications/GLM%20for%20Seafarers.pdf> (last visited 29th Oct. 2015).

64) 日本船主協会『日本海運の現状』(2011年) 18頁。「外国人全乗」とは、ある船舶に乗船する船員全員が外国人であることを意味する。

(2) 沿岸国の均質性の喪失

　第2次世界大戦後、旧植民地が独立し主権国家の多様化が進展すると、沿岸国の海洋管理能力の差が顕著となった。破綻国家であるソマリアが自国民及び自国沿岸水域の管理能力を失った結果として、ソマリア沖での海賊が多発した例はその典型例と言える。また、ソマリアのように破綻することはなくとも、ある国家にとっては自国領海の管理が難しいことは、1990年代後半からのマラッカ・シンガポール海峡とその周辺海域の状況からも確認される。

　国際海事局（以下「IMB」と略記）の統計によれば、インドネシア沿岸、マラッカ海峡、シンガポール海峡、マレーシア沿岸の地域における武装強盗は1990年代の末より急増し、2000年には合計で229件と世界全体の約半数に達した[65]。このように武装強盗が急増した理由は諸説あるが、そのうちのひとつに、アジア通貨危機などの財政的な要因もあり、同水域の沿岸国が法執行活動や海軍に割く予算を減少させていることが挙げられている[66]。これらの沿岸国は力を失い、その領海内において外国籍船舶の安全な通航を確保することができなくなっている。それにもかかわらず、自国の主権に拘泥し、非沿岸国が領海で警察活動を行ったり、外国籍の商船が自国領海内で武装することにはついては反対している[67]。その結果、この海域を通航する船舶は武装強盗の標的とされることと

---

65) ICC International Maritime Bureau, *Piracy and Armed Robbery against Ships: Annual Report 2005*, p.4 ; 2000年に海賊事件は471件発生しており、そのうちマラッカ海峡において112件、南シナ海において140件、他の極東水域において5件、インド洋において109件と、その大半がアジアで発生しているとIMOはまとめている。International Maritime Organization, *Reports on Acts of Piracy and Armed Robbery against Ships: Annual Report-2000*, (MSC/Circ.991) (31 Mar. 2001), Annex 2.

66) 他の理由としては、①技術の発達と経済的理由から、大型船における乗員が削減されたことにより襲撃がされやすくなってしまったこと、②便宜置籍船に対する襲撃があったとしても、海賊が拠点をおいている国家に対し外交的に圧力をかけることが難しい中、便宜置籍船が増加していること、③各国が互いに争い、他国が自国領海で活動することを拒んでいること、などが挙げられている。K. Hanphaiboon, "Maritime Cooperation in Asean Regional: Cooperation in Combating Piracy", *Waseda University Journal of the Graduate School of Asia-Pacific Studies*, Vol.16 (2008), p.26; 同様に、この海域における武装強盗の増加の原因にアジア通貨危機を挙げるものとして、C. Z. Raymond, "Piracy and Armed Robbery in the Malacca Strait", *Naval War College Review*, Vol.62 (2009), p.32.

67) マレーシア当局の職員によれば、民間武装警備員（以下「PCASP」と略記）が乗船した船舶は、領域主権を侵害しているとみなされ、マレーシア領海内において発見された場合には拘留されるであろうとのことである。同様に、シンガポール警察も、無許可のPCASPがシンガポール領海内において活動することは許容されないとしている。J. Kraska

なったのである。

　沿岸国の領海に対する前述の義務に鑑みれば、この武装強盗の頻発といった事実があるからといって、インドネシアやマレーシアが無害通航権を保障する義務に違反したとみなされるわけではない。しかしながら、このように自国領土の目と鼻の先の領海の管理が覚束ないアジア・アフリカ諸国の現状は、UNCLOSをはじめとするこれまでの海洋法が基礎としてきた国家平等の原則に基づく沿岸国に対する均一の権限配分が、問題の原因となり得ることを端的に示すものであると言えよう。

　また、EEZについても、全ての沿岸国がUNCLOS上の義務を十分に果たす能力を有しているとは言い難い。各国のEEZの法制についての調査を行った水上は、「生物資源の保存、管理、最適利用についての沿岸国の義務は、各国国内法において、必ずしも国連海洋法条約の規定を十分に反映したものとはなっていない[68]。」と、そもそも法令の規定において、沿岸国が負う義務は蔑ろにされがちであると指摘する。また、UNCLOSにおいて導入された漁獲可能量に基づく規制そのものについて懐疑的なバークは、とりわけ発展途上国にとって、漁獲可能量を決定するに際して科学的証拠を検討することが困難であるとする[69]。さらに、西アフリカ沿岸諸国の文脈に限定してではあるが、これらの国は、漁獲可能量を決定したりする上で必要な、モニタリング・規制・監視を行う能力が十分でないとも指摘されている[70]。

　200海里という広大な水域を調査し、科学的証拠を根拠として漁獲可能量を決定し、当該決定に基づいて漁獲量を配分し、そして、そのような配分の遵守を確保する。沿岸国として課されるこのような一連の義務が、発展途上国にとっては達成することが困難であることは想像に難くない。UNCLOSはその起草過

---

　　　and B. Wilson, "Piracy Repression, Partnering and the Law", *Journal of Maritime Law & Commerce*, Vol. 40 (2009), p.47；このPCASPの問題については、拙稿「民間海上警備会社（PMSC）に対する規制とその課題―海賊対策における銃器の使用の検討を中心に―」『海事交通研究』第61集（2012年）23-32頁参照。

68) 水上『前掲書』（注5）238頁。

69) W. T. Burke, *The New International Law of Fisheries: UNCLOS 1982 and Beyond*, (1994), p.45.

70) W. Kalaidjian, "Fishing Solutions: The European Union's Fisheries Partnership Agreements with West African Coastal States and the Call for Effective Regional Oversight in an Exploited Ocean", *Emory International Law Review*, Vol. 24 (2010), p.417.

程において発展途上国が関与しており、彼らの意図を反映したものとしてしばしば高く評価される[71]。その一方で、彼らの主張と国家平等の原則への配慮をしすぎるあまり[72]、同条約が意図したような形での実体的規則の遵守確保が実現していないのが現状である。

以上、本款において明らかにしたように、海洋法上の実体的規則の遵守を確保することが期待されていた旗国・沿岸国の中には、そのような確保を実現することができずにいる国家も少なくない。遵守を確保しなければならない実体的規則が増加・多様化する一方で、そのための手続は機能不全を起こしているのである。そのため、旗国・沿岸国に代わって実体的規則の遵守確保を実現するための新たな枠組みの構築が、現行海洋法においては今まさに必要とされているのである。

第2節　本書の目的

第1款　先行研究の課題

このように、旗国・沿岸国に代わる遵守確保の枠組みが必要とされているにもかかわらず、海洋法の先行研究は、沿岸国の権限と、それに対する旗国の権限という2つの権限の配分に終始してきた。例えばデュピュイは、「海洋においては、常に2つの向かい合う強い風が吹いてきた。公海から陸に吹く風は自由の風である。陸から公海に吹く風は主権を運ぶ風である。これら2つのせめぎ

---

71) 発展途上国と先進国とが敵対せずに協調できたことが、第3次国連海洋法会議の成功の鍵であったと指摘するものとして、A. Beesley, "The Negotiating Strategy of UNCLOS III: Developing and Developed Countries as Partners - A Pattern for Future Multilateral International Conferences", *Law and Contemporary Problems*, Vol.46 (1983), p.194. 他方、大内は、UNCLOSは「先進国と開発途上国との対立を残したまま、起草され、署名に付された。」と指摘する。大内和臣「海洋法改正における開発途上国の役割―マクドゥガル理論に照して―」山本草二・杉原高嶺編『海洋法の歴史と展望』(有斐閣、1986年) 105頁。

72) 都留は、第3次国連海洋法会議に臨むアジア・アフリカ諸国の間に、「主権平等という国際社会の絶対的な規範は、当然に享受できるもの」との認識があったと指摘する。都留「前掲論文」(注54) 110頁。

合う力の狭間に、海洋法は常に位置してきたのである[73]。」と、旗国と沿岸国との権限の配分という伝統的枠組みに沿って海洋法を捉える。

また、ハーグ・アカデミーの講義録に『国際海洋法の発展』と題する論稿を掲載したスコヴァッツィ（Scovazzi）も、「国際海洋法の全史的な発展は、海洋の自由とそれに対する国家主権という2つの概念の相互作用に基づいている[74]。」と説明する。海洋の自由が旗国主義に根差していることに鑑みれば、このような言説も沿岸国と旗国の間での権限配分に焦点をあてて海洋法の発展を捉えているものと考えられよう。さらに、現在でも参照されることが少なくない[75]、マクドゥーガル＆バークが提示した「共有性（共有的利益、共有的主張）」と「排他性（排他的利益、排他的主張）」という海洋の2つの性質に関しても[76]、前者は深海底という例外を除き、概して旗国の権限を支えるものとされ、後者は沿岸国の権限の根拠として参照される[77]。

このように、用いる表現や概念の差こそあれ、海洋法、とりわけ海洋法の発展に関する研究は、沿岸国と旗国の権限配分に焦点をあて、それ以外の国家には大きな注意を払ってこなかった。この傾向は、海洋自由論争以来、実際の国家間の紛争が沿岸国と旗国の権限配分という形で生じることが多かったことに鑑みれば[78]、致し方のないこととも言えよう[79]。しかしながら、このことが前節

---

73) R. J. Dupuy, "The Sea under National Competence", in R. J. Dupuy and D. Vignes (eds.), *A Handbook on the New Law of the Sea*, Vol. 1 (1991), p. 247.
74) T. Scovazzi, "The Evolution of International Law of the Sea: New Issues, New Challenges", *Recueil Des Cours*, Tome 286 (2000), p. 54.
75) 例えば、Harrison, *supra* note 41, p. 1.
76) マクドゥーガル＆バークは、「共通利益を実現するために両者のバランスを取ることが、海洋法の役割である」とする。M. S. McDougal and W. T. Burke, *The Public Order of the Oceans: A Contemporary International Law of the Sea*, (1962), pp. 1-2, footnote 1; また、大内「前掲論文」（注71）103-105頁参照。
77) 例えば、N. Klein, *Maritime Security and the Law of the Sea*, (2011), p. 3参照。
78) 近年、その法的地位をめぐって議論が為されている「特別敏感水域」なども、まさに沿岸国と旗国の権限の対立と捉えることが可能である。許淑娟「PSSA（Particularly Sensitive Sea Area: 特別敏感海域）――海洋環境保護と海上交通の関係をさぐる一例として――」『立教法学』第87号（2012年）181頁参照。
79) 田中は、海洋法を規律する原則として、従来の「自由」及び「主権」に加え、両者に対するアンチテーゼたる「人類の共同遺産」を挙げている点で、本書と同様の問題意識を持つものと思われる。しかしながら、「人類の共同遺産」概念は、海洋法においては深海底制度と密接に結びついており、他の海域を含めた海洋法全体の「原則」と位置づけることには疑問も残る。実際、田中も同概念を主として深海底制度との関係において論じている。

で示した問題を醸成する一因となってきたこともまた事実と思われる。

第2款　本書の分析枠組み

　前節で記したように、UNCLOSは海洋法の実体的規則の増加・多様化が進む中で締結されたものである。したがって同条約は、長く原則とされてきた「海洋の自由」から「海洋の管理」へと海洋法の原則を変質させる途上にあるものと捉えることができよう。しかしながら、UNCLOSは管理を原則として旗国・沿岸国に委ねている点で、海洋法の伝統的枠組みを改革したとは言い難く、このような枠組みが限界を迎えていることは、前節において示した通りである。

　そこで、海洋の管理にあたっては、「海洋を一体のものとして統合的に管理する」視点が必要とされている。グローバル化が進展し科学技術が発展した今日、航行の安全の確保に関しても海洋環境の保護に関しても、このような視点が重要となる。海洋を一体のものとして捉えず、水域ごとに国家の権限が峻別されていては、大規模な海洋汚染への対処は一層困難なものとなる[80]。また、海賊行為とSUA条約上の犯罪はその峻別が実務上困難であるにもかかわらず、現行海洋法は両事案を統合的に管理するのではなく、峻別して規律している。前者に対しては、非旗国による海上警察権の行使までもが認められるのに対し、海上テロリズムに対しては、旗国の同意が確認されない限り、非旗国によるそのような権限の行使は認められない。このような両者の峻別が混乱の一因となり得ることはこれまでも指摘されてきたところである[81]。

　　Tanaka, *supra* note 27, p. 19 and pp. 178-181.
　80) 生態系についてと文脈は異なるが、坂元は「UNFSAが採用した生態系アプローチは、生態系全体に着目するものであるから、当然のことながら海洋法条約の基本構造ともいうべき国家管轄権を規制概念としてそのまま用いることは困難となる。海洋法条約では国家管轄権が及ぶ海域とそれが及ばない海域では、異なる規制措置がとられることになる。しかし、海洋生態系の保護に着目すれば、そのように人為的に引いた管轄権区分は意味をなさないことになる。生態系の保護のためには、国家管轄権の中でとられる措置と国家管轄権の外でとられる措置を区別する実益はないからである。どの海域であろうと、生態系保護のための措置は一貫していなければならない。」と指摘する。坂元茂樹「地域漁業管理機関の機能拡大が映す国際法の発展―漁業規制から海洋の管理へ―」柳井俊二・村瀬信也編『国際法の実践―小松一郎大使追悼』（信山社、2015年）466頁。
　81) 例えば、Agence France Presse, "Piracy Equals Terrorism on Troubled Waters: Minister", 21 Dec. 2003参照。

この、現行海洋法が必要とする「海洋を一体のものとして統合的に管理する」視点は、現在隆盛しつつある「海洋ガバナンス」の視点のひとつと言える。海洋ガバナンスの概念それ自体は国際法の文脈に限定されず多義的に用いられており、その意味するところや位置づけは論者により異なる[82]。例えば、国際関係論を専門とするマイルズは、海洋ガバナンスは、規範・制度的取極め・実体的政策の3つの側面から構成され、21世紀の同概念は、「持続可能性」の概念に焦点をあてる必要があるとする[83]。また、国際政治理論のガバナンス概念を用いる都留は、ガバナンス概念自体が多様で曖昧であることを前提に、ガバナンスの有無や必要性を問うのではなく、その目的や実現段階、問題点を問う必要があると指摘する[84]。国際・国内を問わず法学の分野における「良き海洋ガバナンス（Good Ocean Governance）」を模索するチャンは、良きガバナンスと言えるか否かは、法の支配、参加性（participatory）、透明性、コンセンサスに基づく意思決定、アカウンタブルか否か、衡平かつ包括性（inclusive）、対応性（responsive）及び一体性（coherent）の8つの要素から考慮される必要があるとする[85]。国際法の文脈では、その最終章を「海洋ガバナンス」と冠したロスウェル＆スティーブンスの『国際海洋法』において、海洋ガバナンスは「海洋管理の非常に広範な概念」であるとされている[86]。

このように多義的に用いられる一方で、海洋ガバナンスが、かつてパルドが述べた「海洋空間全体を統治する新たな法秩序[87]」の形成に向かう流れに沿う、「海洋を一体のものとして統合的に管理する」視点を含む概念であることについては、見解が一致しているように思われる[88]。例えば都留は、海洋ガバナンスを

---

[82] 同様の指摘を行うものとして、Y. Takei, "A Sketch of the Concept of Ocean Governance and its Relationship with the Law of the Sea", in C. Ryngaert, E. J. Molenaar and S. Nouwen (eds.), *What's Wrong with International Law*, (2015), p. 60.

[83] E. L. Miles, "The Concept of Ocean Governance: Evolution toward the 21st Century and the Principle of Sustainable Ocean Use", *Coastal Management*, Vol. 27 (1999), p. 22.

[84] 都留康子「海洋漁業資源ガバナンスの現状と課題―重層化する制度の協働の模索―」『世界法年報』第27号（2008年）43-44頁。

[85] チャンは、その著書において、「良き海洋ガバナンス」を新たな思考様式として提言している。Y. Chang, *Ocean Governance: A Way Forward*, (2012), p. 12.

[86] Rothwell and Stephens, *supra* note 22, p. 462.

[87] Pardo, *supra* note 2, p. 39.

[88] そのような見解のひとつとして、M. Haward and J. Vince, *Oceans Governance in the Twenty-first Century: Managing the Blue Planet*, (2008), pp. 21-23；また、布施はパルド主義

「海洋全体の秩序構造を問う」ものとしており[89]、チャンも、海洋の総体的な使用の文脈において海洋ガバナンスを追求することの必要性や、国家間の境界を越えた管理の重要性を指摘する[90]。また、田中は、従来の「水域別管理アプローチ（zonal management approach）」に加え、海洋全体の利用に関する「統合的管理アプローチ（integrated management approach）」が国際法上の海洋ガバナンスに対する基本的アプローチとなっていると主張する[91]。坂元も、「海洋の管理又は海洋ガバナンス」のために、「さまざまな利益の総合的な調整のための認識枠組みとして、『海洋の統合的管理（integrated ocean governance）』が強く求められる時代になった」と指摘する[92]。

　以上のような海洋ガバナンスの議論を受け、本書においては同ガバナンスを「海洋を・一・体・の・も・の・と・し・て・統合的に管理する」視点を含む概念として用いる。また、このように整理される海洋ガバナンスの視点は、さらに2つに細分されよう。第1に、国家、すなわち陸からの視点に基づき、海洋ガバナンスを展開する考え方である[93]。このような考え方に立てば、海洋ガバナンスは、沿岸国の権限の拡張を正当化する根拠となる[94]。第2に、このような視点とは逆向き、すなわち、海からの視点に基づき、海洋ガバナンスを展開する考え方である[95]。従来の陸からでなく、海から物事を捉える視点は、歴史学においては海洋史観としてフェルナン・ブローデルにより持ち込まれ、広く支持されるところである[96]。

　　と海洋ガバナンスの結びつきを指摘している。布施勉「新しい国際海洋法の思想と"Ocean Governance"」『学術の動向』1999年8月号、31頁。
[89]　都留「前掲論文」（注84）43頁。
[90]　Chang, *supra* note 85, pp.57-58.
[91]　Y. Tanaka, *A Dual Approach to Ocean Governance: The Case of Zonal and Integrated Management in International Law of the Sea*, (2008), pp.18, footnote 71 and 21.
[92]　坂元「前掲論文」（注80）481頁。
[93]　髙島は、ローチュス号事件において常設国際司法裁判所は、船上の事案に対する司法管轄権の問題を「浮かぶ領土」論に基づき「陸の規則」の視点から処理したと評価する。髙島忠義「ローチュス号事件判決の再検討（一）―『陸の規則』の視点から―」『法学研究』第71巻4号（1998年）26頁。
[94]　沿岸国による海洋ガバナンスの利用について紹介したものとして、「国際法学会2012年度（第115年次）秋季大会」『国際法外交雑誌』第111巻3号（2012年）142-143頁。
[95]　ブローデルのこのような見方を端的に示すものとして、Fernand Braudel, *La Méditerranée et le monde méditerranéen à l'époque de Philippe II*, 2nd éd., (1966), p.154, "La Méditerranée à l'échelle du Monde" 参照。
[96]　例えば川勝は、ブローデルの「『地中海』の意義は、何をおいても、世界の歴史に注ぐ眼を陸地から海洋へと移し変えたことであろう。」と指摘する。川勝平太編『海からみた歴

このような視点を国際法に導入し、海洋国際法観を構築するのが海洋ガバナンスの第2の考え方である。換言すれば、主として陸からの視点に基づき国家の権限を水域・事案ごとに峻別してきた既存の法制度を見直す視点である[97]。本書では、旗国・沿岸国を中心とする現行海洋法を見直す観点から、この第2の考え方に基づく海洋ガバナンスに焦点をあてる。

このように整理される海洋ガバナンスは、どの程度の一体性を求めるか、どの程度の統合的管理を求めるかによってその意味するところが変わる幅のある概念である。それ故、海洋ガバナンスは現行海洋法において既に一定程度取り込まれているとも言えるし、海洋法の発展すべき方向を示すものとも言える。つまり、海洋ガバナンスは、現在ある法（*lex lata*）において実証的に説明される部分もあれば、あるべき法（*lex ferenda*）を提示する視点ともなり得るのである[98]。このように、海洋ガバナンスの考えを取り入れ、取り入れようとする国際法こそが、本書のタイトルたる「海洋ガバナンスの国際法」と言える。海洋ガバナンスの後者の側面から「海洋の管理」を唱導することは、「海洋の自由」を相対的に縮減するものである。しかしながら、海洋ガバナンスの視点は同自由の全否定までを目指すものではなく、あくまでも管理と自由の共存を模索するに留まるものである。

第3款　本書の検討課題

現代国際法において、規則の遵守を確保するメカニズムとしては、国際機関によるものと、国家によるものの2つに大別される[99]。この点、海洋法において

史：ブローデル「地中海」を読む』（藤原書店、1996年）10頁。また、羽田らは、「私たちの多くは、これまでなかば無意識のうちに陸の権力の視線で当時の歴史を理解してきた。しかし、海域の側から見れば、同じ対象が異なって見えるのではないか。」と指摘する。羽田正編『東アジア海域に漕ぎだす1：海から見た歴史』（東京大学出版会、2013年）8頁。

97) 「海洋ガバナンス」という概念を用いているわけではないが、類似の視点の重要性を説くものとして、奥脇直也「海洋秩序の憲法化と現代国際法の機能—『海を護る』（"Securing the Ocean"）の概念について—」秋山昌廣・栗林忠男編著『海の国際秩序と海洋政策』（東信堂、2006年）23-24頁。ロスウェル＆スティーブンスは、UNCLOSが、「主権的権利及び事案ごと」の観点から、「海洋管理への統合的なアプローチ」の観点への変更を可能にする法的枠組みと指摘する。Rothwell and Stephens, *supra* note 22, p.461.

98) 類似の指摘を行うものとして、Takei, *supra* note 82, p.59.

99) 杉原は「海洋の管理」を、①国家単独の管理、②複数の関係国による共同管理、③国際

は、本章脚注6に記したISAが管理を行う深海底を除けば、国際機関が私的主体に対して実体的規則を直接的に適用するメカニズムは原則として存在しない。そのため、海洋の管理は国家に委ねざるを得ず、先述したように、旗国・沿岸国による管轄権行使が限界を迎えている以上、旗国・沿岸国などの関係を有する国家以外の国家（以下「第三国」と称する）による、実体的規則の遵守確保が期待されるようになっているのである。では、実際に第三国が遵守確保のために管轄権を行使することとなった場合、これらの国家は国際法上のいかなる適用基準に基づき管轄権を行使することが可能となるのであろうか。

　国際法は一般に、管轄権の適用基準を属地主義、国籍主義、保護主義、普遍主義の4つに区分する。沿岸国は属地主義に基づき、旗国は国籍主義の1類型と考えられる旗国主義に基づき管轄権を行使する[100]。そして、保護主義は、自国の利益が脅かされている場合にそれぞれの国家による管轄権の行使を正当化するものである[101]。そのため消去法によって、第三国が依拠することが可能な適用基準は、普遍主義のみとなる。この普遍主義に基づく普遍的管轄権の行使に際し、国家は管轄権行使の対象となる事案との間にいかなる連関も必要とされない。それ故、普遍主義に基づけば、第三国は海洋でのあらゆる事案に対して管轄権を行使することが可能となる。しかしながら、現実的には、あらゆる第三国が普遍的管轄権を行使することはなく、同管轄権の行使はあくまでもそのような行使をすることができる国家による行使に限定される。そのため、普遍的管轄権は、海洋の管理を行うことができる国家（以下「管理可能国」と称する）の行使する管轄権とも換言できよう。このように、普遍的管轄権は、海洋ガバナンスの視点から海洋の管理を実現する上で有用とされる一方で、あるべき法を提示する同ガバナンスはまた、普遍的管轄権が展開すべき方向性を示す基準となり得る。

　本書では、この普遍的管轄権、中でも、実体的規則の遵守を確保するための本丸とも言える普遍的司法管轄権に主として焦点をあてる。海洋法の伝統的枠組

　　　機構による国際管理の3つに峻別するが、管理を行う主体に焦点をあてれば、国家か国際
　　　機関の2択となろう。杉原「前掲論文」（注53）282頁。
　100）国籍主義は、他に、積極的属人主義や消極的属人主義を含む。
　101）刑法に文脈を限定してのものではあるが、例えば、山本草二『国際刑事法』（三省堂、
　　　1991年）148-161頁参照。

みは旗国と沿岸国とに権限を配分するが、海洋法においても例外的に、普遍的司法管轄権は海賊行為を中心に既にいくつかの条約に規定されている。議論の余地はあるものの、SUA条約は同条約が犯罪と規定する行為に対し、UNCLOS第218条は船舶起因汚染に対し、それぞれ普遍的司法管轄権を規定しているとされる[102]。しかしながら、海賊行為を含むこれらの3つの事案に対する普遍的司法管轄権は、それぞれが事案ごとに個々に形成されてきたため、海洋法における普遍的司法管轄権それ自体に対する包括的な検討が十分とは言い難い。

そのため、実際に国家が海上での事案に対し普遍的管轄権を行使する機会は限定されており、いざ行使する場面では、当該行使の正当化をめぐり国内裁判所において多大な労力が割かれているのが現状である。さらに、これまでの研究においても、海賊行為・SUA条約上の犯罪・船舶起因汚染はそれぞれ個別に検討される傾向にあり、これら3つを普遍的司法管轄権の観点からまとめたものは存在しない[103]。そのため、本書においては、これら3つの事案に対しなぜ普遍的司法管轄権が認められようになったかという、同管轄権の理論的根拠をそれぞれ分析する。その上で、各理論的根拠の共通項を抽出し、海洋法における普遍的司法管轄権の展開を跡付ける。この抽出作業は、海洋ガバナンスが現在ある法（lex lata）においてどの程度反映されているかの分析と言えよう。加えて本書では、普遍的司法管轄権が同ガバナンスの視点から、今後どのように展開していくか、いくべきかというあるべき法（lex ferenda）の考察を行う。このような本書における普遍的司法管轄権の研究は、海洋ガバナンスの国際法を構築する研究の第一歩になるものと位置づけられよう。

本書は普遍的司法管轄権を中心に検討を行うが、司法管轄権を行使するためには、その前段階として執行管轄権を行使する必要がある。それ故、どのように執行管轄権が行使されるかという問題は、普遍的司法管轄権の理論的根拠を

---

102) 本書では海洋で発生する事案に焦点をあてることから、麻薬の不正取引等の海上輸送に関する犯罪については、比較対象とはしつつも、直接の検討対象とはしない。
103) 海賊行為に関しては、A. P. Rubin, *The Law of Piracy*, (Reprinted, 2006)；船舶起因汚染に関しては、A. K. Tan, *Vessel-Source Marine Pollution: The Law and Politics of International Regulation*, (2005) などがある。また、近年は海賊行為とSUA条約上の犯罪をまとめて扱う著作（例えば、R. Geiß and A. Petrig, *Piracy and Armed Robbery at Sea: The Legal Framework for Counter-Piracy Operations in Somalia and the Gulf of Aden*, (2011)）もあるが、いずれにせよ、普遍的司法管轄権を軸として事案横断的に検討しているわけではない。

展望する上で重要となろう。海賊行為に関しては、非旗国による海上での普遍的執行管轄権の行使が認められるのに対し[104]、SUA条約上の犯罪に関しては、非旗国によるそのような管轄権の行使は原則として認められていない。当該犯罪を行った容疑者を逮捕することができるのは、容疑者が自国領土へと足を踏み入れた場合のみである。また、公海上の船舶起因汚染についても、非旗国による海上での執行管轄権の行使は認められていない。各国が船舶起因汚染に関して司法管轄権を行使するためには、公海上で違法な排出を行った船舶の自国への寄港を待つ必要がある。各事案に対する普遍的司法管轄権の理論的根拠を検討する上で、このような執行管轄権の認められ方の相違に留意することは重要となる。そのため、本書においては、普遍的司法管轄権と関連する範囲で、執行管轄権についての検討も行う。

　また、実際に管轄権を行使するにあたっては、管轄権（権限）を有するか否かの適用基準の問題の他に、管轄権を行使する際の条件や、管轄権が重複する場合の調整にも留意しなければならない[105]。例えば、普遍的司法管轄権の行使に関しては、容疑者の身柄を押さえることが条件となっているか否かが問題となっており[106]、管轄権が競合する場合には、属地主義に基づく管轄権が優先されるべきとの議論も為されている[107]。これらは、実際の普遍的司法管轄権の行使にあたってはいずれも重要な論点ではあるが、本書ではあくまでも権限としての管轄権の側面に焦点をあてるため、これらの問題についても関連する範囲での分析に留める。

---

104) 奴隷貿易の文脈においてであるが、相互に臨検を許容しあう権限を普遍的管轄権とみなすものとして、J. Ruby, "An Evolutionary Theory of Universal Jurisdiction", *UCLA Journal of International Affairs*, Vol. 14 (2009), p. 582.
105) この点を指摘するものとして、小寺彰「国家管轄権の構造―立法管轄権の重複とその調整」『法学教室』第254号（2001年）116-121頁。
106) 換言すれば、いわゆる不在管轄権（jurisdiction in absentia）が認められるか否かの問題である。この点に関しては、A. J. Colangelo, "The New Universal Jurisdiction: In Absentia Signaling over Clearly Defined Crimes", *Georgetown Journal of International Law*, Vol. 36 (2005), pp. 537-603.
107) アフリカ連合の法務大臣及び司法長官の会合において作成された「国際犯罪に対する普遍的管轄権についてのアフリカ連合モデル国内法（草案）」第4条2項においては、属地主義に基づく司法管轄権が普遍的司法管轄権に優先することが規定されている。African Model National Law on Universal Jurisdiction over International Crimes, *available at* <http://www.ejiltalk.org/wp-content/uploads/2012/08/AU-draft-model-law-UJ-May-2012.pdf> (last visited 29th Oct. 2015).

第3節　本書の構成

　このような問題意識から、本書の構成は次のようになる。第1章においては、一般国際法における管轄権の法理について確認する。立法・執行・司法管轄権をどのように分類するか、その適用基準をどのように考察するかを確認する。その上で、本書の研究対象となる普遍的管轄権が一般的にどのように定義され、説明されてきたかについての予備的考察を行う。普遍的管轄権は本書全体を通じての検討対象となっているが、第1章ではあくまで、普遍的管轄権という用語によって現在一般的に想起される、ジェノサイドに対する司法管轄権の文脈における議論をまとめる。また、普遍主義との相違が問題となる代理主義との関係についての整理を行う。

　第2章では、海賊行為に対する普遍的管轄権について検討する。海賊行為に関しては、司法管轄権と執行管轄権の2つの文脈において普遍的管轄権が認められているため、それぞれの理論的根拠について考察を深める。普遍的司法管轄権は、ジェノサイドのように、その行為が国際社会の共通利益を侵害する重大・残虐性を有するために認められると一般的に説明される。しかしながら海賊行為については、行為が重大・残虐であるという説明が適当とは思われない。そうであるにもかかわらず、なぜ海賊行為に対する普遍的司法管轄権が認められているのかを検討する。また、近年のソマリア沖における海賊事件に対する国際連合（以下「国連」と略記）や個別国家の対応の分析を通じて、海洋ガバナンスの視点から、海賊行為に対する普遍的管轄権がどのように利用されているか、また利用されていくべきかについて考察する。

　第3章では、海賊行為には含まれない海上暴力行為について規定したSUA条約の分析を行う。具体的にはまず、同条約が規定する「引渡しか訴追か」の義務と普遍的管轄権、さらには代理主義との関係を考察する。また、海上での執行管轄権に関して、改正議定書において、旗国への通知後4時間以内に返信がない場合に、非旗国が管轄権を行使することができるとするいわゆる「4時間ルール」が採用されているため、同ルールについて検討する。そして、近年、SUA条約が条約締結当初に想定されていた海上テロリズム以外の事案においても適用されている実行を踏まえ、海洋ガバナンスの視点から、SUA条約において普遍的管轄権が規定されていることの意義について考察する。

第4章では、海上暴力行為を離れ、船舶起因汚染に対する普遍的管轄権について検討を加える。船舶起因汚染に関しては、船舶の寄港した国家が管轄権を行使する寄港国管轄権の制度が構築されている。しかしながら、制度を初めて構築したMARPOL条約においては寄港国による「調査」までしか認めてられていなかったのに対し、UNCLOS第218条においては、「手続の開始」までもが認められている。そのため、これら2つの条約の違いがなぜ生じるに至ったのかを検討する。また、寄港国管轄権が普遍的管轄権の一形態であるという事実を確認した上で、なぜ、船舶起因汚染に対して普遍的司法管轄権が認められるのかを考察する。その上で、海洋ガバナンスの視点から、船舶起因汚染に対する普遍的管轄権が認められることの意義について考察する。

　第5章においては、まず、UNCLOS体制において、普遍的司法管轄権がどのように展開するか、その可能性と限界を考察する。その上で、UNCLOSを超えた海洋ガバナンスを模索する。具体的にはまず、第2章から4章までの各事案に対する普遍的司法管轄権に共通する理論的根拠として導かれる、海洋を管理する上での取締り・抑止の効率性について、より巨視的観点から分析する。そして、効率性を追求する上での障壁であり、現在の海洋法が原則としている国家平等の原則を乗り越える方法について模索する。

　終章では、本書で分析した国家による普遍的司法管轄権の行使についてまとめると同時に、その限界を受け、これを克服するための国際機関による海洋の管理について若干の考察を行う。その上で、本書における海洋ガバナンスの国際法が、一般国際法にもたらす示唆について検討し、結びに代える。

第 1 章

国際法における管轄権の法理と普遍的管轄権

　序章において示したように、本書は海洋法における普遍的管轄権の展開を海洋ガバナンスの視点から検討するものである。そのため、前提として、管轄権の法理、とりわけ管轄権の適用基準や作用上の分類について確認する必要がある。

第1節　管轄権の作用上の分類と適用基準

　「管轄権」という用語はマックス・プランク国際公法百科事典では「規則を制定しかつ執行するための法に基づく (lawful) 権限[1]」と定義されており、国際法の文脈では同様の定義が定着している[2]。そこで、国際法の一分野である海洋法に焦点をあてる本書でも、管轄権をこのように定義した上で考察を進める[3]。

---

1) B. H. Oxman, "Jurisdiction of States" in R. Wolfrum (ed.), *Max Planck Encyclopedia of Public International Law*, Vol. VI (2012), p. 546.
2) 類似の定義を行うものとして、例えば、管轄権の学説の発展に多大な貢献をしたマンは、管轄権を「排他的に国内関心事項とはならない行為を規制する国際法上の国家の権利」と定義する。F. A. Mann, "The Doctrine of Jurisdiction in International Law", *Recueils des cours*, Tome 111 (1964), p. 9; また、日本における国家管轄権研究の第一人者である山本は、管轄権を「国家がその国内法を一定範囲の人、財産または事実に対して具体的に適用し行使する国際法上の権能をいう」と定義している。山本草二『国際法【新版】』(有斐閣、1994年) 232頁。
3) 管轄権の文脈において公法と私法の峻別は不透明な部分も少なくないが、従来より、両者を峻別した議論が行われてきているため、本書も公法にのみ焦点をあてる。Oxman, *supra* note 1, p. 548参照。また、管轄権は、国際法によって制限はされるものの、国際法によって組織・配分されるものではないという、ダスペルモンのような見解もあるが、本書では、管轄権は国際法によって配分され、根拠づけられるという通説的見解にたって考察を進める。J. d'Aspremont, "Multilateral Versus Unilateral Exercises of Universal Criminal

管轄権の法理に関しては、小寺彰の指摘するように、「個別分野の問題処理を通じて種々の検討視座及び原則・基準が生成してき」ているが[4]、現在の国際法学においては、多数の法分野が絡みあう問題も少なくない。例えば、本書で取り扱う海洋環境汚染に関しては、海洋法・環境法・刑事法といった3つの分野が絡みあっていると言える。その結果、「分野横断的な基準や原則」の存在がなくてはならず[5]、現在の国際法の基本書の多くが、「管轄権」の項目を設け、そのような基準・原則を記すようになっている[6]。中でも、管轄権をその作用に基づき分類する「作用上の分類（types of jurisdiction）」と管轄権を適用する際の基準となる「適用基準（bases of jurisdiction）」の2つは、そのような共通の基準・原則として記されている。そこで本節においては、普遍的管轄権についての検討に着手する前段階として、国際法一般における作用上の分類と適用基準についての整理を試みる。

第1款　作用上の分類と立法管轄権の理解

(1) 作用上の分類とその訳語

管轄権の作用上の分類に関しては[7]、立法管轄権（legislative or prescriptive jurisdiction, compétence législative）と強制管轄権（enforcement jurisdiction, compétence exécutive）の2つに区分する2分類と、立法管轄権、司法管轄権（adjudicative or judicial jurisdiction, compétence juridique ou juridictionnelle）、執行管轄権（enforcement jurisdiction, compétence exécutive）の3つに区分する3分類とがある。本書では、司法管轄権と執行管轄権を峻別して考察するため、3分類

　　Jurisdiction", *Israel Law Review*, Vol. 43, (2010), p. 311.
4）小寺は、あくまでも「域外適用に関する法理」とその射程を限定しているが、同様のことが国家管轄権の法理一般にも言えると考えられる。小寺彰「国家管轄権の域外適用の概念分類」村瀬信也・奥脇直也編『国家管轄権―国際法と国内法―』（勁草書房、1998年）344頁。
5）域外適用の文脈に限定してのものであるが、この点をまとめたものとして、小寺「同上論文」360-364頁。
6）ステイカーも指摘するように、「管轄権」にひとつの章をあてる傾向は19世紀後半より英国の文献に見られ、近年は大陸の基本書も同様のアプローチをとるようになっている。C. Staker, "Jurisdiction" in M. Evans (ed.), *International Law*, 4th ed., (2014), pp. 311-312.
7）この、立法・執行・司法のような分類を「作用上の分類」と表現することに関しては、山本『前掲書』（注2）232頁。

に依拠して議論を進める。

　立法管轄権に関しては、"prescribe"の訳語として「規律」の方が適当であることから、規律管轄権と訳されることもあるが[8]、本書では、規律管轄権と立法管轄権は同義であるという前提に立った上で、立法管轄権という表現を用いる。司法管轄権ではなく裁判管轄権と表現する文献も多数見られるが、これらも同義のものとして、司法管轄権という表現を用いる[9]。また、2分類におけるいわゆる広義の意味の"enforcement jurisdiction"に関しては強制管轄権とし、3分類における狭義の意味の"enforcement jurisdiction"に関しては執行管轄権と訳する[10]。

(2) 立法管轄権の2つの理解

　1964年に作成された第2リステイトメント第6条の解説 (comment) は、管轄権はその作用上、立法管轄権 (prescriptive jurisdiction) と強制管轄権 (enforcement jurisdiction) の2つに分類されるとした。同解説によれば、立法管轄権は「法規則を制定する (make) 国際法上の国家の能力 (capacity)」と定義され、強制管轄権は「法規則を執行する国際法上の国家の能力[11]」と定義される。その後、第2リステイトメントを見直し、1987年に作成された第3リステイトメントでは3分類が採用された。「管轄権の種類 (categories)」という表題が付された第3リステイトメント第401条は、まず、立法管轄権を「人の行為、関係、身分または物における人の利益に対し自国の法を適用可能にする (make its law applicable) 管轄権」と定義している[12]。加えて、執行管轄権を「自国の法令を遵守するように仕向け、若しくは強制し、またはその不遵守を処罰する管轄権」、司法管轄権を「人または物を、自国の裁判所または行政審判機関の下に服させる管轄権」

---

8) この点、アメリカ対外関係法リステイトメント研究会（訳）「アメリカ対外関係法第三リステイトメント（一）」『国際法外交雑誌』第88巻5号（1989年）533頁参照。

9) あまり一般的ではないが、"adjudicative jurisdiction"と"judicial jurisdiction"を峻別する見解もある。C. Ryngaert, *Jurisdiction in International Law*, 2nd ed., (2015), pp. 11-16.

10) このような分類を用いるものとして、小寺彰・岩沢雄司・森田章夫編『講義国際法（第2版）』（有斐閣、2010年）161頁。

11) American Law Institute, *Restatement of the Law Second, Foreign Relations Law of the United States*, (1965), p. 20.

12) American Law Institute, *Restatement of the Law Third, Foreign Relations Law of the United States*, (1987), p. 232;"make its law applicable"という部分を翻訳する際の議論に関しては、アメリカ対外関係法リステイトメント研究会「前掲論文」（注8）533-534頁参照。

と定義している。

「法を適用可能にする」管轄権という立法管轄権の定義に関し、第3リステイトメントの首席報告者であったヘンキンは、立法管轄権は「規律及び適用する管轄権 (jurisdiction to prescribe and apply)[13]」を短縮したものであると説明しているが、この適用 (apply) という概念が曖昧であるが故に[14]、第3リステイトメント起草中あるいは作成直後から当該立法管轄権の定義について2通りの理解が生じてしまったと思われる[15]。そのうちのひとつは、立法という行為に加え法の観念的な適用、換言すれば、法に効力を持たせる権限までを立法管轄権とする考え方である（以下「観念的適用説」と称する）。同リステイトメントの起草過程に参加したオルムステッドによれば、法を人や物に一般的に適用することが立法管轄権であり、実際に司法手続等を通して特定の人や物に法を適用することは、司法管轄権に含まれる[16]。また、オルムステッド同様、起草過程に携わったフィッシャーは、「適用」という用語が好ましくなければ、効力を生じさせること (put it into effect) とすることもできると提案し[17]、ラインも同様の理解を示している[18]。このように、法に効力を持たせる権限までを立法管轄権とする観念的適用説は、第3リステイトメントの起草過程への複数の参加者によって共有されていたと言えよう。

第3リステイトメントにおけるもうひとつの立法管轄権の理解は、法に効力を持たせることに加え、逮捕や裁判といった場面における法の特定的な適用までをも立法管轄権に含むとする考え方である（以下「特定的適用説」と称する）。この説は、ヘンキンらによって支持される。彼は「適用する」という用語が「効力を持たせる」という意味となる可能性を認めながらも、自分たちが定義する

---

13) American Law Institute, *58th Annual Meeting Proceedings 1981*, (1982), p. 222.
14) ヘンキンも法の「適用」が、規律・執行・司法の3つのいずれにも該当するという考え方があることを認めている。*Ibid.*, pp. 222 and 237.
15) 例えばオルムステッドは、自身にとって、規律管轄権の意味するところが最後まで不明であったことを示唆している。C. J. Olmstead, "Jurisdiction", *Yale Journal of International Law*, Vol. 14 (1989), p. 469参照。
16) J. W. Dellapenna, "The Restatement of Foreign Relations Law of the United States, Revised: How were the Controversies Resolved?", *American Society of International Law Proceedings*, Vol. 81 (1987), p. 187.
17) American Law Institute, *supra* note 13, p. 224.
18) *Ibid.*, p. 228.

立法管轄権（to prescribe and apply）は、裁判所において法が特定の状況に適用されることを含むとしている[19]。このような理解は共同報告者であるローウェンフェルドの考えに強く影響を受けるものであると思われる。ローウェンフェルドは、実際に裁判を行うことは「聴聞する管轄権（jurisdiction to hear）」と「適用する管轄権」の両方の行使を意味するとしており[20]、これを第3リステイトメントの分類で考慮すると、前者が司法管轄権となり後者が立法管轄権になると考えられる[21]。執行管轄権に関しても、例えば、逮捕することは「拘束する管轄権」と「適用する管轄権」の両方の行使から構成されると認識することは可能であろう。

立法管轄権の行使が裁判での法の適用までをも含むとなると、とりわけ司法管轄権との峻別が困難になるように思われる[22]。しかしながら、少なくとも、ヘンキンとローウェンフェルドの間ではこのような峻別が共有されていたと考えられる。彼らにとっては、裁判において裁判所が行使する実体的権限は立法管轄権であり、その権限に「服させる」手続的権限が司法管轄権となるのである。立法・司法管轄権をこのように分類する背景には、リステイトメントにおける司法管轄権が、刑事のような公法上の管轄権のみならず、民事といった私法上の管轄権も一括りにまとめているという事実があろう[23]。これも、伝統的な国際公法と国際私法の峻別に囚われるべきではないというローウェンフェルドのアプローチに由来するものである[24]。

ヘンキンとローウェンフェルドという2人の報告者が特定的適用説の立場である以上、同説に基づく理解こそが第3リステイトメントにおける立法管轄権の定義の理解としては最も正確であると思われる。しかしながら、先述したように、この第3リステイトメントは国際（公）法と私法の区分をせずに管轄権

---

19) *Ibid.*, pp. 229 and 242.
20) M. P. Malloy, "Extraterritoriality: Conflict and Overlap in National and International Regulation", *American Society of International Law Proceedings*, Vol. 74 (1980), p. 40.
21) A. Lowenfeld, "Public Law in International Arena: Conflict of Laws, International Law, and Some Suggestions for Their Interaction", *Recueils des cours*, Tome 163 (1979), pp. 327-328.
22) このことは、裁判所が、司法立法の形で立法管轄権を行使することとは意味が異なることに留意する必要がある。American Law Institute, *supra* note 12, p. 241参照。
23) *Ibid.*, p. 306.
24) Lowenfeld, *supra* note 21, p. 326.

の規定を行っており、両者の間では、立法管轄権と司法管轄権の関係が異なることに留意する必要がある。この点、寺谷は「国際（公）法は、まずは規律管轄権に中心的な関心を寄せ、裁判管轄権も、通常はこれに伴」うのに対し、国際私法の場合、「規律管轄権と裁判管轄権は別個の問題となりうる」としている[25]。この点を考慮すると、この第3リステイトメントの理解が、本書が射程とする海洋法、国際（公）法上の管轄権の理解として適切であるかに関しては疑問が残る。

　実際、国際私法を除外し、国際法の域外適用に射程を絞ってまとめられた[26]、万国国際法学会の「国家の域外管轄権」の研究においては、観念的適用説に基づく定義がとられている。3分類された管轄権の定義について、同学会の一員でもあるヘンキンが特定的適用説を主張したにもかかわらず[27]、最終報告書における立法管轄権は「全般的または制限的に適用される法規範を制定する国家の権限[28]」と、観念的適用説の形で定義される。同説はまた、日本の学界においても広く支持されるところである。例えば兼原は、立法管轄権には「人や事物について法的な評価を行う基準として国内法の効力をおよぼす」作用があるとしている[29]。竹内も「立法と司法の区別については、前者が一般的な事象に対する管轄権の根拠であるのに対して、後者は特定の事案における権限の行使であるという違いがある」と観念的適用説と思われる立場からの説明を加えている[30]。

　この点、特定的適用説の立場からは、本書次章以下で扱う、改正議定書やMARPOL条約の制度をうまく説明することができない。これまで主として行われてきた刑法における管轄権の議論のように、域外での事案に対する捜査・逮捕・裁判といった一連の刑事手続を分断することなく扱うのであれば、特定適

---

[25] 酒井啓亘・寺谷広司・西村弓・濵本正太郎『国際法』（有斐閣、2011年）87頁。類似の説明を行うものとして、奥脇直也「国家管轄権概念の形成と変容」村瀬信也・奥脇直也編『国家管轄権—国際法と国内法—』（勁草書房、1998年）12-15頁。

[26] M. Bos, "La Compétence extraterritoriale des Etats", *Annuaiare de l'institut de droit international*, Vol. 65-I (1993), p. 173.

[27] *Ibid.*, pp. 135 and 169.

[28] *Ibid.*, p. 174.

[29] 柳原正治・森川幸一・兼原敦子編『プラクティス国際法』（信山社、2010年）131頁。

[30] 竹内真理「域外行為に対する刑事管轄権行使の国際法上の位置づけ—重大な人権侵害に関する分野の普遍管轄権行使を中心に—」『国際法外交雑誌』第110巻2号（2011年）53頁。

用説の観点から、これらを「立法管轄権の域外適用」と表現することは問題とならない。しかしながら、後述するように[31]、改正議定書やMARPOL条約においては、非旗国による執行管轄権の行使は許容されるのに対し、司法管轄権の行使までは認められない。それ故、域外での事案について、検査までは可能であるが逮捕はできないといったように、手続を分断して検討する必要があるのである。この点、法のあらゆる適用を「立法管轄権の行使」と表現する特定的適用説の立場では、検査という「適用」までを許容する場合も、違反認定という「適用」までを許容する場合も、「立法管轄権の行使が許容される」と表現されることとなり、両者を峻別して説明することができない。その結果、海洋法における分断された手続の説明が困難となるのである。それ故、本書では観念的適用説の理解に基づき、立法管轄権という用語を用いることとする（図1参照）[32]。

図1：管轄権の作用上の分類（イメージ図）

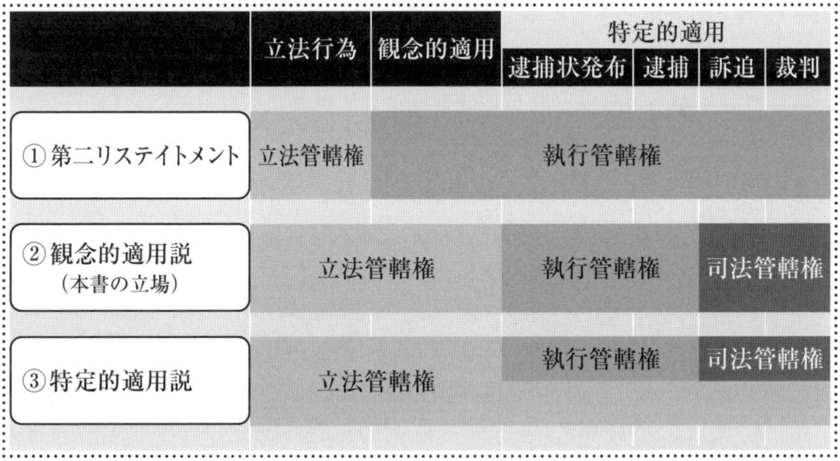

	立法行為	観念的適用	特定的適用			
			逮捕状発布	逮捕	訴追	裁判
①第二リステイトメント	立法管轄権	執行管轄権				
②観念的適用説（本書の立場）	立法管轄権		執行管轄権		司法管轄権	
③特定的適用説	立法管轄権			執行管轄権		司法管轄権

---

31) 本書第3章及び第4章参照。
32) 海洋法においても西本のように特定的適用説の立場をとる者もいる。西本健太郎「海洋管轄権の歴史的展開（五）」『国家学会雑誌』第126巻1・2号（2013年）90頁参照。

第2款　作用上の分類と適用基準をめぐる混乱

　作用上の分類と並び、共通の基準・原則とされる適用基準は、自国領域で発生した事件に対して管轄権を行使する属地主義、自国民等が関与する事件に対し管轄権を行使する国籍主義、自国の利益を脅かす事件に管轄権を行使する保護主義、いかなる連関を有しない事件であっても管轄権の行使が許容される普遍主義[33]、といった4つに区分される[34]。

　この適用基準に関しては、作用上の分類とも関連し、次の2点において混乱が見られる。第1に、作用上の分類と適用基準の関係について、具体的には、前述した4つの適用基準がいったいいかなる作用の管轄権の適用基準と考えられているか、という点に混乱が見られる。そして第2に、どのような場合が属地主義に基づく管轄権の行使とみなされ、どのような場合が他の基準に基づく管轄権の域外適用とみなされるのか、換言すれば、属地主義と域外適用を区分する基準（以下「域内外区分基準」と称する）に関する混乱が見られる。

(1) 作用上の分類と適用基準の相互関係

　4つの適用基準が立法・執行・司法のいずれの作用の管轄権の適用基準と考えられているかという点に関しては多様な見解が確認される。例えば、小寺はその著書において、「国家管轄権のうち、もっともよく議論されてきたのは立法管轄権である[35]。」として、4つの基準は、立法管轄権、特に、刑事管轄権の適用基準であると説明する[36]。マンも同様に、立法管轄権という章の刑事管轄権という節において適用基準を詳述している[37]。他にも、ヘルデーゲン[38]、ロウ[39]、広

---

[33] 普遍的管轄権の定義が多様であることを指摘するものとして、R. O'Keefe, "Universal Jurisdiction: Clarifying the Basic Concept", *Journal of International Criminal Justice*, Vol.2 (2004), pp.744-747.

[34] 国籍主義を細分化するなど、異なる分類を行う者もいるが、このような4つの分類方法があることについては、異なる分類を行う者も認識している。

[35] 小寺彰『パラダイム国際法』（有斐閣、2004年）97頁。

[36] 小寺はまた、裁判管轄権については「国際法上は大きな問題はない」と指摘している。小寺彰「独禁法の域外適用・域外執行をめぐる最近の動向―国際法の観点からの分析と評価」『ジュリスト』第1254号（2003年）65頁。

[37] Mann, *supra* note 2, pp.83-95.

[38] M. Herdegen, *Völkerrecht*, 14th ed., (2015), pp.200-201.

[39] A. V. Lowe, *International Law*, (2007), pp.171-172.

部[40]などが同様の理解に基づくと思われる説明を行う。

　他方、4つの基準を司法管轄権の適用基準であるとする見解も確認される。例えば、ハーバード・ロースクール国際法研究会が作成した「犯罪に関する管轄権」の条約草案（以下「管轄権に関するハーバード草案」と略記）では、管轄権を「犯罪を訴追し、処罰する国際法上の国家の権限」と定義し、その適用基準として4つを挙げている[41]。ショウは、「ある国家の裁判所が、そのような（司法）管轄権の行使を主張することができる根拠は複数存在する。刑事の問題に関しては、それらは属地主義から普遍主義に及ぶ。（中略）管轄権において最も議論される側面は、司法管轄権である[42]。」としている。また、栗林[43]やスワルト[44]も国際犯罪に関する裁判を中心に議論しているため、司法管轄権の文脈においてこれらの適用基準に関する説明を行う。最上のように普遍的管轄権について論ずる者も、司法管轄権の文脈において適用基準を説明する[45]。

　さらに、立法管轄権と司法管轄権の適用基準は原則同一のものと解して、両者にこれを当てはめる理解もある。例えば、万国国際法学会は、「国家の域外管轄権」最終報告書の第3条2項において域外適用を行う場合の立法管轄権の適用基準を、積極的属人主義、消極的属人主義、保護主義、普遍主義の4つとした上で、3項において司法管轄権は原則立法管轄権と範囲が重複するとしている[46]。また、エイクハーストは、司法管轄権という章の刑事管轄権という節において、4つの適用基準を詳述していることから、立場はショウに類似している

---

40) 広部和也「国家管轄権の競合と配分」村瀬信也・奥脇直也編『国家管轄権―国際法と国内法―』（勁草書房、1998年）150頁。
41) Harvard Research in International Law (hereinafter, Harvard Research), "Draft Convention on Jurisdiction with Respect to Crimes", *American Journal of International Law*, Vol. 29, Supplement (1935), pp. 439-440.
42) M. N. Shaw, *International Law*, 7th ed., (2014), p. 473.
43) 栗林忠男『現代国際法』（慶應義塾大学出版会、1999年）415-420頁。
44) B. Swart, "La place des critères traditionnels de compétence dans la poursuite des crimes internationaux", A. Cassese et M. Delmas-Marty (eds.), *Juridictions nationales et crimes internationaux*, (2002), pp. 571-580；司法管轄権という用語は用いていないものの、文脈からは、スワルトが管轄権（compétence）と表現するものは、原則として裁判所の管轄権を意味していると思われる。
45) 最上敏樹「普遍的管轄権論序説―錯綜と革新の構造」坂元茂樹編『国際立法の最前線』（有信堂高文社、2009年）7頁。
46) Bos, *supra* note 26, p. 175.

と思われる一方で[47]、刑事法の文脈においては、司法管轄権と立法管轄権の適用範囲は同一になると指摘している[48]。

この点、本書においては、立法管轄権を観念的適用説の観点から捉え、検査のような執行管轄権と、裁判を中心とする司法管轄権とを峻別して域外適用を考察することに留意しなければならない。そして、執行・司法管轄権を峻別して域外適用を検討するのであれば、それらの適用基準についても峻別して考察する必要があろう。そうであるならば、適用基準は立法管轄権だけでなく、執行・司法管轄権についても考察する必要があることとなる。このような3つの作用全てについて適用基準を検討する必要があるとする立場は、属地主義や海賊行為についての説明からも確認される。例えば、属地主義に基づけば、「全ての事項について、立法・執行・司法管轄権[49]」を行使できると描写されることは少なくない。このような表現は、立法管轄権及び司法管轄権だけでなく、執行管轄権までもが4つの基準を適用基準としていることを暗示しているように思われる。また、海賊行為に対する管轄権の説明においても、普遍主義に基づき、全ての国が立法・執行・司法の全ての管轄権を行使することができるとされる[50]。そこで本書においては、立法・執行・司法の管轄権それぞれが適用基準を必要とするものとして分析を進める。

(2) 作用上の分類における域内外区分基準の統一

(i) **域内外区分基準：権限行使地基準と事案関連地基準の混同**　領域主権に基づく属地主義は、管轄権の適用基準としては最も確立したものとされている。その属地主義に対し、属地主義以外の適用基準に基づく管轄権の行使は「域外適用」とされ、その内容に関する研究はこれまでも盛んに行われてきた[51]。しかしながら、そのような研究の前提となる域内外区分基準に関して、理解の不一致が見られる。具体的には、何が領域内に存在することをもって属地主義とみ

---

47) M. Akehurst, "Jurisdiction in International Law", *British Year Book of International Law*, Vol. 46 (1972), pp. 152-166.
48) *Ibid.*, p. 179.
49) 広部「前掲論文」(注40) 147頁。
50) 小寺・岩沢・森田編『前掲書』(注10) 158頁。
51) 例えば、国際法協会においても域外適用に関する委員会が設けられている。同委員会が開催したシンポジウムの成果物として、K. M. Meessen (ed.), *Extraterritorial Jurisdiction in Theory and Practice*, (1996).

なすのかという点において、2つの考え方が存在するのである。

　第1に、領域内で管轄権が行使された場合に、当該管轄権は属地主義に基づくとする考え方がある。これは、権限が行使された場所を基準に域内か否かが決定されるため、権限行使地基準と呼称することができよう。これに対し、第2の考え方によれば、管轄権行使の対象となる事案が領域と結びつく場合に、管轄権行使は属地主義に基づくとされる。これは、事案の関連する場所を基準として域内か否かを決定するため、事案関連地基準と呼称することができよう。

　この権限行使地基準と事案関連地基準という2つの基準の存在は、とりわけ、ある事案が発生した後に、その事案に責任を負う者が国境を越えて移動した場合に問題となる。例えば、A国でA国民を殺害したA国民XがB国領域に逃亡した場合、権限行使地基準によれば、管轄権を行使する場所がB国領域内であることからB国は属地主義に基づいて管轄権を行使することができる。他方で、事案関連地基準によれば、当該事案はB国領域といかなる結びつきも有しないことから、B国が属地主義に基づいて管轄権を行使することはできない。

(ii)　**域内外区分基準に関する従来の議論**　　(1)で示したように、各作用それぞれについて適用基準を必要とする立場をとるとすれば、適用基準を検討する一環として、各作用それぞれについて、属地主義に基づく域内における管轄権の行使か、それとも、域外適用となるのかを検討する必要がある。この管轄権の作用上の分類と(i)の2つの域内外区分基準との関係について、これまでおそらく意識されていないレベルで、2つの異なる見解が主張されてきた。この2つの見解の相違は、コンゴ民主共和国（以下「DRC」と略記）の外務大臣であったイェロディアに対し、人道に対する犯罪の容疑でベルギーが国際逮捕状を発行したことに端を発する、ICJ逮捕状事件における2人の裁判官の意見から見てとることができる。

　ヴィンゲルト判事は、立法管轄権と強制管轄権の2分類に基づき、許容規則が立法管轄権に適用されるのに対し、強制管轄権には適用されないとした[52]。そしてその結論として、立法管轄権は域外にも適用され得るが、（司法管轄権を含む）強制管轄権を域外で適用することはできないとしている[53]。ヴィンゲルト

---

52) *Mandat d'arrêt du 11 avril 2000 (République démocratique du Congo c. Belgique), arrêt, C. I. J. Recueil 2002*, Opinion Dissidente de Mme Van den Wyngaert, para. 49.
53) *Ibid.*; 先述したように、管轄権の作用的分類に関し、第2リステイトメントにおいては、

判事は、司法管轄権の域内外を権限行使地基準、具体的には、裁判を行う場所に基づき、司法管轄権は域外では適用できないとしたために、このような結論に至ったと考えられる（以下、このような考えを「ヴィンゲルト説」と称する）。現在では領事裁判権が原則として認められていないように、ある国家の領域において他国が裁判を行うことは原則として許容されない[54]。確かに、ロッカビー事件において、スコットランド法廷がオランダに設置されたような事例も見られるが、これは英国とオランダの合意に基づく極めて例外的なものである[55]。それ故、権限行使地基準に基づけば、司法管轄権の域外適用は原則として許容されないのである。

　他方、当時裁判所長であったギョームは、一般的に領域主権の原則は強制力の使用に関し例外を許容しないが、立法管轄権及び司法管轄権の場合には事情が異なるとし、司法管轄権を外国で起きた犯罪に適用することは認められているとしている[56]。ギョーム判事は、裁判が審理する事案の発生した場所に基づき司法管轄権の適用が域内外かを判断しているが故に、司法管轄権の域外適用も許容されると述べていると思われる（以下、このような考えを「ギョーム説」と称する）。このように、立法・司法と執行を峻別する背景には、森田のように執行管轄権を「物理的強制力」とし[57]、立法・司法管轄権は観念的なものとして整理していることが考えられよう。このような峻別に基づけば、物理的な所在場所が重要な前者には権限行使地基準を用い、及ぼす効果が重要な後者には事案関連地基準を用いることは理に適っていると評価することもできよう。

　日本の学界においても、ローチュス号事件を分析する文脈を中心に、このヴィ

　　　執行・司法管轄権は、強制管轄権として一括りにされていた。そのため、強制管轄権は基本的に属地的なものに限定される、といったように執行・司法管轄権は一括して扱われてきており、このことが、立法と執行・司法管轄権の区分に影響を与えたと考えられる。
54) 広部「前掲論文」（注40) 157頁。
55) この点の詳細に関しては、A. Aust, "Lockerbie: the Other Case", *International and Comparative Law Quarterly*, Vol. 49 (2000), pp. 286-289参照。
56) *Supra* note 52, Opinion Individuelle de M. Guillame, para. 4; ギョーム裁判所長は、司法管轄権が域外で適用される可能性は認めつつも、それは属人主義や保護主義の場合に限定されるとしており、主権内在説を受け入れているわけではない。
57) 森田章夫「国際法上の海賊（Piracy *Jure Gentium*）—国連海洋法条約における海賊行為概念の妥当性と限界—」『国際法外交雑誌』第110巻2号（2011年）3頁、脚注11。他に同様の定義を行うものとして、山本『前掲書』（注2) 232頁。

ンゲルト説とギョーム説の対立は確認される[58]。例えば、中川は「条約その他特別の許容規定がない限り、国家は国際法上他国領域での管轄権（執行管轄権と裁判管轄権）行使を禁じられた[59]」とヴィンゲルト説をとる。これに対し西村は、「域外事案に対する立法・司法管轄権行使も、禁止規則が存在しない限り国家の裁量に委ねられている[60]」とし、竹内も「国家は禁止規則に触れない範囲で自由に立法・司法管轄権を行使できるとした[61]。」とするなど、ギョーム説をとっているように思われるのである[62]。

(iii) **本書における域内外区分基準**　本款は、ヴィンゲルト説・ギョーム説のどちらが現行の管轄権の法理に則しているかを論じることを射程に含むものではない。このように管轄権の法理に関連する用語の使用方法の違いを明らかにしたのは、次章以降の本書の記述をより明確にするためである。そのような観点からは、本書では、立法管轄権について観念的適用説の立場をとっていることに留意する必要がある。そのため、司法管轄権の域外適用を許容せず、立法管轄権については特定的適用説の立場をとると思われるヴィンゲルト説と同様の用法を本書で用いることはできない。これに対し、ギョーム説は立法管轄権を観念的適用説の立場から捉えている点では本書と軌を一にするものである。しかしながら、同説によれば、域外で発生した事案に対して自国領土で調査を行う場合、当該調査は属地主義に基づくこととなる。本書で扱う寄港国管轄権や

---

58) 同事件は、フランス籍船舶であるローチュス号が、公海上でトルコ籍船舶であるボス・クルト号と衝突したことに端を発する。衝突後、ローチュス号の運航責任者であったドゥモン氏がトルコにおいて刑事手続に付されたため、フランスはトルコの管轄権行使は国際法に違反すると主張した。Affaire du «Lotus», Arrêt, 1927, CPIJ Série A, n°. 10, p.10.
59) 小寺・岩沢・森田編『前掲書』（注10）164頁。
60) 西村弓「ロチュース号事件」杉原高嶺・酒井啓亘編『国際法基本判例50（第2版）』（三省堂、2014年）68頁。
61) 竹内真理「国家管轄権の適用基準：ローチュス号事件」小寺彰・森川幸一・西村弓編『国際法判例百選（第2版）』（有斐閣、2011年）43頁。
62) 山本は、ローチュス号事件について「国際慣習法または条約に基づく別段の許容法規のない限り、国家は、国際法上の主要な義務として、他国の領域での権力行使（執行・司法管轄権）をすべて禁止される」というヴィンゲルト説に基づく説明と、「立法管轄権と司法管轄権の適用については事情は別であり、国際法上、特段の禁止規範がない限り各国に広汎な裁量権がみとめられる」というギョーム説に基づく説明の2通りの説明を行っており、いずれの立場をとっているのかは明らかではない。山本草二「国家管轄権の機能とその限界」寺沢一・内田久司編『国際法の基本問題』（別冊法学教室、1986年）116頁及び山本草二『国際刑事法』（三省堂、1991年）63頁。

「引渡しか訴追か」の原則は、まさに域外で発生した事案に対し、領域内で執行管轄権を行使するものである。このような管轄権行使を執行管轄権の域外適用と捉えることによってこそ、前款で記したように、手続を分断して適用基準を検討することが意味のあるものになると思われる。それ故、本書では、ヴィンゲルト・ギョームのいずれの説とも異なる、3つの作用いずれの管轄権に関しても、事案の場所に焦点をあてる事案関連地基準で統一し、管轄権の分析を行うこととする（図2参照）。

図2：域内外区分基準（イメージ図）

	立法管轄権	司法管轄権	執行管轄権
①ヴィンゲルト説	事案関連地基準	権限行使地基準	
②ギョーム説	事案関連地基準		権限行使地基準
③本書の立場	事案関連地基準		

このような形での管轄権の説明は、「執行管轄権の行使は領域内においてのみ認められる」というような、ローチュス号事件を根拠として従来唱えられてきた言説とは矛盾するように思われる[63]。しかしながら、同事件に関する従来の言説は、ドゥモン氏に対する逮捕という執行管轄権の行使が[64]、公海上での事案、すなわち、域外で発生した事案に対するものであったことを十分に意識していなかったことに留意する必要があろう。事案関連地基準に基づけば、ドゥモン氏の逮捕という執行管轄権の行使も域外適用となり、常設国際司法裁判所は当該域外適用を容認しているのである。したがって、本書における管轄権の法理の理解からローチュス号事件を分析するならば、同事件は、立法・執行・司法

---

63) このような言説に含まれるものとして、例えば、山本『前掲書』（注2）64頁。また、ショウは、執行管轄権を自国領域内において行動する能力と位置づける。Shaw, *supra* note 42, p.473.

64) ドゥモン氏の逮捕について類似の分析をするものとして、R. S. Clark, "Some Aspects of the Concept of International Criminal Law: Suppression Conventions, Jurisdiction, Submarine Cables and *the Lotus*", *Criminal Law Forum*, Vol.22 (2011), p.529.

管轄権のそれぞれの域外適用を許容した事例と評価される。それ故、ローチュス号事件を根拠として、「執行管轄権の行使は領域内においてのみ認められる」とすることは誤りとは言えないまでも、誤解を招きかねないものと言えよう。国籍主義や普遍主義に基づき、立法・執行・司法管轄権のいずれもを、域外的に適用することができるとすることは、ローチュス号事件においては否定されていないのである。

確かに、「執行管轄権の行使は領域内においてのみ認められる」という言説が従来想定してきた、アイヒマン事件のように、ある国の警察が他国領域に無断で侵入して警察活動を行うことが国際法に違反することについては異論はない。しかしながら、このような域外での警察活動の合法性といった問題は、作用上の分類や適用基準から検討されるべき管轄権の権限としての側面が問題となるものではない。この言説は、権限の行使態様についての問題であり、権限そのものの有無とは本質的に異なる問題と言えるのである。例えば、公海上での事案に対し非旗国による普遍的執行管轄権の行使が許容される場合、当該権限は、海上警察権のような態様で行使される場合もあれば寄港国管轄権のような態様で行使される場合もあり得る。しかしながら、それがいかなる態様で行使されるか、され得るかといった問題は、そもそも非旗国が普遍的執行管轄権を行使することができるか否かといった問題とは異なる問題なのである。

立法管轄権に関しても、例えばある国の国会が他国領域で立法するといった態様での行使は許容されない。司法管轄権に関し、他国領域で裁判を行うといった態様での行使が許容されないことは先述した通りである。つまり、行使態様について言えば、立法・執行・司法のいずれについても、自国領域外での管轄権の行使は原則として禁じられ、その間にいかなる差異もないと思われる。権限の有無と権限の行使態様とは異なる問題であるにもかかわらず、執行管轄権に関しては、それらが混同されて論じられてきたのである。そして、そのような混同を維持したままでは、領域外で発生した事案に対し、自国の港での調査までを認めるのか、あるいは、領域外で拿捕を行った上で裁判までを認めるのかといった、第三国に対する細かな管轄権の配分についての議論が難しくなる。そのため、本書では先に述べたように、3つの作用いずれの管轄権に関しても、事案関連地基準で統一して考察を進めることとする。

第2節　普遍的管轄権の予備的考察

第1款　ジェノサイドに対する普遍的司法管轄権

　現在では普遍的管轄権は、重大な人権侵害を伴う犯罪に関して発展・確立している[65]。したがって、そのような犯罪に対する普遍的管轄権の理論的根拠と比較し、類似点及び相違点を分析することが、海洋法における普遍的管轄権を検討する前提として有用と思われる。重大な人権侵害を伴う犯罪には、ジェノサイド・人道に対する罪・戦争犯罪等が含まれ、最近では、これらをひと纏めにして取り扱う研究や学説も少なくない[66]。しかし、厳密に言えばこれら3つの犯罪も性質は異なるため、本節では、重大な人権侵害を伴う犯罪の代表例とも言えるジェノサイドに焦点をあて[67]、同犯罪に対する普遍的司法管轄権の理論的根拠について考察する。

(1) 普遍的管轄権の定義

　普遍的管轄権は重大な人権侵害を伴う犯罪に対して認められるとされるものの、具体的に他のいかなる犯罪がその対象となるのかは明らかではない[68]。また、国際刑事裁判所（以下「ICC」と略記）等の国際刑事裁判機関の行使する管轄

---

65) 最上は、「現代的な意味での普遍的管轄権は、広狭さまざまな国際人道法違反の処罰を中核にして議論されている。」と指摘する。最上「前掲論文」（注45）6頁。

66) 典型例として、万国国際法学会の研究が挙げられる。Institute of International Law, "Universal Criminal Jurisdiction with Regard to the Crime of Genocide, Crimes against Humanity and War Crimes: Resolution", para.3(a), *available at* <http://www.justitiaetpace.org/idiE/resolutionsE/2005_kra_03_en.pdf> (last visited 29th Oct. 2015) 参照。山内由梨佳「重大な人権侵害を構成する犯罪に対する普遍的管轄権の適用可能性―ベルギー人道法とスペイン司法権組織法を手がかりとして」『本郷法政紀要』第15号（2006年）178頁。また、後述するアイヒマン事件において、イスラエル最高裁判所はジェノサイドや戦争犯罪を広義の「人道に対する罪」とひと纏めにしている。"Text of Judgment of the Supreme Court" in E. Lauterpacht (ed.), *International Law Reports*, Vol.36 (1968), p.289.

67) 人道に対する罪に関しては、その定義が曖昧であったこともあり普遍的管轄権の理論的根拠の研究は十分ではない。また、竹内のように「重大性を持つ人権侵害」に戦争犯罪を含まない見解もある。竹内「前掲論文」（注30）52頁。

68) D. W. Bowett, "Jurisdiction: Changing Patterns of Authority over Activities and Resources", *British Year Book of International Law*, Vol.53 (1982), pp.11-12; 竹村仁美「国際刑事裁判所と普遍的管轄権」『九州国際大学法学論集』第17巻1号（2010年）121頁。

権を普遍的管轄権とみなすか否かに関しては争いのあるところである。サダットは、国家間普遍的管轄権（universal inter-state jurisdiction）と国際普遍的管轄権（universal international jurisdiction）があるとしている[69]。さらに、管轄権を行使する国家は犯人を捕えていることが必要か否かといった問題等、学説上も実務上も明らかにされていない部分が少なくない[70]。

このように曖昧な部分が散見されるものの、「普遍的管轄権とは、犯罪の発生地、容疑者または有罪とされた者の国籍、被害者の国籍、その他の普遍的管轄権を行使する国家との連関に関係なく、犯罪の性質のみに基づく刑事管轄権である。」という「プリンストン原則」[71] 第1原則1項の定義が広く受け入れられている[72]。この定義における「刑事管轄権」が、立法・執行・司法のいずれの管轄権を意味するのかについては明らかではない。しかしながら、前節において確認したように、適用基準は3つの作用全てにおいて考慮される。そのため本書において「普遍的管轄権」という用語は、「事案といかなる連関も有しない国家が特定の事案に対して行使する管轄権（立法・執行・司法のいずれかまたはそれらの組合せ）」を意味するものとして用いられる[73]。また、近年の研究において、

---

69) L. N. Sadat, "Redefining Universal Jurisdiction", *New England Law Review*, Vol. 35 (2001), p. 246; これに対し、ILCの特別報告者であったガリツキーは、国際刑事裁判機関により行使される管轄権を普遍的管轄権とみなすことに否定的である。Z. Galicki, "Preliminary Report on the Obligation to Extradite or Prosecute (*"aut ded-ere aut judicare"*)", (A/CN.4/571) (7 Jun. 2006), para. 21.

70) ICJの逮捕状事件において、この問題が判断されることが期待されたが、原告であるDRCの訴訟戦略の変更もあり、最終的にこの問題は判断されなかった; D. F. Orentlicher, "Universal Jurisdiction: A Pragmatic Strategy in Pursuit of a Moralist's Vision" in L. N. Sadat and M. P. Scharf (eds.), *The Theory and Practice of International Criminal Law*, (2008), pp. 128-129.

71) 同原則は、世界中の学者や実務家により2001年にまとめられたものである。Princeton Project on Universal Jurisdiction, *The Princeton Principles on Universal Jurisdiction*, p. 28, *available at* <https://lapa.princeton.edu/hosteddocs/unive_jur.pdf> (last visited 29th Oct. 2015); 同原則を邦訳したものとして、竹村「前掲論文」（注68）145-149頁。

72) アムネスティも同様の定義を用い、ガリツキーはその定義を実用的と評している。Amnesty International, *Universal Jurisdiction: The Duty of States to Enact and Implement Legislation*, (IOR: 53/003/2001) (2001), p. 2; Galicki, *supra* note 69, para. 19.

73) 各国政府の見解をまとめ国連事務総長が作成した報告書も、普遍的管轄権の定義は一様でないと認める一方で、法廷地国との連関を証明する必要がないことについては見解が一致していると指摘する。*Report of the Secretary-General Prepared on the Basis of Comments and Observations of Governments*, (A/65/181) (29 Jul. 2010), para. 12; 同報告書について検討を加えたものとして、新倉修「刑事事件における普遍的管轄原則の動向（1）（2完）: 2010

普遍的管轄権は「普遍的執行管轄権（universal enforcement jurisdiction）」と「普遍的司法管轄権（universal judicial jurisdiction）」とに峻別されるため[74]、本書においても可能な限り両者を峻別して用いる。

(2) 普遍的司法管轄権の理論的根拠

普遍的司法管轄権の理論的根拠は、人類共通の敵[75]、国際法上の犯罪[76]、または強行規範（*jus cogens*）[77]といった概念と結びつけられ議論されてきた。それぞれ異なる概念であるが、これらの概念が等しく前提とするものが国際共同体の存在とその利益である。ジェノサイドは、そのような利益を侵害するが故に普遍的司法管轄権に服すると考えられてきた。

共同体利益の侵害を根拠とする理由づけは、普遍主義以外の管轄権の適用基準が国家の利益を直接侵害する場合の基準であるため、同様または類似するものとして必要とされる[78]。つまり、普遍主義以外の属地主義、国籍主義、保護主義[79]に基づく管轄権は、国家の利益が直接侵害されることから認められるのに

年国連事務総長報告（A/65/181）について」『青山法学論集』第52巻4号（2011年）205-230頁、第53巻2号（2011年）113-147頁。

74) 非旗国の海上警察権を普遍的執行管轄権とみなすものとして、例えば、田中利幸「公海における執行に係るわが国刑事訴訟法の課題―海賊への対処策とともに―」『海洋権益の確保に係る国際紛争事例研究（第1号）』（2009年）90頁。J. A. Roach, "Countering Piracy off Somalia: International Law and International Institutions", *American Journal of International Law*, Vol. 104 (2010), p. 399; R. Geiß and A. Petrig, *Piracy and Armed Robbery at Sea: The Legal Framework for Counter-Piracy Operations in Somalia and the Gulf of Aden*, (2011), p. 149; M. Gardner, "Piracy Prosecutions in National Courts", *Journal of International Criminal Justice*, Vol. 10 (2012), p. 808参照。

75) E. Vattel, *Le droit des gens : ou Principes de la loi naturelle, appliqués à la conduite et aux affaires des nations et des souverains*, Liv I (Nouv. éd., 1820), p. 203.

76) "Judgment of the District Court" in E. Lauterpacht (ed.), *International Law Reports*, Vol. 36 (1968), p. 26.

77) *Prosecutor v. Anto Furundžija*, Case no: IT-95-17/1-T, Judgment, 10 Dec. 1998, paras. 155-156.

78) 例えばマークスは、本書でいう「国際共同体の利益」の侵害を前提とする普遍主義を、自国の利益を侵害する際に用いられる保護主義の延長線上にあるものと説明する。J. H. Marks, "Mending the Web: Universal Jurisdiction, Humanitarian Intervention and the Abrogation of Immunity by the Security Council", *Columbia Journal of Transnational Law*, Vol. 42 (2003), p. 465.

79) 保護主義は、ある国の利益を保護することを犯罪発生地国等の他の国家に期待することができないために認められると説明される。I. Cameron, *The Protective Principle of International Criminal Jurisdiction*, (1994), p. 31.

対し[80]、普遍主義の場合、国際共同体の利益侵害を通じ各国家の利益も間接的に侵害されると擬制することにより、国家の管轄権が正当化されるのである。

　国際共同体の利益が侵害されたと判断する基準としては、犯罪それ自体の発生が国際共同体の利益を侵害するという考え方と[81]、その対象となる犯罪の不処罰こそが国際共同体の利益を侵害するという考え方の2つがある[82]。普遍主義以外の適用基準の場合、犯罪が処罰されたか否かにかかわらず、犯罪の発生をもって国家の利益が侵害されたとみなされる。しかし、普遍的司法管轄権が許容されるようになった背景として、特定の犯罪の不処罰の問題視が挙げられることに鑑みれば[83]、国際共同体の利益が侵害されたか否かを判断する際、不処罰を防止する観点からの検討を加える必要があろう[84]。

　他方で、犯罪と連関を有しない国家が行使することとなる普遍的司法管轄権は、他の適用基準に基づく管轄権の域外適用と比べ濫用を招きやすい。そのような濫用は他国の主権に干渉するものとみなされ得るため[85]、濫用防止の観点から普遍的司法管轄権の対象は厳格に絞り込む必要がある。

　国際共同体の利益を侵害する犯罪の不処罰を防止すると同時に、普遍的司法管轄権の濫用を防ぐために、いかなる犯罪が普遍的司法管轄権に服するかを検

---

80) 同様の指摘を行うものとして、K. C. Randall, "Universal Jurisdiction under International Law", *Texas Law Review*, Vol. 66 (1988), p. 788.
81) Marks, *supra* note 78, p. 465.
82) 処罰することが国際共同体の利益であると指摘するものとして、H. J. Steiner, "Three Cheers for Universal Jurisdiction - Or Is It Only Two?", *Theoretical Inquiries in Law*, Vol. 5 (2004), p. 223.
83) Amnesty International, *Ending Impunity: Developing and Implementing a Global Action Plan Using Universal Jurisdiction*, (IOR: 53/005/2009) (2009), p. 12; 国際共同体の利益を侵害する犯罪を行った者が不処罰のままにある国家に所在することが、その国家にとって問題であると指摘されている。D. Vabres, "The System of Universal Jurisdiction", *Journal of International Criminal Justice*, Vol. 9 (2011), p. 909.
84) 処罰自体は執行管轄権に含まれるものであるが、その前提として司法管轄権を行使して刑罰を決定する必要がある。そのため、司法管轄権は処罰と密接に関連する管轄権といえる。
85) 自国の刑法が外国の領域において適用されると主張することは、領域国の権利及び利益に影響を与えるものであると指摘するものとして、J. Geneuss, "Fostering a Better Understanding of Universal Jurisdiction: A Comment on the AU-EU Expert Report on the Principle of Universal Jurisdiction", *Journal of International Criminal Justice*, Vol. 7 (2009), p. 950.

討する際、次の2つの基準が挙げられる[86]。第1に、犯罪が国際共同体の利益に係わる性質を有するかという「犯罪の性質」基準が挙げられる。これは、普遍的司法管轄権を正当化しその濫用を防止する観点から必要とされるものである。第2に、普遍的司法管轄権を用いることにより問題となる犯罪を効率的に処罰することができるかという「処罰の効率性」基準が挙げられる。これは、不処罰を防止する観点から必要とされるものである。

第1の基準である犯罪の性質に関しては、プリンストン原則がそうであるように、これを普遍的司法管轄権の根拠とする主張は少なくない[87]。ある犯罪がこの基準を満たしているとされるためには、当該犯罪が国際共同体の利益を侵害するような性質を有している必要がある。ジェノサイドの場合、重大（grave）・残虐（heinous）といった性質が、国際共同体の利益を侵害するような性質であると考えられている[88]。実際、ICCにおいて対象犯罪とされるジェノサイド等は、これまで、「良心に衝撃を与える」[89]、「普遍的な嫌悪をもって受け入れられる」[90]、またはより簡潔に「残虐な行為」[91]、等と形容されてきた。犯罪の性質そのものが国際社会に衝撃を与えるほどに重大・残虐ということを理由に、普遍的司法管轄権の下に服するとされているのである[92]。ジェノサイドはその重大・

---

86) 普遍的管轄権の理論的根拠に関しては様々な見解があるが、筆者と類似した二点を指摘するものとして、M. Inazumi, *Universal Jurisdiction in Modern International Law: Expansion of National Jurisdiction for Prosecuting Serious Crimes under International Law*, (2005), pp. 106-110; B. Broomhall, "Towards the Development of an Effective System of Universal Jurisdiction for Crimes Under International Law", *New England Law Review*, Vol. 35 (2001), pp. 401-402; A. Geraghty, "Universal Jurisdiction and Drug Trafficking: A Tool for Fighting One of the World's Most Pervasive Problems", *Florida Journal of International Law*, Vol. 16 (2004), pp. 377-378.

87) 海賊行為の文脈に限定してではあるが、安藤は、このような見解が「学説上、圧倒的多数を占めている」と評する。安藤貴世「海賊行為に対する普遍的管轄権―その理論的根拠に関する学説整理を中心に―」『国際関係論研究』第30巻2号（2010年）40頁。

88) ジェノサイドの重大・残虐性を指摘するものとして、M. P. Scharf, "Application of Treaty-Based Universal Jurisdiction to Nationals of Non-Party States", *New England Law Review*, Vol. 35 (2001), p. 368.

89) M. Bassiouni, "International Crimes: *Jus Cogens* and Obligation Erga Omnes", *Law and Contemporary Problems*, Vol. 59 (1996), pp. 63-74; N. Strapatsas, "Universal Jurisdiction and the International Criminal Court", *Manitoba Law Journal*, Vol. 29 (2003), p. 11.

90) *Linder v. Portocarrero*, 963 F.2d 332, 336 (1992).

91) *Tel-Oren v. Libyan Arab Republic*, 726 F.2d 774, 781 (1984).

92) Geraghty, *supra* note 86, p. 377.

残虐性といった性質により、国際共同体の道徳的な利益を侵害するとみなされるのである[93]。

また、国際共同体の利益を侵害するという犯罪の性質を検討する際、普遍的司法管轄権を許容することにより保護される利益だけでなく、それにより制限される国家の利益にも留意する必要があろう[94]。例えば、普遍的司法管轄権のような管轄権の域外適用を認めることに反対する根拠として、自国領域で発生した事件に対し連関を有しない国家が管轄権を行使することは、領域主権に反し得るとの主張がかつては強く唱えられていた[95]。それにもかかわらず、ジェノサイドに対する普遍的司法管轄権が認められるようになった背景として、ジェノサイドを犯した者を不処罰にしないという国際共同体の利益が、領域主権が制限され得るという国家の不利益を上回ると認識されるようになったことが挙げられよう。

第2の処罰の効率性基準は、普遍的司法管轄権を用いることが処罰の効率化に資するか否かを基準とするものである。この点、仮に処罰を単に実現することをもって処罰が効率的であると捉えるのであれば、全ての犯罪においてこの基準は満たされることとなる。なぜなら、連関を有しない国家の管轄権が許容されれば、必然的に処罰の実現可能性は高まるからである。そこで、処罰の効率性基準を満たすか否かは、属地主義等の従来の適用基準に基づく司法管轄権を行使することによる処罰が期待できるか否かによって決定される必要があろう。従来の適用基準のみに基づいては処罰されない可能性が高い場合、普遍的司法管轄権を許容することにより処罰の効率性が高まることが相対的に強く期待されるのである。ジェノサイドが行われた場合、国家が自ら当該犯罪を行っ

---

93) 同様の指摘を行うものとして、Ryngaert, *supra* note 9, pp. 126-129.
94) 管轄権を行使する際の議論ではあるが、リンガエルトゥ (Ryngaert) は「合理管轄権 (reasonable jurisdiction)」として、衡平や比例性の概念を用い、多様な利益を考慮する必要があると指摘する。このような考慮は、管轄権が認められる否かの検討においても重要と思われる。Ryngaert, *ibid.*, pp. 158-159.
95) B. S. Brown, "The Evolving Concept of Universal Jurisdiction", *New England Law Review*, Vol. 35 (2001), p. 390; このような主張は、アフリカ連合の法務大臣及び司法長官の会合において作成された「国際犯罪に対する普遍的管轄権についてのアフリカ連合モデル国内法(草案)」第4条2項において、属地主義に基づく司法管轄権が普遍的司法管轄権に優先することを規定した点にも影響していると思われる。

ているか[96]、または自国領域全体を管理できていないことがほとんどである[97]。そのため、犯罪発生地国や犯人の国籍国が自ら処罰することはほとんど期待できない[98]。つまり、従来の適用基準のみでは処罰が行われることが期待できないため、普遍的司法管轄権を用いることが処罰の効率化に資すると考えられるのである。

この処罰の効率性基準は、普遍的司法管轄権に関する基準であるが、犯罪の性質基準に比べ、執行管轄権とより密接に関連する。なぜなら、処罰が効率的に行われるか否かを検討するためには、処罰や訴追の前段階として必要となる逮捕等がどのように行われるかにも留意する必要があるからである[99]。

ある犯罪が普遍的司法管轄権に服するか否かを判断する際の2つの基準の役割についてまとめると、犯罪の性質基準は普遍的司法管轄権を許容する前提として必要とされ、処罰の効率性基準は、犯罪の性質基準を満たした犯罪をさらに絞り込むために設けられていると言えよう。換言すれば、まず、国際共同体の利益を侵害するという犯罪の性質から処罰の必要性が生じ、普遍的司法管轄権を行使することで処罰が効率的に行われる場合にのみ、同管轄権の行使が許容されるのである。そのため、ある犯罪が普遍的司法管轄権に服するためには、2つの基準をそれぞれ満たす必要があると考えられる[100]。

---

96) ルワンダの事例では、当時首相に就いていたジャン・カンバンダがジェノサイド罪に関する有罪答弁を行っている。*Prosecutor v. Jean Kambanda*, Case no: ICTR 97-23-S, Judgment and Sentence, 4 Sep. 1998, para. 5.

97) ボスニア・ヘルツェゴヴィナ（国家として独立していたとすると）の事例では、同国がスレブレニツァを管理できていたとは言い難い。当時のこの地域の状況に関しては、長有紀枝『スレブレニツァ―あるジェノサイドをめぐる考察』（東信堂、2009年）101-121頁参照。

98) W. Lee, "International Crimes and Universal Jurisdiction", in L. May and Z. Hoskins (eds.), *International Criminal Law and Philosophy*, (2009), pp. 31-33.

99) 現在の国際法や国内法においては、司法管轄権を行使する前提として犯人の身柄を確保していることが原則として求められる。例えば、自由権規約第14条3項(d)は、自ら出席して裁判を受ける権利を保障している。同条に対する規約人権委員会の一般的意見13によれば、例外的に正当な理由がある場合にのみ欠席裁判は認められる。"Compilation of General Comments and Recommendations Adopted by Human Rights Treaties Body", (HRI/GEN/1/Rev.1) (29 Jul. 1994), p. 16; また、「国際刑事裁判所に関するローマ規程」第63条も欠席裁判を許容していない。

100) ジェラフティー（Geraghty）のように、海賊行為は犯罪の性質基準を満たすものではないとの認識から、いずれか一方の基準を満たすだけで十分とする主張もある。しかし、仮にそうであるならば、公海上のほぼ全ての犯罪が、海賊行為同様普遍的管轄権に服するこ

第2款　普遍主義と代理主義の相違

　このように定義・説明される普遍的管轄権は、本書で扱う、海賊行為・SUA条約上の犯罪・船舶起因汚染がそうであるように、現在は条約において規定される傾向がある[101]。それ故、それらの条約に規定される第三国の管轄権は、普遍的管轄権ではなく、条約に対する同意により認められるもの、すなわち、代理主義に基づく代理管轄権であるとの説明も見られる。そこで、次章以下（とりわけ、第3・4章）の検討の前提として、本款においてはこの代理主義の明確化を、普遍主義と比較する形で試みる。

（1）代理主義の定義

　代理主義については、類似する概念も含め、議論が錯綜しているのが現状である。例えば森下は、代理処罰主義（principle of the vicarious administration of justice、principe de la compétence de représentation、Prinzip der stellvertrende Strafrechtspflege）を3つの形態にわけ、そのうちのひとつとして代理主義（representation principle、principe de la compétence par représentation、Kompetenzverteilungsprinzip）があるとしている[102]。他方、ヘンツェリンは、委任管轄権（vicarious administration of justice、la compétence déléguée、広義のKompetenzverteilungsprinzip）という用語を用い[103]、同管轄権は、代理管轄権（la compétence de représentation, stellvertrende Strafrechtspflege）と配分管轄権（la compétence distribuée、狭義のKompetenzverteilungsprinzip）との2つに分けることができるとしている[104]。また、キャメロンは、多数の条約に組み込まれている様式として、代理主義（representation principle）と権限配分の原則（principle of distribution of competence）の2つを挙げている[105]。

　このように多様な形で整理される代理主義であるが、これら異なる見解のいずれにおいても、代理主義が、「本来管轄権を有するとされる国家に代わって行

　　　とになり得るため、そのような主張は受け入れ難い。Geraghty, *supra* note 86, p. 376.
101) 条約によって普遍的管轄権が設定され得ることを指摘するものとして、Scharf, *supra* note 88, p. 363.
102) 森下忠『刑法適用法の理論』（成文堂、2005年）193-200頁。
103) M. Henzelin, *Le principe de l'universalité en droit pénal international*, (2000), p. 30.
104) *Ibid.*, p. 31.
105) Cameron, *supra* note 79, p. 18.

使される管轄権の適用基準」を意味する点においては共通しているように思われる[106]。そのため、本書においては、このような共通項を代理主義の定義とし、同主義に基づく管轄権を代理管轄権として用いる[107]。この代理主義については、これを適用基準のひとつとはみなさない見解も少なくない[108]。さらに、代理管轄権は元来大陸法の概念であるため、英米法諸国にはあまり見られず[109]、そのような観点から代理主義は国際法上確立した原則とは言えないとする主張もある[110]。しかしながら、犯罪問題に関する欧州委員会が設立した域外管轄権の専門家特別委員会による報告書や[111]、ギルバートや山本の研究のように[112]、代理主義を単一の独立した適用基準とするものも見られる。

代理主義については、次のような場合に援用されてきたという歴史的背景がある。すなわち、ある者が外国で犯罪を行った後に国籍国に帰国し、犯行地国からの当該犯罪人の引渡要請があるにもかかわらず、引渡しが実現せず、国籍国が当該犯罪人を処罰するような場合である[113]。ただし、このように国籍国が自国民である犯罪人を処罰することは、国籍主義に基づき正当化される。真に代理主義による正当化が必要となるのは、逃亡犯罪人が第三国に逃亡し、当該第三国が管轄権を行使する場合である。

---

106) 高山は、「すべての者の国外犯」を処罰する法制を、「代理処罰主義」と捉えるか「普遍主義」と捉えるかは国により異なると指摘する。高山佳奈子「腐敗防止に関する管轄権の競合と二重処罰の危険」『法律時報』第86巻2号（2014年）12頁。
107) 山本のように、代理主義という用語の代わりに代理処罰主義という用語を用いる者もいるが、処罰だけでなく、その前段階における逮捕等においても、この代理主義に基づいて行われ得るという観点から、本書では「代理主義」という用語を統一して用いる。山本『前掲書』（注62）161頁参照。
108) 例えば、R. Higgins, *Problems and Process: International Law and How We Use It*, (1994), p. 56.
109) Henzelin, *supra* note 103, p. 32.
110) 例えば、メイヤー（Meyer）は、英米法体系の諸国において代理主義による管轄権を規定している国家がほとんど無いことから、同原則は一般的に受け入れられているものではないとしている；J. Meyer, "The Vicarious Administration of Justice: An Overlooked Basis of Jurisdiction", *Harvard International Law Journal*, Vol. 31 (1991), p. 116.
111) European Committee on Crime Problems (hereinafter, European Committee), "Extraterritorial Criminal Jurisdiction", *Criminal Law Forum*, Vol. 3 (1992), p. 452.
112) G. Gilbert, *Transnational Fugitive Offenders in International Law: Extradition and Other Mechanisms*, (1998), p. 102; 山本『前掲書』（注62）140, 161-162頁。
113) 森下忠『国際刑法の潮流』（成文堂、1995年）50頁。渡邉一郎「代理処罰」『法学教室』第334号（2008年）2-3頁。

別の視点からすれば、代理主義が必要となるのは、容疑者の所在という事実はあるものの、管轄権行使の対象となる事案と国家との間にいかなる連関も存在しない場合とも言える。そのため、前款で定義した「事案といかなる連関も有しない国家が特定の事案に対して行使する管轄権（立法・執行・司法のいずれかまたはそれらの組合せ）」という普遍的管轄権の定義に鑑みれば、第三国の管轄権行使を正当化する点において、代理主義と普遍主義は重複するものと言えよう。実際、管轄権に関するハーバード草案において、代理管轄権は普遍的管轄権の一形態としてまとめられている[114]。また、両者を峻別することが困難であることは度々指摘されるところである[115]。

(2) 代理主義の理論的根拠と範囲・要件

(i) **理論的根拠**　このように、代理管轄権と普遍的管轄権はその定義からすれば峻別は困難であるが、両者の理論的根拠は明確に異なる。前款で確認したように、普遍的管轄権とは、国際共同体の利益を侵害するという事案の性質から、特定の事案に対してのみ、国家が生来的に有する管轄権である。他方、代理主義の理論的根拠は、本来管轄権を有する国の同意によって説明され[116]、ここで言う同意には、事件ごとのアド・ホックな同意もあれば、条約で規定するような同意も含まれる[117]。ヘンツェリンが指摘するように、「国家が自らの固有の管轄権を一方的に行使する（affirme）ことを認める普遍的管轄権の原則と異なり、代理管轄権（la compétence déléguée）の原則は、管轄権を自ら有する（qui est lui-

---

114) 管轄権に関するハーバード草案では、第9条において、海賊行為に対する普遍的管轄権について規定し、第10条において、その他の犯罪（others）に対する普遍的管轄権を規定しているが、この第10条は、本書で定義する「代理管轄権」にあたるものである。Harvard Research, *supra* note 41, pp. 440-441; また、リンガエルトゥも、代理管轄権（Vicarious Jurisdiction）を普遍的管轄権のひとつと位置づけている。Ryngaert, *supra* note 9, p. 121.

115) C. Kreß, "Universal Jurisdiction over International Crimes and the *Institut de Droit international*", *Journal of International Criminal Justice*, Vol. 4 (2006), p. 565; D. Oehler, *Internationales Strafrecht*, (1983), p. 498; Cameron, *supra* note 79, p. 19.

116) このような考え方と関連して、リンガエルトゥは、両者の違いを法益に見出している。彼によれば、代理管轄権の行使は領域国の利益を守るのに対し、普遍的管轄権の行使は国際共同体の利益を守るために行使されるということである。Ryngaert, *supra* note 9, p. 121.

117) 類似の指摘を行うものとして、D. Freestone, "International Cooperation against Terrorism and the Development of International Law Principles of Jurisdiction" in R. Higgins and M. Flory (eds.), *Terrorism and International Law*, (1997), p. 44; 同様に、d'Aspremont, *supra* note 3, p. 325参照。

même competent）他の国家の明示または黙示の要求または受諾を必要とする[118]。」のである。

　同意が代理管轄権の理論的根拠となり得ることは、国家責任条文第20条の観点からも説明されよう。同条において、同意は国際法上の違法性阻却事由として位置づけられている。例えば、公海上で外国の船舶に対して臨検を行うことは原則として国際法に違反するものであるが、旗国の同意があれば、非旗国の臨検は正当化される。実際、第3章で検討を行う改正SUA条約においては、旗国の同意を条件として非旗国の臨検を認める制度が設けられている。このような制度は、司法管轄権だけでなく、臨検という執行管轄権までもが、代理主義に基づくとされ得ることを示すものとも言える。

　また、違法性を阻却し代理主義の根拠となる同意は、必ずしも明示的なものに限定されない。国家が沈黙していることが黙示の同意として認識されることも少なくないのである。ヘンツェリンの「他の国家の明示または黙示の要求または受諾」や[119]、欧州委員会の「より直接的に関連を有する他の国家の、合意ではなくとも、一定の理解」といった表現は[120]、国家が沈黙したままであっても、黙示的な同意をしたものとみなされ得ることを示している。例えば、少なくとも引渡請求国からの証拠の提出等の協力があった場合、当該協力をもって請求国は、被請求国による管轄権の行使に同意したとみなされよう[121]。

　このように、国家の沈黙が黙示の同意とみなされ得ることから、代理主義は、逃亡犯罪人の事例において援用されやすいと考えられる。逃亡犯罪人の引渡しが拒絶された場合、引渡請求国は、当該犯罪人を被請求国が処罰することを認める場合が多い。つまり、引渡請求国からすれば、犯罪人が自国から逃亡してその身柄が他国（被請求国）の領域主権に服するようになった以上、当該犯罪人

---

118) Henzelin, *supra* note 103, p.30.
119) *Ibid.*, p.30.
120) European Committee, *supra* note 111, p.452.
121) 英国とフランスの仲裁裁判であるサーバルカル事件において、英国の逃亡犯罪人の逮捕へのフランス憲兵による支援が確認されるため、仲裁裁判所は、フランスは英国による逮捕に黙示的に同意しているとし、英国による国際法違反の事実はないと判示した; *Arrest and Return of Savarkar, France v Great Britain*, Award,（1911）, *Reports of International Arbitral Award*, Vol.XI, pp.252-255; 同事件をこのように理解するものとして、International Law Commission, *Yearbook of the International Law Commission 2001*, Vol.II, Part.II, p.73.

の処遇に関しては一義的には被請求国の裁量に委ねざるを得ない。そして、被請求国が引渡しを拒否しつつも、代わりに処罰することを提案する場合、自らが裁くという最善の策に次ぐ、次善の策としてその提案に同意することが少なくないのである[122]。このような事例は、死刑廃止国から死刑存置国への引渡しが人権条約に抵触すると判断されて以降[123]、ますます頻繁に生じるようになっている。

(ii) **範囲・要件**　普遍的管轄権と代理管轄権とでは、範囲と要件の２点においても、前述する理論的根拠の違いに由来する相違点が確認される。範囲について、普遍主義は、ジェノサイドや海賊行為のように、国際共同体の利益を侵害するとみなされる一定の構成要件に該当する事案にしか認められない。一方、代理主義は、窃盗のような、国際的に取り締まる必要性が高くない事案にまで、関係国の同意さえあれば認められる[124]。例えば、「居住地国における訴追」の制度を導入した「道路交通犯罪の処罰に関するヨーロッパ条約」は、道路交通犯罪という、国際共同体の利益を侵害すると説明することが困難な事案について規定したものである[125]。

ただし、このように条約で事案を規定する場合には、当該事案が普遍的管轄権の対象となる「特定の事案」へと変わり得ることに留意する必要がある。すなわち、仮に当初は代理管轄権を設定するために条約を締結したとしても、条約に規定されたという事実から、同条約に規定された事案が普遍的管轄権の対象となり得るのである。前記ヨーロッパ条約のような地域的な条約であれば、国際共同体の利益を侵害するとまではいかず、地域共同体の利益を侵害するものに留まると思われるが、代理主義を規定した多数国間条約の規定は、普遍主義を規定したものとなり得ることに留意する必要がある。

要件に関しては、自らの固有に有する管轄権である普遍的管轄権を行使する場合と異なり、代理主義に基づき管轄権を行使する場合、国家は、本来管轄権を有する国家の法制度を尊重する必要がある。ヘンツェリンは、代理して管轄

---

122) European Committee, *supra* note 111, p.474.
123) この点に関しては、坂元茂樹「死刑廃止国に対する新たな義務―ジャッジ対カナダ事件（通報番号829/1998）をめぐって」『研究紀要』第11号（2006年）1-26頁参照。
124) 森下『前掲書』（注113）54頁。Harvard Research, *supra* note 41, p.573.
125) 森下『同上書』55-56頁。

権を行使することとは、「少なくとも（本来管轄権を有する）第三国の管轄権及び法を考慮して」管轄権を行使することであるとしている[126]。例えば、刑罰を定める際に、本来管轄権を有する国家の法制度を参照するという慣行は[127]、代理主義のこのような要件を考慮してのものと言えよう[128]。

(3) 普遍主義と代理主義との峻別

(1)及び(2)で示したように、普遍主義と代理主義はそれぞれの定義からすれば重複し得る一方で、両者の理論的根拠、範囲、及び要件は大きく異なる。従来の属地主義や国籍主義といった適用基準が個々の異なる基準として考えられてきたことに鑑みれば、2つの基準が重複し、国家のある管轄権が2つの基準に同時に基づくとすることは論理的に説明がつかない[129]。そのため、両者を相互排他的に説明しようとするのであれば、事案といかなる連関も有しない国家による管轄権の行使か、あるいは、本来管轄権を有するとされる国家に代わる行使か、といった定義による外形的な観点からだけでなく、それぞれの理論的根拠や要件に則した検討を行う必要があろう。

したがって、連関を有しない国によって、本来管轄権を有するとされる国家に代わり管轄権が行使される場合、すなわち、外形的には普遍主義とも代理主義とも考えられる場合には、対象となる事案と国際共同体との関係、さらには同意がどのように為されているか（あるいは、為されていないか）を考慮する必要があろう。例えば、殺人のように、条約で規律されていない犯罪を行った者が偶然逃亡し、逃亡先の国家が本来管轄権を有する国の同意に基づき管轄権を行使する場合には、代理主義に基づくほかないものと思われる。この場合も、連関を有しない国家という、普遍的管轄権の外形的な要件が満たされているかもしれない。しかしながら、当該管轄権の行使が国際共同体の利益を保護するた

---

126) Henzelin, *supra* note 103, p.30.
127) このような慣行に関しては、管轄権に関するハーバード草案のコメンタリーにおいて詳細な研究が為されている。Harvard Research, *supra* note 41, pp.573-592.
128) A. Putter, "Extraterritorial Application of Criminal Law: Jurisdiction to Prosecute Drug Traffic Conducted by Aliens Abroad", in K. M. Meessen (ed.), *Extraterritorial Jurisdiction in Theory and Practice*, (1996), p.114.
129) このことは、例えば、A国民XがA国で犯罪を行った場合に、A国のXに対する管轄権が国籍主義と属地主義に同時に基づくことを否定するわけではない。あくまでも、犯行地という属地主義に基づき国家が有する管轄権が、同時に他の適用基準に基づくとされることを否定するものである。

めとみなされず、単に他の国家の同意に基づくものである以上、当該行使は普遍主義に基づくものとはみなされず、代理主義に基づくものと考えられるのである。他方で、テロ関連条約のように、条約が特定の行為を犯罪としている場合には、当該犯罪が国際共同体の利益を侵害することを前提とすることが多く、それらの条約が規定する連関を有しない国家の管轄権は普遍主義に基づくと考えられやすい。また、条約への批准のみが管轄権行使の同意とされ、特定の事案について同意があるわけでないのならば、代理主義の観点からの正当化は強い説得力を有するわけではないかもしれない。

　後述するように、本書で扱うSUA条約上の犯罪や船舶起因汚染に対する第三国の管轄権は、外形的には普遍主義にも代理主義にも基づくとものと考えられる。そのため、それらの管轄権がいずれに基づくかを検討するにあたっては、各事案と国際共同体の関係や、それぞれの管轄権を認める法制において、同意がどのように位置づけられているかについても分析していく必要があるのである。

第2章

海賊行為に対する普遍的管轄権の形成と理論的根拠

　これまでの問題の所在と管轄権の分析を受け、本章では、海賊行為に対する普遍的管轄権について検討する。この管轄権は普遍的管轄権の起源であり、海賊行為が17世紀後半から18世紀初頭に隆盛したこともあり、歴史的に旗国主義原則の例外とされてきた。海賊行為は19世紀に入りその数が減少し、1度はその姿を消したとされたものの[1]、2008年頃よりソマリア沖で再び頻発するようになっている[2]。そのため、海賊行為は歴史的なものでありながらも、現代的な問題とも言える。

　後述するように、海賊行為に対する普遍的管轄権が成立した時期において、海洋ガバナンスのような考え方が存在していなかったことに鑑みれば、この普遍的管轄権が海洋ガバナンスの観点から形成されたものでないことは自明である。しかしながら、普遍的管轄権の起源ともされる海賊行為について、なぜそのような管轄権が認められるのかという理論的根拠を検討することは、他の普遍的管轄権の対象事案について検討を行う上で重要となろう。さらに、現代では、海賊行為に対する普遍的管轄権を利用する形で、国連安全保障理事会(以下「安保理」と略記)による海賊対処が行われており、当該対処には海洋ガバナンスの視点が含まれている。

　そこで本章では、海賊行為に対する普遍的管轄権を検討するにあたり、第1節においてこの管轄権の形成過程を概説する。特に、19世紀までの慣行と、20

---

1) P. Birnie, "Piracy-Past, Present and Future", *Marine Policy*, Vol.11 (1987), pp.163 and 169.
2) ICC International Maritime Bureau, *Piracy and Armed Robbery against Ships: Annual Report 2010*, pp.4-5.

世紀に入ってからの法典化作業の分析を通じ、海賊行為に対する普遍的管轄権がどのように認められるに至ったかを検討する。その上で、海賊行為の概念が、海洋を管理するためにどのように利用されてきたかを振り返る。また、第2節においては、現行法制における海賊行為に対する普遍的司法管轄権について分析する。同管轄権を規定したUNCLOS第105条の文言から、その意味するところを確認した上で、理論的根拠を考察する。前章で記したジェノサイドに対する普遍的管轄権の理論的根拠と比較することによって、海賊行為に対する普遍的司法管轄権の特徴を明確にする。第3節では、海賊行為に対して認められる海上警察権について、司法管轄権との関係を中心に考察する。海上警察権が認められるにもかかわらず、司法管轄権が認められない奴隷貿易と比較することにより、海賊行為に対する普遍的管轄権がなぜ認められるのかを改めて問い直す。その上で、第4節では、安保理による海賊対処の分析を通じて、海賊行為に対する普遍的管轄権が、海洋ガバナンスにおいていかなる意義を有するのかを検討する。

第1節　海賊行為に対する普遍的管轄権の形成

第1款　「海賊行為」の定義とその変遷

(1) 現行海洋法における「海賊行為」の定義

　海賊行為に関する国際法の規則は、慣習法として成立してきたとされる。現在、UNCLOSにおける「海賊行為」の定義が普遍性を持つと考えられているため、まずは同条約における定義を確認する。UNCLOS第101条は、海賊行為を「(a) 私有の船舶又は航空機の乗組員又は旅客が私的目的のために行うすべての不法な暴力行為、抑留又は略奪行為であって次のものに対して行われるもの、(i) 公海における他の船舶若しくは航空機又はこれらの内にある人若しくは財産、(ii) いずれの国の管轄権にも服さない場所にある船舶、航空機、人又は財産、(b) いずれかの船舶又は航空機を海賊船舶又は海賊航空機とする事実を知って当該船舶又は航空機の運航に自発的に参加するすべての行為、(c) (a) 又は (b) に規定する行為を扇動し又は故意に助長するすべての行為」と定義する。簡潔にまとめ

ると、ある行為を海賊行為とみなすためには、①公海またはいずれの国の管轄下にもないという地理的要件、②不法な暴力行為や略奪行為が私的目的で行われるという要件、③そして、2つの船舶が行為に係るといういわゆる二船要件、の3つを満たす必要がある[3]。

これら3つの要件は、海賊行為の定義を著しく狭めるという観点から、UNCLOSで定義された海賊行為と慣習法上の海賊行為は異なるとし、慣習法上のものには二船要件は含まれないとの主張もある[4]。しかしながら、公海条約第15条の定義が議論されることなくそのままUNCLOS第101条に引き継がれたこと、さらには、「アジア海賊対策地域協力協定（以下「ReCAAP」と略記）」第1条1項において同様の定義が行われていることなどを考慮すると、UNCLOS第101条の定義と慣習法上の海賊行為の定義は一致するものと考えられよう[5]。また、二船要件を海賊行為の定義に含まないという考え方は、海賊行為の定義を広げることとなり、旗国主義原則の例外を定める海賊行為の定義の拡大は、旗国主義原則により得られる利益が制限的になることを意味する。したがって、旗国主義原則の利益を享受する国家によってUNCLOSの改正などが為されない限り、海賊行為の定義が狭まることはあったとしても、広くなることは考えにくい[6]。以上より、本書においては「海賊行為」という用語をUNCLOSに定義される意味で用いる。

(2)「海賊行為」の変遷

現在はこのように定義される海賊行為であるが、1958年のジュネーヴ海洋法4条約のひとつとして公海条約が締結されるまで、同行為を定義する条約は存在しなかった。それ故、海賊行為の定義は長く曖昧であった一方で、ある行為が海賊行為に含まれるとされた場合、当該行為に対して非旗国の海上警察権のみならず司法管轄権の行使までもが許容されることとなったため、海賊行為の

---

3) 森川幸一「海上暴力行為」山本草二編『海上保安法制：海洋法と国内法の交錯』（三省堂、2009年）295-296頁。
4) G. McGinley, "The Achille Lauro Case: A Case Study in Crisis Law, Policy and Management", in M. Bassiouni (ed.), *Legal Responses to International Terrorism, U.S. Procedural Aspects*, (1988), pp.329-330.
5) M. Halberstam, "Terrorism on the High Seas: The Achille Lauro, Piracy and the IMO Convention on Maritime Safety", *American Journal of International Law*, Vol.82 (1988), pp.284-285.
6) D. Guilfoyle, *Shipping Interdiction and the Law of the Sea*, (2009), p.32.

拡張は、歴史的に繰り返し試みられてきた。例えば、バインケルスフークは、主権者からの許可を得ることなく海上での略奪を行う者を海賊とみなす一方で、国家実行に関しては、保険詐欺、さらには魚網切断といった行為も海賊として処罰されていることを指摘している[7]。このような海賊行為の拡張は、英国が奴隷貿易を取り締まる際に強く主張された。

英国は、1792年のデンマークに続いて[8]、1807年に奴隷貿易を廃止した[9]。そのことから奴隷を欠くこととなった自国植民地は労働力不足となり、他国植民地との経済活動において劣勢となることが予想された。そのため、英国は他国の奴隷貿易への干渉を開始したのである[10]。表向きには奴隷制度の廃止は人道的見地からのものとされるが、英国が奴隷制度廃止を達成するための手段として奴隷貿易の禁止に焦点をあてたことの背景には、このような事情があった。1807年当時、欧州全体がナポレオン戦争に巻き込まれていたため、当初、英国は戦時中の臨検の権利を利用することにより奴隷貿易の取締りを行った[11]。しかし、戦争が終了しそのような正当化が困難となると、英国は、奴隷貿易を取り締まるために、他の欧州諸国と相互に臨検を認めあう条約を締結していった。具体的には、1817年にポルトガルと締結したのを皮切りに、同年にスペイン、1818年にはオランダ、1824年にはスウェーデン、1826年にブラジルと締結した[12]。このように非旗国による臨検を認める条約が締結されていく中、奴隷貿易は海賊行為とみなされたり、海賊行為の概念に含まれたりされることとなったのである。

---

7) C. Bynkershoek, *Questionum juris publici*, Vol.2 (1758), T. Frank (tr.), *Classics of International Law*, No.14 (1930), pp.98-99.
8) T. S. Woolsey, *International Law: Designed as an Aid in Teaching and in Historical Studies*, 6th ed., (1892), p.237.
9) 英国における奴隷貿易廃止の動きに関しては、S. Drescher, "Whose Abolition? Popular Pressure and the Ending of the British Slave Trade", *Past and Present*, No.143 (1994), pp. 136-166参照。
10) J. S. Martinez, *The Slave Trade and the Origins of International Human Rights Law*, (2012), p.23.
11) 奴隷貿易に従事した船舶に対する英国裁判所の管轄権については、T. Helfman, "The Court of Vice Admiralty at Sierra Leone and the Abolition of the West African Slave Trade", *Yale Law Journal*, Vol.115 (2006), pp.1138-1141参照。
12) 杉原高嶺「奴隷輸送の防止と条約制度の史的展開―公海上の臨検制度を中心として―」『新海洋法制と国内法の対応（第3号）』(1988年) 22頁。

奴隷貿易に対するこのような認識は、1815年のウィーン会議より確認されると指摘されている[13]。英国は、1818年に開催されたエクス・ラ・シャペル会議において、奴隷貿易を国際法に対する犯罪（crimes against the law of nations）、すなわち、海賊行為と同視する必要性を唱えた[14]。そのような主張が各国から受け入れられることはなかったが、例えば米国は、1819年に制定した海賊を処罰する法を1820年に改正する際、奴隷貿易を海賊行為とみなす旨規定している[15]。英国も、1824年には奴隷貿易を海賊行為とみなす旨定めている[16]。また、このような動きは、多数国間条約においても現れる。例えば、1841年に英国、プロシア、オーストリア、ロシアの間で締結されたロンドン条約も、その第1条において、奴隷貿易を海賊行為と宣言する（declare such trade piracy）義務を締約国に課している[17]。

　しかしながら、このように奴隷貿易を海賊行為とみなすことは、1958年の公海条約締結を待つまでもなく、否定されることとなる。例えば、1825年のアンテロープ号事件において、米国連邦最高裁判所はそのような見解を否定している。同裁判所は、国際法上、奴隷貿易が禁止されていると断言することはできないことから、奴隷貿易それ自体は海賊行為ではないと判断している[18]。また、学説においても、この見解は否定された。例えばジデルは、米国とフランスが他国による自国籍船舶への臨検に反対した理由として、奴隷貿易は公海上の航行の安全性に影響を与えるものではないため、その性質上、海賊行為と同視できないことを挙げている[19]。

　このように、奴隷貿易を海賊行為に含まないことが確認され、海賊行為につ

---

13) M. Bassiouni, "Universal Jurisdiction for International Crimes: Historical Perspectives and Contemporary Practice", *Virginia Journal of International Law*, Vol.42 (2001), p.112.
14) Martinez, *supra* note 10, p.23.
15) R. Peters (ed.), *The Public Statutes at Large of the United States of America*, Vol.3 (1850), pp.600-601.
16) "An Act to Amend and Consolidate the Laws Relating to the Abolition of the Slave Trade", (1824), p.1142, *available at* <http://www.legislation.gov.uk/ukpga/1824/113/pdfs/ukpga_18240113_en.pdf> (last visited 29th Oct. 2015).
17) H. Fisher, "Suppression of Slavery in International Law", *International Law Quarterly*, Vol.3 (1950), pp.45-46.
18) *The Antelope*, 23 U.S. (10 Wheat.) 66, 118 (1825).
19) G. Gidel, *Le droit international public de la mer: le temps de paix*, Tome I, *introduction-la haute mer*, (Reprinted, 1981), p.392.

いて条約上の定義が設けられた今日においても、海賊行為を拡張する主張が見られなくなったわけではない。例えばグリーン＆バーネットは、UNCLOS第101条(a)(ii)の解釈から海賊行為の二船要件に疑問を呈した上で、海底ケーブルの損壊が海賊行為に含まれる可能性を指摘している[20]。このような主張も、海底ケーブルの損壊を海賊行為に含むことによって、同行為に対する普遍的管轄権の行使を正当化しようとする文脈の中で為されている。

第2款　普遍的管轄権の形成過程

(1) 慣習法における海賊行為に対する普遍的管轄権の形成

　欧州各国においては16世紀と、旗国主義原則が確立する以前より海賊行為を取り締まる法が制定されてきた。例えば、古代より海賊行為を死に値する犯罪として取り扱ってきた英国では、ヘンリー8世により制定された「1536年海上犯罪法令 (The Offences at Sea Act)」において[21]、piroteという現在のpirateにあたる文言を初めて用い、コモン・ロー上の犯罪とした。しかしながら、同法は被害者の国籍や関連船舶の船籍に関してはいかなる言及もしておらず、公海上の外国籍船舶についてなど、この立法の域外適用に関する射程は明らかではない[22]。

　また、フランス法において、海賊という文言が初めて用いられたのは、「ルイ14世の1681年8月の海事に関する王令 (Ordonnance touchant la marine du mois d'août 1681；以下「海事王令」と略記)」である[23]。海事王令は第3編第9章第3条に

---

20) M. P. Green and D. R. Burnett, "Security of International Submarine Cable Infrastructure: Time to Rethink?", in M. Nordquist, R. Wolfrum, J. N. Moore and R. Long (eds.), *Legal Challenges in Maritime Security*, (2008), pp.573-581；他方で、起草過程からこのような主張は説得力に欠けると指摘するものとして、Y. Takei, "Law and Policy for International Submarine Cables: An Asia-Pacific Perspective", *Asian Journal of International Law*, Vol.2 (2012), p.220.

21) Great Britain, *Halsbury's Statutes of England*, Vol. IV (1929), pp.298-299；飯田忠雄『海賊行為の法律的研究』(有信堂、1967年) 47頁。

22) A. P. Rubin, *The Law of Piracy*, (Reprinted, 2006), pp.37-38.

23) 海事王令の邦訳に関しては、箱井崇 (訳)「[翻訳] 1681年フランス海事王令試訳 (一)(二)」『早稲田法学』第81巻4号 (2006年) 411-450頁、第82巻1号 (2006年) 207-261頁参照。

おいて、許可なく軍装している者を海賊として取り扱う旨定め[24]、第4条では、海賊を国王の敵や主権国家の許可なく航海する船舶と同様に取り扱う旨定めていた[25]。海事王令で規定する海賊の焦点が国家からの許可という点となった背景には、当時は依然として私掠船の問題が未解決であったということが考えられる。

これらの法律では、海賊行為と現在定義される行為についての普遍的管轄権が明示されているわけではない。それ故、これらの法律が海賊行為に関する慣習法の形成にどの程度貢献したのかを評価することは難しい。しかしながら、これらの法律は少なくとも当時より、英仏において海賊行為が犯罪として認識されていたことを示すものであると言えよう。

また、合衆国憲法第1条8項は海賊行為を国際法上の犯罪として規定した。同項は、「公海において犯された海賊行為および重罪並びに国際法違反を理由とする犯罪(Offences against the Law of Nations)につき、その定義を定め、これに対する罰則を設けること」を連邦議会の権限としている[26]。また、第3条2項において、連邦裁判所が「海事事件および海事裁判権に属する事件の全部」の管轄権を有する旨規定されている[27]。したがって、合衆国憲法が採択された1787年において、少なくとも、米国は海賊行為が国際法違反を理由とする犯罪と並ぶものとして認識し、それに対する司法管轄権を有すると考えていたと言えよう。

このような米国の認識が示唆するように、18世紀においては、既に海賊行為に対する普遍的管轄権が慣習法上認められていたと考えられる。19世紀初頭のルイ号事件においても、ストーウェル卿は、海賊は何世紀にも及びキリスト教国(Christian states)の敵であったことを指摘しつつ、そのような戦時における敵に対してのみ、臨検することができるとしている[28]。したがって、海賊行為に対しては、19世紀以前に普遍的管轄権のようなものが認められていたと言え、

---

24) R. J. Valin, *Nouveau commentaire sur l'ordonnance de la marine, du mois d'août 1681*, Vol.2 (1790), p.218.
25) *Ibid*, p.220.
26) 田中英夫編『BASIC英米法辞典』(東京大学出版会、1993年) 219頁。
27) 『同上書』225頁。
28) *Le Louis, Forest*, High Court of Admiralty, 15 Dec. 1817, in J. Scott (ed.), *Cases on International Law Selected from Decisions of English and American Courts*, (1906), p.704.

遅くとも19世紀初頭には旗国主義の例外として、現代と類似する形で認識されていたものと思われる[29]。

(2) 海賊行為に対する普遍的管轄権の法典化作業

海賊行為は国際慣習法の中で規律されており、20世紀に至るまで条約として法典化されることはなかった。20世紀に入り、「海賊行為抑止のための条文草案（以下「松田草案」と略記）」、ハーバード・ロースクール国際法研究会が作成した「海賊行為に関する条約の草案（以下「海賊行為に関するハーバード草案」と略記）」、公海条約、UNCLOSと、相次いで海賊行為に関する国際法の法典化作業が行われたため、それらを順に検討する。

(i) **国際連盟専門家委員会による法典化作業**　連盟時代、「国際法の漸進的な法典化のための専門家委員会（Committee of Experts for the Progressive Codification of International Law）」において、海賊行為に関する法がトピックのひとつとして取り上げられた[30]。同委員会においては、当時、日中間で、東シナ海の海賊問題が深刻になっていたことから、日本の松田（報告者）と中国の王が小委員会のメンバーとして任命され、海賊に関する松田草案を作成した。

松田草案は全8ヶ条から成る短い条文草案であるが[31]、現在のUNCLOS上の海賊行為の定義の原型を形成したものである。同草案の第5条は、海賊行為を行った船舶に関しては、非旗国の軍艦が公海上で当該船舶を停船させ、拿捕することができると規定している[32]。また、拿捕された海賊に関しては、第6条において、「海賊行為の容疑が確認された場合、当該軍艦の司令官は、自らの手で海賊の裁判手続を開始するか、もし逮捕が公海上で行われた場合には当該被告人を関係当局に引き渡すことができる」と、普遍的司法管轄権について規定している。このことは、同条コメンタリーの言葉を借りるのであれば、「海賊船及び海賊の運命は彼らを拿捕した国の国内法により決定される」ことを意味し

---

29) C. E. Sorensen, "Drug Trafficking on the High Seas: A Move Toward Universal Jurisdiction Under International Law", *Emory International Law Review*, Vol. 4 (1990), p. 226.

30) The League of Nations Committee of Experts for the Progressive Codification of International Law (hereinafter, Committee of Experts), "Draft Provisions for the Suppression of Piracy", *American Journal of International Law*, Vol. 20, Special Supplement (1926), pp. 222-223.

31) 草案全文に関しては、*Ibid.*, pp. 228-229.

32) *Ibid.*, pp. 225-228.

た[33]。最終的には、当時は海賊行為に対する国家実行は法典化するに十分なほどには統一化されておらず、海賊問題が国際社会における喫緊の課題というわけでもなくなっていたため、1927年に法典化作業は中止され、同草案が条約として採択されることはなかった[34]。

(ii) **ハーバード・ロースクール国際法研究会による法典化作業**　その後、海賊行為に関する法の法典化という作業は、ビンガムを中心とするハーバード・ロースクール国際法研究会により継承された。同研究会は国際機関ではなく、大学主導の研究会であり、形式的には松田草案とは無関係である。しかしながら、その作成した全19ヶ条からなる海賊行為に関するハーバード草案は、松田草案から継承した内容も少なくない[35]。同研究会の特徴として、膨大な数の各国の法を参照している点が挙げられる[36]。各国法令の比較分析を行いながら共通ではない情報を消去していくこの手法は、慣習法の成立を論証するためにこの時代にはよく用いられた[37]。この草案の特徴は、全19ヶ条、と比較的多数の条文からなることもあり、海賊の拿捕や訴追に関し、詳細な規定を設けている点にある。

例えば、第11条は海賊容疑を確認するために、非旗国による停船・検査の権限を定める一方、それらの権限の行使対象となった船舶が海賊船でないと判明した場合、当該停船・検査を行った非旗国は生じた損害について責任を負わなければならない旨定めている[38]。このような賠償に関する規定については、松田草案の第6条にも含まれていたが、海賊行為に関するハーバード草案のコメントによれば、海賊に対しては海上警察権を行使してよいとする古い慣行と、海洋の自由がより重要となった当時の状況のバランスをとった結果であると言え

---

33) *Ibid.*, p. 225.
34) 村上暦造「条約上の海賊行為」森本益之・加藤久雄・生田勝義編『刑事法学の潮流と展望』(世界思想社、2000年) 333頁。
35) 2つの草案の比較に関しては、薬師寺公夫「公海海上犯罪取締りの史的展開—公海海上警察権としての臨検の権利を中心に—」栗林忠男・杉原高嶺編『海洋法の歴史的展開—現代海洋法の潮流(第1巻)』(有信堂高文社、2004年) 212-214頁参照。
36) 100頁以上に渡り、およそ80の国と地域の海賊行為に関する法を調査している。Harvard Research, "A Collection of Piracy Laws of Various Countries", *American Journal of International Law*, Vol. 26, Supplement (1932), pp. 888-1013.
37) 林久茂『海洋法研究』(日本評論社、1995年) 106頁参照。
38) Harvard Research, "Draft Convention on Piracy with Comments", *American Journal of International Law*, Vol. 26, Supplement (1932), p. 745.

よう[39]。

　司法管轄権を定めた第14条は「(1)海賊行為を行った疑いのある者の身柄を合法的に拘束した国家は、その者を訴追し処罰することができる。(2)この規定の条項に従い、そのような管轄権を行使する国家の法は、当該犯罪を定義し、手続を規律し、そして刑罰を規定する。(3)しかしながら、当該国家の法は、起訴された外国人に対し次に掲げる保護を与える必要がある：(a)被告人には、公平な裁判所において不当に遅延することなく、公正な裁判が与えられなければならない。(b)被告人には、審理係属中の勾留期間において人道的な待遇が与えられなければならない。(c)いかなる残虐かつ異常な刑罰も科してはならない。(d)いずれかの国の国民に対して、いかなる差別も行ってはならない。(4)国家は、他国において起訴された自国民の保護を確保するために、外交交渉を申し出ることができる[40]。」と規定している。

　この条文に関しハーバード・ロースクール国際法研究会は、手続法や刑罰を統一することが望ましいとしつつも、現状ではそれが不可能であるとし、その上で各国の法制度に一定の制限を設けようとしている[41]。グループは海賊が略式裁判手続により裁かれることや、公正な裁判なしで処刑されることを懸念していたと考えられる一方で[42]、当時の国際法に違反することなく海賊がそのように処遇されることを認めていた[43]。また、3項の(d)及び4項は、海賊が母国以外において裁かれる可能性が高いことから、その際に被る不利益を考慮して設けられた規定と考えられる。

(iii)　**ILCによる法典化作業とUNCLOS**　第2次世界大戦後、普遍的な国際海洋法の枠組みを作るにあたり、ILCが公海に関する慣習法の法典化を試み、その成果もあり、1958年に公海条約が締結された。同条約は、これまでの海賊行為に特化した法典化作業と異なり、公海秩序全体の法典化という意識がその根底にあるため、海賊行為に関する規定においても、その影響が現れている。

　例えば、臨検の権利に関しては、奴隷貿易等のほかの海上犯罪の文脈におい

---

39) *Ibid*., pp. 838-839.
40) *Ibid*., pp. 745-46.
41) *Ibid*., p. 853.
42) B. Dubner, *The Law of International Sea Piracy*, (1980), p. 82.
43) Harvard Research, *supra* note 38, p. 853.

ても議論が為され[44]、それらと合わせた形で第22条において規定された。また、司法管轄権に関しては、最終的に公海条約第19条となったILC草案第43条の段階から、拿捕を行った国家が裁判を行うことができる旨が記されるに留まる。ILCは、海賊行為に科されるべき刑罰や海賊の取扱いなどの詳細に関して規定する必要はないと認識していたのである[45]。

　1982年のUNCLOS締結へと至る過程においても、海賊行為に関する規定について様々な議論が為された。例えば、海賊の拿捕・処罰に関してマルタは、「国家の海域の外側の海洋において拿捕が行われた場合、国際海事裁判所（International Maritime Court）が科されるべき刑罰を決定しなければならない……」との提案を海底平和利用委員会において行っている[46]。これは、国際海事裁判所という機関の設立を前提としてはいるものの、公海における海賊に対し、一律に刑罰を科すことを意図した主張であったと評価できよう。しかし、このような新たな試みは受け入れられず、最終的には、臨検に関する公海条約第22条はUNCLOS第110条へ、また、公海条約第19条はUNCLOS第105条へとほとんど形を変えることなく継承されている。

第2節　海賊行為に対する普遍的司法管轄権の理論的根拠

第1款　犯罪の性質基準

(1) 海賊行為により侵害される国際共同体の利益

　ジェノサイドと同様の理論に基づけば、海賊行為は一定の重大・残虐性を有することにより、国際共同体の利益を侵害するものとみなされる[47]。こうした主

---

44) International Law Commission, *Yearbook of the International Law Commission 1952*, Vol.II, pp.46-47.
45) *Ibid.*, p.283.
46) Republic of Malta, "Draft Ocean Space Treaty: Working Paper/ Submitted by Malta", (A/AC.138/53)(23 Aug. 1971), p.20.
47) O. Schachter, *International Law in Theory and Practice*, (1991), p.270; Princeton Project on Universal Jurisdiction, *The Princeton Principles on Universal Jurisdiction*, p.28, available at <https://lapa.princeton.edu/hosteddocs/unive_jur.pdf> (last visited 29th Oct. 2015), pp.28-29.

張をする者は[48]、チュン・サン号（*Cheung Sun*）事件において27名の船員が殺害されたように、海賊行為は残虐な犯罪であり、昔の海賊は現代の海賊よりさらに残虐であったと指摘する[49]。

　しかしながら、海賊行為が国際共同体の利益を侵害するものである点については疑問も呈されている。例えば、西村は「公海において無差別に船舶を攻撃するという点に特異性はあるものの、海賊は所詮は強盗にすぎず、これを処罰することが共通利益、ましてや普遍的価値であるとは捉えられてこなかった[50]。」と指摘する。また安藤は、海賊の取締りが自国籍船舶の保護のために行われる場合がある点や、海賊行為に対する普遍的管轄権が認められた当時においては共通利益概念が成熟していなかった点を指摘し、海賊の取締りに諸国が共通利益を有するとすることには注意を要するとする[51]。

　確かに、海賊行為が重大・残虐であるが故に国際共同体の利益を侵害するものであると評価することは難しい。各国の海賊行為に関する処罰規定をみる限り[52]、海賊行為を重大・残虐な犯罪とし、とりわけ重い刑罰が科されているわけではない。さらに歴史的に見ても、国家による授権があるという点を除けば海賊行為と同一であった私掠船の活動は[53]、当時においても重大・残虐な犯罪とは認識されていなかったのである[54]。

---

48) 例えば、*Mandat d'arrêt du 11 avril 2000 (République démocratique du Congo c. Belgique), arrêt, C.I.J. Recueil 2002*, Opinion Individuelle de Mme Higgins, M. Kooijmans, et M. Buergenthal, paras. 60-61.

49) Z. Keyuan, "New Development in the International Law of Piracy", *Chinese Journal of International Law*, Vol. 8 (2009), para. 51.

50) 西村弓「マラッカ海峡およびソマリア沖の海賊・海上武装強盗問題」『国際問題』第583号（2009年）16頁。

51) 安藤貴世「海賊行為に対する普遍的管轄権―その理論的根拠に関する学説整理を中心に―」『国際関係論研究』第30巻2号（2010年）51-52頁。

52) 米国やロシアの刑法に関しては、J. Goodwin, "Universal Jurisdiction and the Pirate: Time for an Old Couple to Part", *Vanderbilt Journal of Transnational Law*, Vol. 39 (2006), pp. 996-997参照。

53) 『海賊行為の法』を著したルービンは、17世紀においては"piracy"は現代では私掠船を意味する"privateering"と同様の意味で用いられ、次第に、許可を得ない"privateering"を意味するようになったと指摘している。Rubin, *supra* note 22, p. 18.

54) E. Kontorovich, "The Piracy Analogy: Modern Universal Jurisdiction's Hollow Foundation", *Harvard International Law Journal*, Vol. 45 (2004), p. 210; 他方、ガイス＆ペトリグは、私掠船は戦時に用いられるものであるため海賊行為を私掠船と比較すべきではないと指摘しつつも、海賊行為が普遍的管轄権に服する根拠を残虐性に求めることは

他方で、海賊行為が重大・残虐でないからといって、国際共同体の利益を侵害していないと結論づけることは早計である。UNCLOS第101条の定義に基づけば[55]、海賊行為は、公海においてのみ行われることになる。行為の内容から見れば、殺人や強盗といった通常犯罪と相違はないが[56]、まさしく公海上という犯行地の地理的特殊性の故に、海賊行為の国際共同体の利益との関係を考えることができる。公海は各国の共有物としての性格を有し[57]、また物資輸送を含めた船舶の移動にとって不可欠であることから、全ての国家にとって重要な空間である。国際共同体の利益は、重大・残虐な犯罪により侵害される道徳的な利益に限定されるものではなく、公海を航行する自由というあらゆる国家が共通して有する実利的な利益をも含むものである[58]。そのように考えれば、船籍を問わず無差別に船舶を襲撃する海賊行為は、航行の自由という国際共同体の利益を侵害するものと評価することが可能である[59]。

(2) 海賊行為の性質の再考

(i) ジェノサイドとの並列による海賊行為の性質への誤解　海賊行為を重大・残虐とみなすことは難しいにもかかわらず、(1)冒頭で確認したように、これまで同行為の性質がそのように主張されてきたのは、同行為が普遍的司法管轄権に服するという、ジェノサイドとの共通項を有するが故である。そしてそのことが、延いては普遍的管轄権をそのような犯罪に対してのみ認められるも

妥当ではないとする。R. Geiß and A. Petrig, *Piracy and Armed Robbery at Sea: The Legal Framework for Counter-Piracy Operations in Somalia and the Gulf of Aden*, (2011), pp. 145-146.

55) UNCLOSにおける海賊行為の規則が慣習法を反映したと指摘するものとして、Geiß and Petrig, *ibid.*, p. 41.

56) 本書では、重大・残虐性を有するような犯罪以外の犯罪を包括的に含む概念として「通常犯罪」という用語を用いる。類似の用法をとるものとして、A. Abelson, "The Prosecute/Extradite Dilemma: Concurrent Criminal Jurisdiction and Global Governance", *University of California, Davis Journal of International Law & Policy*, Vol. 16 (2009), p. 31.

57) D. R. Rothwell and T. Stephens, *The International Law of the Sea*, (2010) p. 225.

58) 航行の自由のこのような性質を説明するものとして、C. J. Colombos, *The International Law of the Sea*, 6th ed., (1967), pp. 298-299.

59) バウエットは全ての国家が航路を海賊から守ることに真の利益や商業的な利益さえ有するとしている；D. W. Bowett, "Jurisdiction: Changing Patterns of Authority over Activities and Resources", *British Year Book of International Law*, Vol. 53 (1982), p. 12；山本は、「海賊は、海上航行という万国共通の法益・秩序を害する普通犯罪」と評している。山本草二「海賊概念の混乱」『海洋時報』第41号（1986年）7頁。

と、誤った形で位置づけてきたように思われる。

　このような海賊行為の性質についての誤解が定着した契機として、第２次世界大戦中に行われた犯罪に関する刑事手続[60]、その中でも特にアイヒマン事件が挙げられよう。アイヒマン事件とは、第２次世界大戦中にナチスの将校としてホロコーストに加担したアイヒマンが、イスラエル諜報特務庁の工作員によりアルゼンチンからイスラエルへと連れ去られ、その後イスラエルにおいて訴追・処罰された事件である[61]。同事件は、1961年12月12日にエルサレム地方裁判所（以下「地裁」と略記）において第１審の判決が、1962年５月９日にイスラエル最高裁判所（以下「最高裁」と略記）において第２審の判決が下された。地裁、最高裁両方においてアイヒマンが行った犯罪、すなわち、現在で言うところのジェノサイド・人道に対する罪・戦争犯罪等に対してイスラエルの裁判所が普遍的司法管轄権を有するか否かが問題となった。

　地裁は、海洋国家がはるか昔（time immemorial）より、海賊行為に対して普遍的司法管轄権を適用してきたと指摘しつつも、ジェノサイドが国際法上の犯罪であることを、同犯罪に対して普遍的司法管轄権を行使することができる主たる理由としている[62]。これに対し最高裁は、普遍的司法管轄権が認められるという結論は同一であるが、若干異なる理由づけを行っている。

　最高裁は、普遍的司法管轄権が万民法上の海賊行為に対して適用されることには合意がみられるが、他のいかなる犯罪に関して適用されるかに関しては争いがあるとする。その上で学説の相違点を確認し、本件で問題となる犯罪に対しては普遍的司法管轄権の適用が認められるとした[63]。最高裁によれば、海賊行為に対して普遍的司法管轄権が認められる理由としては、海洋を航行し国家間の貿易に従事する者に対して物理的妨害を加えることを防ぐ利益が、あらゆる

---

60) 第２次世界大戦中に行われた犯罪に関する刑事手続において、人道に対する罪や戦争犯罪に対して普遍的管轄権を適用する際に、海賊行為の類推が用いられた。この事実を指摘するものとして、M. H. Morris, "Universal Jurisdiction in a Divided World: Conference Remarks", *New England Law Review*, Vol. 35 (2001), pp. 341-345.

61) 同事件について簡潔にまとめたものとして、樋口一彦「アイヒマン裁判」松井芳郎編『判例国際法（第２版）』（東信堂、2006年）353-355頁。

62) "Judgment of the District Court" in E. Lauterpacht (ed.), *International Law Reports*, Vol. 36 (1968), p. 26.

63) "Text of Judgment of the Supreme Court" in E. Lauterpacht (ed.), *International Law Reports*, Vol. 36 (1968), pp. 298-299.

国家に共通する重大な利益であることが挙げられる。そのため、国際共同体の重大な利益があれば、海賊行為以外の文脈においても、普遍的司法管轄権の行使は正当化されるのである[64]。このような理由づけから、最高裁は、「海賊行為に対し普遍的管轄権の原則を行使することの実質的理由に関する前述の説明は、本件の主題となる犯罪に対する普遍的管轄権の行使をも正当化する[65]。」と結論づける。

　この最高裁の判断は、理論的に精緻な海賊行為の類推を行った先例として評価することができよう。コントロヴィッチも、最高裁はほとんど唯一「海賊行為からの類推」に依拠して普遍的司法管轄権を正当化したと評価し[66]、マルテンスも、アイヒマン事件におけるイスラエル裁判所の管轄権をめぐる議論において、「『人道に対する罪』とよく知られている『海賊行為の犯罪』との類似性が強調された」と指摘する[67]。

　この海賊行為の類推により、最高裁は自らの管轄権の行使を正当化したが、一方で、海賊行為をジェノサイドと同列においたことが、海賊行為の性質の誤解、すなわち、海賊行為は重大・残虐な犯罪であると理解される契機になったと考えられる。正確に言えば、アイヒマン事件において、最高裁は海賊行為そのものを重大・残虐な犯罪と評価しているわけではなく、海賊行為を含む国際犯罪の性質として残虐性を挙げているにすぎない[68]。その一方で、ローマ時代より「人類共通の敵」と非難されてきたこともあり[69]、海賊行為そのものを残虐なものとみなす見解もアイヒマン事件以前より示されていた[70]。ただし、このような見解における海賊行為の残虐性は、あくまでも一般的な意味での残虐性であり、国際共同体の道徳的な利益を侵害する性質を形容する特別な重大・残虐性

---

64) *Ibid.*, pp. 299-300.
65) *Ibid.*, p. 300.
66) Kontorovich, *supra* note 54, p. 196.
67) T. Mertens, "Memory, Politics and Law-The Eichmann Trial: Hannah Arendt's View on the Jerusalem Court's Competence", *German Law Journal*, Vol. 6 (2005), p. 419.
68) "Text of Judgment of the Supreme Court", *supra* note 63, pp. 291-292.
69)「第3章」において示した法的意味合いを持つ以前の「人類共通の敵」概念の評価に関しては、古谷修一「普遍的管轄権の法構造―刑事管轄権行使における普遍主義の国際法的考察（一）」『香川大学教育学部研究報告（第1部）』第74号（1988年）96-97頁参照。
70) E. Dickinson, "Is the Crime of Piracy Obsolete?", *Harvard Law Review*, Vol. 38 (1925), p. 338.

とは異なる意味であったと考えられる[71]。そうであるにもかかわらず、アイヒマン事件において海賊行為とジェノサイドが並列におかれたことにより、この海賊行為を形容する一般的な残虐性と、特別な重大・残虐性が同一のものとみなされるにようになっていった[72]。そしてその結果として、海賊行為が重大・残虐な犯罪と誤解されるようになったのである。

仮にアイヒマン事件が先例として評価されることがなければ、海賊行為の性質を重大・残虐とする誤解が定着することはなかったかもしれない[73]。しかしながら、アイヒマン事件が普遍的司法管轄権を行使した先例として評価され[74]、援用されたことにより[75]、このような誤解が定着することになったと考えられる。

海賊行為の性質に対するこの誤解は、ILCが条約法条約草案を作成する過程においてさらに強化されることとなる。同草案の起草過程においてヤシーン（Yasseen）は、国際法上の強行規範が存在することを示す根拠として、奴隷制を設けたり、海賊行為を許容したりする協定を2国間で締結することができないことを挙げた[76]。このような主張を受け、同草案は国際法上の強行規範についての規定を設け、そのような強行規範とみなされるもののひとつとして、海賊

---

71) 少なくとも、ジェノサイドの残虐性と比較され、同列におかれたものではないといえる。
72) 普遍的管轄権の先行研究として現在でも頻繁に援用されるランダールの論稿においても、海賊行為の残虐性とジェノサイドの残虐性を同一のものとみなしている。K. C. Randall, "Universal Jurisdiction under International Law", *Texas Law Review*, Vol. 66 (1988), pp. 791, 794 and 826.
73) ヘンキンは、アイヒマン事件は特殊すぎるために、管轄権の法の先例としては不適切であると指摘する。L. Henkin, *How Nations Behave: Law and Foreign Policy*, 2nd ed., (1979), p. 276.
74) アイヒマン事件がこのように評価される理由としては、当時、ジェノサイドに対する普遍的司法管轄権を慣習法に基づき主張することが困難であったにもかかわらず、イスラエルの管轄権行使に対して、他の国家より異議が唱えられなかったことが挙げられよう。異議が唱えられなかった理由としては、第1に、アイヒマンというホロコーストへの加担者を被害者たるユダヤ人が形成したイスラエルが裁くことに異議を唱えることは政治的に困難であったこと、そして、第2に、イスラエルが司法管轄権を行使する根拠として、普遍主義だけでなく、消極的属人主義や保護主義を挙げていたことが考えられる。他の管轄権への言及に関しては、*supra* note 62, pp. 50-57;"Text of Judgment of the Supreme Court", *supra* note 63, p. 304参照。
75) 稲角は「その後アイヒマン裁判は、ジェノサイド罪に対する普遍的管轄権が国際法上許容されるとする主張の根拠として紹介されている。」と指摘している。稲角光恵「ジェノサイド罪に対する普遍的管轄権について（一）」『金沢法学』第42巻2号（2000年）124頁。
76) International Law Commission, *Yearbook of the International Law Commission 1966*, Vol. I, Part I, p. 38.

行為を奴隷貿易やジェノサイドと並列する形で挙げたのである[77]。

　確かに、ヤシーンの指摘するように、海賊行為を許容しあう条約が国際法上認められるとは考えにくいかもしれない。その意味で、結論だけを見れば海賊行為の許容というものが強行規範に反するものであるという指摘は正鵠を射ている。他方で、なぜ、海賊行為の許容がそのようなものとなるのかの理由は、ILCの議論においては一切明らかにされていない。普遍的管轄権の理論的根拠を犯罪の重大・残虐性に求めるジェノサイドであれば、それが強行規範と結びつくことは十分に考えられよう[78]。しかしながら、海賊行為に関しては、その犯罪の性質から同行為が強行規範と結びつくとすることには疑問が残る。

　筆者の能力を超えるため、強行規範に該当する犯罪がいかなるものかの詳細な検討をここで行うことはできない[79]。しかしながら、海賊行為がその定義上、公海上での単なる強盗や殺人にすぎず、重大・残虐といった性質を有しないことを考慮すると、海賊行為の許容が強行規範に反するとみなされることの理由も、ジェノサイドの理由とは別に必要とされるのかもしれない[80]。例えば、バシウーニは、強行規範に該当するか否かを判断する要素として、人類の平和及び安全を脅かすこと、並びに人類の良心に衝撃を与えることの２つを挙げているが、海賊行為に関しては、かつてはそうであったかもしれないが現在はこの２つのいずれにも該当しないと指摘している[81]。このように、強行規範の文脈においても、なぜ海賊行為がジェノサイドと並べられるかに関しては十分な説明が為されていないのが現状である。

---

77) International Law Commission, *Yearbook of the International Law Commission 1966*, Vol. II, p. 248.
78) この考え方の問題点を指摘するものとして、最上敏樹「普遍的管轄権論序説―錯綜と革新の構造」坂元茂樹編『国際立法の最前線』(有信堂高文社、2009年) 24-25頁。
79) 国際法上の強行規範について包括的に論じたものとして、オラクラシェヴィリの研究がある。彼によれば、強行規範となる規範は、個別国家の利益を超えた利益を保護するものであり、道徳的又は人道的意味合いを持つものでなければならない。また、そのような前提に基づいていることもあり、彼が強行規範として例示するものの中に海賊行為は含まれていない。A. Orakhelashvili, *Peremptory Norms in International Law*, (2006), pp. 50-66.
80) この点、同じILCにおいて、国家責任の条文草案を作成した際、ジェノサイドや奴隷制度が含まれたのに対し、海賊行為が含まれていない点は興味深い。International Law Commission, *Yearbook of the International Law Commission 2001*, Vol. II, Part. II, p. 85.
81) M. Bassiouni, "International Crimes: *Jus Cogens* and Obligation *Erga Omnes*", *Law and Contemporary Problems*, Vol. 59 (1996), pp. 69-70.

(ii) ジェノサイドとの並列からの脱却とその帰結　行為の内容からみれば殺人・強盗といった通常犯罪と相違がないにもかかわらず、海賊行為の性質が重大・残虐と誤解されてきたのは、アイヒマン事件においてまさにそうであったように、このような誤解が、ジェノサイドに対する普遍的司法管轄権を正当化するために必要であったからである。国家実行と法的信念という成立要件の観点から慣習法の存在を証明することが困難であった当時、ジェノサイドに対する普遍的管轄権の行使を正当化するためには、海賊行為からの類推に依拠するしかなかった。そして、この類推を行うにあたっては、海賊行為をジェノサイドと同列におく必要があったのである[82]。したがって、海賊行為の性質への誤解がジェノサイドに対する普遍的司法管轄権を正当化するものとして現在においても必要とされるのであれば、そのような誤解をし続ける意義が今なお存在するとも言えよう。

　しかしながら現在においては、国家実行の観点からも理論的観点からも、ジェノサイドに対する普遍的司法管轄権は、海賊行為からの類推に依拠することなく説明することが可能と思われる[83]。慣習法上、ジェノサイドに対する普遍的司法管轄権が認められると多くの国家が認識していることは、アフリカ連合と欧州連合の共同専門報告書や[84]、国連事務総長の報告書において指摘されるところである[85]。また、理論的には、国際共同体の道徳的な利益を侵害する性質を理由として、ジェノサイドが普遍的司法管轄権に服するということは前章において示した通りである。

　ジェノサイドに対する普遍的司法管轄権を正当化するものとして必要とされるわけでないのであれば、海賊行為の性質を重大・残虐と誤解する積極的な理

---

82) 海賊行為からの類推は、ジェノサイド等に対する普遍的管轄権の根拠を論じる際に意義を有すると指摘するものとして、K. A. Gable, "Cyber-Apocalypse Now: Securing the Internet Against Cyberterrorism and Using Universal Jurisdiction as a Deterrent", *Vanderbilt Journal of Transnational Law*, Vol. 43 (2010), pp. 109-110.

83) 慣習法の原則として、ジェノサイドが普遍的管轄権に服すると指摘するものとして、International Law Association, *Final Report on the Exercise of Universal Jurisdiction in Respect of Gross Human Rights Offences*, (2000), p. 5, *available through* <http://www.ila-hq.org/en/committees/index.cfm/cid/20> (last visited 29th Oct. 2015).

84) *The AU-EU Expert Report on the Principle of Universal Jurisdiction*, (8672/1/09 REV.1) (16 Apr. 2009), para. 9.

85) *Report of the Secretary-General Prepared on the Basis of Comments and Observations of Governments*, (A/65/181) (29 Jul. 2010), para. 28.

由は見当たらない。むしろ、海賊行為に対する普遍的司法管轄権が実際に行使され[86]、刑事手続における争点となっている今日においては[87]、海賊行為やこれに対する普遍的司法管轄権は、可能な限り客観的に評価される必要があろう。そして、客観的に評価するならば、海賊行為はその性質から通常犯罪とみなされ、海賊行為に対する普遍的管轄権は、通常犯罪に対する普遍的司法管轄権と位置づけられる。そのため、海賊行為に対する普遍的司法管轄権は、重大・残虐でない他の犯罪に敷衍可能な一般性を持ち得るものと評価することができよう。

(3) 普遍的司法管轄権が制限し得る国家の利益

普遍的司法管轄権が制限し得る国家の利益に目を転じれば、諸国は海賊を保護する利益を有せず、海賊を取り締まったとしても国家間の紛争とはならないために、普遍的司法管轄権が認められるとする主張もみられる[88]。こうした主張は、海賊は全ての国の国内刑法において犯罪とされており、全ての国が同様の刑罰を科していたため、処罰する国の違いは実質的な問題とはならなかったことを背景としている[89]。事実、海賊行為の処罰に関する限り、かつては処罰する国の法制度や刑罰はそれほど大きく異なっていたわけではない。しかし、人権がより尊重され、各国国内の刑事手続の違いが国家間の対立の一因となり得る現代において[90]、処罰する国の違いが重要でないとは考えにくい。実際、自国民

---

86) 国連事務総長より安保理に提出された報告書において、各国での刑事手続の状況がまとめられている。*Report of the Secretary-General on Specialized Anti-Piracy Courts in Somalia and Other States in the Region*, (S/2012/50) (20 Jan. 2012), p.5参照。

87) 普遍的司法管轄権の範囲、具体的には、陸上において海賊の支援を行った者に対して普遍的司法管轄権を行使することができるか否かが、現在問題となっている。この点についてまとめたものとして、J. Bellish, "Breaking News from 1932: Pirate Facilitators Must Be Physically Present on the High Seas", *EJIL: Talk!* (19 Sep. 2012), *available at* <http://www.ejiltalk.org/breaking-news-from-1932-pirate-facilitators-must-be-physically-present-on-the-high-seas/#more-5662> (last visited 29th Oct. 2015).

88) このような見解を、安藤は「処罰に対する消極性」を根拠とする学説としてまとめている。安藤「前掲論文」(注51) 51頁。奥脇は、非旗国の海上警察権の理論的根拠として、このような観点から説明を加える。奥脇直也「海上テロリズムと海賊」『国際問題』第583号 (2009年) 22頁。

89) 同様の指摘を行うものとして、E. Kontorovich, "Implementing SOSA v. Alvarez-Machain: What Piracy Reveals about the Limits of the Alien Tort Statute", *Notre Dame Law Review*, Vol. 80 (2004), pp. 142-145.

90) 例えば、韓国においてインド人船員が訴追されたヘーベイ・スピリット号事件において、インド政府は韓国に対し船員の釈放を要求している。同事件に関しては、M. M. Butterworth

が加害者となった場合だけでなく、自国民が犠牲となった事件の加害者をいかなる国家が処罰するかについて、国家は関心を有する場合が多い[91]。特に、死刑の有無に関しては、自国民が関係していない場合であっても国家は関心を示す傾向にある[92]。

現在ソマリア沖で瀕発している海賊行為に関しても、自国籍船舶が襲撃されたあるいは自国民が被害にあった場合、欧州各国や米国は他国の司法に委ねるのではなく、自国での訴追・処罰を行う政策をとっている[93]。このような政策は、米国軍艦を襲撃した海賊に対し米国裁判所が終身刑を科した際、連邦検事が「今日の判決は、海賊行為を試みようとしている者に対し、明確なメッセージとなる。すなわち、米国の旗を掲げる船舶への武力攻撃は、米国裁判所において深刻な結果を導くというメッセージである[94]。」と述べている点からも確認される。以上より、後述する海賊の「国籍剥奪」が認められていた時代であればともかく、現代において、海賊であれば諸国は保護する利益を有しないために、彼らが普遍的司法管轄権に服するという理由づけは説得的でないと思われる。

海賊であれば諸国は保護する利益を有しないという理由づけが説得的でない一方、公海上で完結するという海賊行為の特質は、犯罪の性質を検討するにあ

---

  and T. D. Forbes, "Maritime Catastrophe Response- Civil and Criminal Counsel Investigation; Illustrative Recent Collision and Platform Case Law; Criminalization of Marine Negligence", *Tulane Law Review*, Vol. 85 (2011), pp. 1340-1341 参照。

91) このような関心が示された事例としてはローチュス号事件が挙げられよう。そして、その後ブリュッセル条約が締結されたという事実は、そのような関心を各国が共有していたことを示すものと言えよう。同条約の締結に至る経緯を検討したものとして、佐藤好明「公海における衝突その他の事故に対する刑事管轄権—ローテュス号事件とその後—」『一橋論叢』第92巻（1984年）612-618頁。

92) 死刑廃止国から死刑存置国への引渡しが国際法上禁止されているという見解は、現在では広く受け入れられていると思われる。そのような見解の一例として、J. Harrington, "The Absent Dialogue: Extradition and the International Covenant on Civil and Political Rights", *Queen's Law Journal*, Vol. 32 (2006), pp. 120-122.

93) 換言すれば、直接的な利益侵害がない限り、国家は海賊の処罰に対して消極的である。このことを指摘するものとして、D. Guilfoyle, "Prosecuting Somali Pirates: A Critical Evaluation of the Options", *Journal of International Criminal Justice*, Vol. 10 (2012), p. 777; 小中さつき「海賊行為抑止のための国際法の発展の可能性」『早稲田法学』第87巻3号（2012年）365頁。

94) "Convicted Somali Pirates get Life Sentences in US Court", *available at* <http://www.bbc.co.uk/news/world-us-canada-12739803> (last visited 29th Oct. 2015).

たり重要であると思われる[95]。なぜなら、海賊行為は公海上で完結するために、これに対し普遍的司法管轄権を行使したとしても、領域主権を制限することにはならないからである[96]。確かに、海賊行為に対する普遍的司法管轄権は旗国の権限を制限することになる。しかし、序章において指摘したように、旗国の権限はそもそも海洋秩序を維持する上で消極的な理由から認められたものにすぎず、また、旗国の権限は領域主権に劣位するものであることからして[97]、前者の制限は後者の制限に比べれば、相対的に認められやすいと考えられる[98]。

公海上で完結するという海賊行為の特質が犯罪の性質として重要であるということは、奴隷貿易との比較からも確認されよう。奴隷貿易は各国国内における奴隷制度の一部を構成するものであることから公海上で完結するとは言えず[99]、そのため、これに対する普遍的司法管轄権はUNCLOS上規定されていない[100]。

---

95) 山本は、「海賊行為は本質的に公海上で行われる犯罪であって（公海海域との不可分性）、各国の排他的管轄権に属する領域（領海、内水、海岸または領土）で実行された同種の犯罪とは峻別される。」と指摘する。山本草二「海上犯罪の規制に関する条約方式の原型」山本草二・杉原高嶺編『海洋法の歴史と展望』（有斐閣、1986年）258頁。

96) 同様に、排他的に主権を有する国家が不存在であることから、公海に対してはあらゆる国が自国刑法を適用することができると指摘するものとして、V. Pella, "La répression de la piraterie", *Recueil des Cours*, Tome 15 (1926), p.222.

97) このことを示す判例として、キュナード汽船会社事件が挙げられる。同事件においては、外国領海においては米国籍船に対しても禁酒法の適用が制限されるとするように、属地主義に基づく領海に対する管轄権は旗国主義に優位することが示されている。*Cunard Steamship Co., Ltd. v. Mellon*, 262 U.S. 100, 123 (1923).

98) 森田も、海賊行為に対する普遍的管轄権の根拠を公海や無主地といった場所的問題に求めるだけでは、「（領域主権ほどではないにせよ）旗国主義の排他性を克服できない」と、領域主権の排他性の克服が旗国主義の排他性の克服よりも困難であることを示唆している。森田章夫「国際法上の海賊（Piracy Jure Gentium）—国連海洋法条約における海賊行為概念の妥当性と限界—」『国際法外交雑誌』第110巻2号（2011年）13頁。

99) 海賊行為との違いにこの点を指摘するものとして、J. Reynolds, "Universal Jurisdiction to Prosecute Human Trafficking: Analyzing the Practical Impact of a Jurisdictional Change in Federal Law", *Hastings International & Comparative Law Review*, Vol.34 (2011), p.393.

100) 現在では条約とは離れた慣習法上、奴隷貿易を行った者に対し普遍的司法管轄権を行使することは可能であるという見解もある。例えばプリンストン原則は、海賊行為やジェノサイドと同様に、奴隷貿易に対する普遍的司法管轄権を認めている。Princeton Project on Universal Jurisdiction, *supra* note 47, p.29; ただし、仮に奴隷貿易に対する普遍的司法管轄権が認められるとすると、それは海賊行為のように、航行の自由といったような国際共同体の実利的な利益を侵害するからではなく、ジェノサイドのように、奴隷貿易が重大・残虐という性質を有し国際共同体の道徳的な利益を侵害するからと思われる。J. Horowitz, "Regina v. Bartle and the Commissioner of Police for the Metropolis and Others Ex Parte Pinochet: Universal Jurisdiction and Sovereign Immunity for Jus Cogens Violations",

奴隷貿易を普遍的司法管轄権に服させる場合、各国国内における奴隷制度をもこの管轄権に服させることが論理的に必要となるが、そのことは領域主権の制限を意味する。そのため、奴隷貿易に対する普遍的司法管轄権は、旗国の権限さえ制限すれば足りる海賊行為に対する普遍的司法管轄権よりも国家にとって受け入れ難く、結果として、奴隷貿易に対する普遍的司法管轄権はUNCLOSに規定されなかったと考えられるのである。

第2款　処罰の効率性基準

　処罰の効率性の観点からは、海賊行為は公海上の行為であるため、他の管轄権の適用基準によっては処罰され得ないという主張がみられる[101]。普遍主義以外の適用基準の観点から海賊行為を分析すると、船舶と人という、2つの要素の国籍を区別して考える必要がある。慣習法を明文化したとされるUNCLOS第92条2項により、船舶は1国の旗を掲げることが求められているため、海賊行為の場合には原則として海賊船と被害船の両方またはいずれかが船籍を有していると考えられる。そのため、公海上で行われる海賊行為であったとしても、船舶の旗国は旗国主義に基づき、それぞれ司法管轄権を行使することが可能である。

　また、仮に無国籍の船舶が無国籍の船舶に対して海賊行為を行ったとしても、海賊や被害者は、個人として国籍を有する。したがって、海賊の国籍国は積極的属人主義に、そして被害者の国籍国は、消極的属人主義に基づいて司法管轄権を行使することが可能である[102]。さらに海賊は縄張りを有することから、その縄張りの周辺国は、保護主義に基づいて司法管轄権を行使することも不可能ではないかもしれない[103]。

　こうしてみると、従来の適用基準に基づいたとしても、国家は海賊行為に対

　　Fordham International Law Journal, Vol. 23 (1999), p. 498.
101) Kontorovich, *supra* note 89, p. 151.
102) 普遍主義とは別に、消極的属人主義も全ての犯罪に関して国際法上認められているわけではないことに留意する必要がある。
103) M. Sterio, "11 Somali Pirates Brought to U.S. for Prosecution", *available at* <http://intlawandpolitics.blogspot.jp/2010/04/11-somali-pirates-brought-to-us-for.html> (last visited 29th Oct. 2015).

して司法管轄権を行使することが可能である[104]。したがって、他の管轄権の適用基準では処罰され得ないことを理由として、海賊行為が普遍的司法管轄権に服すると主張することには無理があるように思われる。

しかし、処罰の効率性を検討するにあたっては、広い公海において海賊を逮捕することが実務上の観点から困難であることを想起する必要があろう[105]。そもそも海賊の逮捕が困難であるために、彼らに対し司法管轄権を行使し、処罰を効率的に行うこともまた困難になると考えられる。逮捕は執行管轄権に分類されるが、処罰の効率性について検討する際には、同管轄権がどのように行使されるかについても留意しなければならない。

この執行管轄権に関しては、序章でも述べたように、海賊行為に対しては非旗国の海上警察権が例外的に認められる。そのため、海賊行為に関する処罰の効率性基準を考える上では、公海上で海上警察権が行使された場合に、それに続く普遍的司法管轄権の行使が認められることにより処罰の効率性が高まるか否かを検討する必要がある。そこで次節では、そのような理論的根拠について検討した後に、海上警察権と普遍的司法管轄権の関係について考察する。

第3節　海賊行為に対する非旗国の海上警察権と普遍的司法管轄権

第1款　海賊行為に対する非旗国の海上警察権の理論的根拠

(1) 海上警察権と司法管轄権の機能上の相違

非旗国の海上警察権は、航行の自由への干渉という旗国への大きな不利益をもたらす可能性もあることから、UNCLOS第110条のように旗国の同意を一切必要としない非旗国の海上警察権を規定する条約は、管見の限りUNCLOS採択後締結されていない[106]。そのこともあってか、普遍的司法管轄権とは異なり、

---

104) 同様の指摘を行うものとして、Kontorovich, supra note 89, p.151.
105) Dickinson, *supra* note 70, p.338; J. Kraska and B. Wilson, "Piracy Repression, Partnering and the Law", *Journal of Maritime Law & Commerce*, Vol.40 (2009), p.48.
106) 近年は、後述する改正議定書第8条の2のように、非旗国が海上警察権を行使する際、旗国の同意を得ることを求める条約が締結されている。

非旗国の海上警察権の理論的根拠に関してはこれまで十分な研究が行われてこなかった。

海賊行為に対する非旗国の海上警察権も、海賊行為に対する普遍的司法管轄権も、海賊行為の取締り・抑止という目的のために旗国主義原則の例外として認められる権限である。両者が同一の目的を有することに鑑みれば、非旗国の海上警察権と普遍的司法管轄権が認められる理論的根拠は相当程度重複するものと思われる[107]。しかしながら、UNCLOS 上の奴隷貿易のように、非旗国の海上警察権が認められるにもかかわらず普遍的司法管轄権が認められない場合があることから、両者が認められる理論的根拠が全く同一であるとも思われない。

両者が認められる理論的根拠が同一でない以上、非旗国の海上警察権と普遍的司法管轄権は峻別して理論的根拠を検討する必要がある。ただし、検討にあたっては、海上警察権のような執行管轄権と司法管轄権とでは、両者の機能が異なる場合もあることに留意する必要がある。司法管轄権が処罰の可能性を前提にその前段階において行使されるのに対し、執行管轄権はそれ自体が取締り・抑止の効果を果たす場合もあり[108]、必ずしも処罰に至る手続の一環として行使されるわけではない。本節ではこの点に留意しつつ、海賊行為に対する非旗国の海上警察権の理論的根拠を検討する。

(2) 非旗国の海上警察権を認める慣習法の形成

近代国際法においては[109]、戦時法と平時法が明確に区別されていた[110]。戦時

---

[107] 奴隷貿易に関してであるが、ジデルは、米国とフランスが他国による自国籍船舶への臨検に反対した理由として、奴隷貿易がその性質上、航行の安全に影響を与えるものではないことを指摘している。このことは、普遍的司法管轄権と同様に、犯罪の性質が非旗国の海上警察権の理論的根拠となっていると彼が考えていたことを示すものといえよう。Gidel, *supra* note 19, p. 392.

[108] 例えば、「違法 (illegal)・無報告 (unreported)・無規制 (unregulated) の漁業 (以下「IUU 漁業」と略記)」に関しては、処罰はしなくとも、寄港地での水揚げを禁止することが抑止機能を果たすとされる。「IUU 漁業の防止・抑制・廃絶のための寄港国措置に関する FAO 協定 (以下「IUU 漁業寄港国協定」と略記)」第 18 条 1 項(b)は、寄港国に対し、IUU 漁業を行った船舶が自国の港において魚の水揚げや加工を行うことの禁止を義務付けているものの、同漁業を行った者に対する処罰等に関連する規定は同協定上設けられていない。

[109] 近代以前における海賊行為に関する法については、飯田『前掲書』(注21) 9-39, 153-154, 328-329 頁及び Rubin, *supra* note 22, pp. 1-66 参照。

[110] 例えば、現在でも改訂が重ねられているオッペンハイム国際法は、伝統的に戦時法と平時法を 2 分して国際法学をまとめている。戦時法を 1 冊の体系書にまとめることが困難となり、平時法のみとなったが、2 分してまとめることの名残は第 9 版においても確認され

法上、国家は敵国や中立国の船舶に対して臨検や捜索を行う権利を行使することができるのに対し[111]、平時において自国籍船舶以外の船舶に同様の権利を行使することはできなかった。海賊に対する非旗国の海上警察権を認める慣習法の形成においては、海賊が公海上で無差別に船舶を襲撃することから[112]、全ての国家と常に戦争状態にあるとみなされていたことが重要と考えられる[113]。ブラックストーンによれば、「海賊は、全人類に宣戦布告することにより、社会及び政府のあらゆる利益を放棄し、自らを新たに野蛮な自然状態へと貶めているため、全人類もまた彼らに宣戦布告しなければならない[114]。」のである。その結果として、海賊に対しては臨検や捜索を行う権利が平時と戦時の区別なく全ての国家に認められてきた。このことは、19世紀初頭における英国及び米国の次の3つの判例において示されている[115]。

　まず、先述したルイ号事件においてストーウェル卿は、戦時法と平時法の区別を前提に臨検を行う権利が平時においては認められないことを確認した後、「職業的海賊に関しては、平和の状態はない。彼らはいかなる時も全ての国家の敵である。そしてそれ故、彼らは戦争の極限の権利（extreme rights of war）に服するのである[116]。」として、非旗国の海賊船を臨検する権利を認めた。続いて、1825年のアンテロープ号事件において、米国のマーシャル判事は「捜索の権利は、その性格において厳密に戦争中のものであり、平時においては、職業的な海賊という人類（human race）の敵に対するものを除いて、（国家により）行使さ

　　　る。R. Jennings and A. Watts (eds.), *Oppenheim's International Law*, 9th ed., (1992).
111) 信夫淳平『海上國際法論』（有斐閣、1957年）247頁。
112) ストーリー判事は、海賊が「人類共通の敵」とみなされる理由として、「海賊は、権利又は義務若しくは公権力の主張に関係なく一部又は全ての国家の臣民及び財産に対する敵対行為を行う」ことを挙げている。*United States v. The Brig Malek Adhel*, 43 U.S. (2 How.) 210, 232 (1844); 他方で、私掠船が「人類共通の敵」とみなされず海賊と峻別される理由として、無差別ではなく特定の国家のみを攻撃することが指摘される。Committee of Experts, *supra* note 30, p. 227.
113) 海賊を人類共通の敵と指摘するものは多いが、その例として*Affaire du «Lotus», Arrêt, 1927, CPIJ Série A*, nº. 10, Dissenting Opinion by Judge Moore, p. 70; Harvard Research, *supra* note 38, p. 823; Dickinson, *supra* note 70, p. 351.
114) W. Morrison, (ed.), *Blackstone's Commentaries on the Laws of England*, Vol. IV (2001), p. 56.
115) 薬師寺は、平時において公海上での非旗国による臨検が禁止されていることを示すものとして、同じ3つの判例を挙げている。薬師寺「前掲論文」（注35）203頁。
116) *Le Louis*, *supra* note 28, p. 704.

れることはない[117]。」とした。また、翌年の米国におけるマリアンナ・フローラ号事件において[118]、ストーリー判事は、「疑い無く海賊は、海において、全ての国家の私船または公船により合法的に捕えられ得る。なぜなら、実際に彼らは、全人類 (all mankind) の共通の敵であり、そのようなものとして、戦争の極限の権利に対して責任を負うからである[119]。」としている。

この3つの判決は、どれも表現が少しずつ異なるが、ルイ号事件における、海賊は「全ての国家」の敵であるという表現が、海賊の法的地位を最も正確に表していると思われる。海賊を国家とある意味並列の関係におくことにより、海賊を敵、すなわち敵国とみなしたのである。つまり、海賊は「人類共通の敵」ではなく、「全ての国家の敵国」とみなされていたのである。

海賊を敵国とみなすこの考え方は広く支持されていたと言えるものの、この考えと船舶や海賊個人がいずれかの国の国籍を有するという事実との関係についてはさらなる説明が必要とされた。この点、万民法上の海賊行為事件 (*Re Piracy Jure Gentium*) において[120]、英国枢密院司法委員会は「公海において、いかなる船舶上のいかなる国家の者によって行われた海賊行為にも（国内法の刑事管轄権を）拡張することは認められている。なぜなら、そのような海賊行為の罪を犯した者は、自らをあらゆる国家の保護の外におくこととなるからである。彼（ら）はもはや国民ではなく『人類共通の敵』であり、そのようなものとして、あらゆる国家によりあらゆる場所で裁判に付され得る[121]。」と説明した。判決は、人類共通の敵という概念を「国民」と対立するものと捉え、ある種の法的擬制を行うことにより、海賊を国家の保護の範囲外におこうとしたのである[122]。海賊であれば国家の保護を受けないというこの理論は「国籍剥奪 (denationalization)」

---

117) *The Antelope, supra* note 18, p. 118.
118) 事件の概略に関しては、真山全「接近権」『海洋法・海事法判例研究（第3号）』(1992年) 73-79頁参照。
119) *The Marianna Flora*, 24 U.S. (11 Wheat.) 1, 40 (1826).
120) 事件の概略に関しては、村上暦造「海賊」『海洋法・海事法判例研究（第2号）』(1991年) 139-143頁参照。
121) *Re Piracy Jure Gentium*, Privy Council, 26 Jul. 1934, in G. Bridgman (ed.), *The All England Law Reports Reprint, Revised and Annotated 1934*, (1957), p. 507.
122) 同判決をこのように理解するものとして、古谷「前掲論文」（注69）97頁。

と称され[123]、船舶登録法において実際にこの理論を取り入れた国家もあった[124]。

このように、海賊船であるが故に、元来有していた船籍が剝奪されるという第1の法的擬制と、無国籍となった後には、「人類共通の敵国」の船籍を与えられるという第2の法的擬制により、海賊船は平時においても非旗国の海上警察権に服するようになったと考えられる。

(3) 非旗国の海上警察権を認める慣習法の定着

海賊の脅威が低下し、海賊を敵国としてではなく、単なる犯罪者とみなすようになった現在においては、非旗国の海上警察権はその存立基盤を失ったように思われる。そうであるにもかかわらず、非旗国の海上警察権を認める慣習法が今なお定着している理由としては、当該警察権がその後作成された文書においても規定され続けたことが挙げられよう。

海賊の法的地位が敵国から単なる犯罪者へと変化する一方、連盟期に起草された松田草案においては、海賊に対する非旗国の海上警察権が規定された[125]。海賊の法的地位が変化しているにもかかわらずこのような規定が設けられた背景には、松田草案を起草する際、海賊を敵国とみなす時代の慣行が主として参照されたことが挙げられよう[126]。

その後、松田草案を参照して1932年には海賊行為に関するハーバード草案が起草され、1958年に作成された公海条約は同草案を参照している。さらに、1982年には同条約を継承したUNCLOSが採択されたが、いずれの文書においても非旗国の海上警察権を認める規定が設けられている。法典化作業におけるこのような傾向の背景には、国際共同体の利益を侵害する海賊行為の取締り・

---

123) シュワルツェンバーガーは、いかなる国際法上の主体の保護下にもないことから、海賊船を無主地（*res nullius*）とみなしている。G. Schwarzenberger, "The Problem of an International Criminal Law", *Current Legal Problems*, Vol.3 (1950), p.269.

124) 古谷「前掲論文」（注69) 98, 105頁、脚注49。ハーバード・ロースクール国際法研究会はこの「国籍剝奪」という用語は誤解を招く誇張であると批判しており、また現在の公海条約第18条やUNCLOS第104条には、海賊船と言えど船籍を有し続けることが明文化されている; Harvard Research, *supra* note 38, p.825.

125) 松田草案第6条。Committee of Experts, *supra* note 30, p.229.

126) 松田草案を含む報告書において、具体的な慣行が引用されているわけではない。しかし、草案起草時には既に解決済みの問題と認識されていた私掠船と海賊の峻別を行ったり、第4条において19世紀を中心に議論された反乱団体の船舶の性質を規定したりしていることからも、松田草案は海賊を敵国とみなす時代の慣行を検討して起草されたと考えられる。*Ibid.*, pp.227-228; Birnie, *supra* note 1, p.168.

抑止のために当該規定が必要であったという実務的な理由があろう[127]。加えて、一連の法典化作業が持ついくつかの特徴が、当該規定の変更を試みる動きを抑制したと考えられる。そのような特徴としては、第1に、当該規定を含む各文書が慣習法という静態的な法を参照しつつ起草されたこと[128]、第2に、松田草案以後、当該規定を含む文書が国際法規則を規定した文書としては不自然なほど頻繁に作成されたこと[129]、そして第3に、海賊行為に対する関心の低下から当該規定の見直しが必要とされていなかったことなどが挙げられよう[130]。

以上より、海賊行為に対する非旗国の海上警察権を認める慣習法は、法的擬制を用いた国家実行に依拠して形成され、そして形成された慣習法を法典化する際の特別な事情により定着したものと評価することができる。このような特殊な理由に基づくものであるため、海賊行為以外の犯罪に関して同様の理由から非旗国の海上警察権が認められるようになるとは考えにくい。その意味で、海賊行為に対する非旗国の海上警察権は特異なものと言えよう。

第2款　海賊行為に対する非旗国の海上警察権と普遍的司法管轄権の連結

(1) 非旗国の海上警察権と普遍的司法管轄権の連結

非旗国の海上警察権と司法管轄権の関係は、海賊行為に関するハーバード草案により整理されている[131]。ハーバード・ロースクール国際法研究会はまず、海

---

127) 先述したように、このことは海賊行為に対する普遍的司法管轄権が認められる理由でもある。
128) 先述したように、ハーバード・ロースクール国際法研究会は当時の国内法の分析を通して草案を作成した。Harvard Research, *supra* note 36, pp. 887-1013; また、公海条約の起草過程においても、海賊行為に対する非旗国の臨検は当然に認められるものとされていた。International Law Commission, *Yearbook of the International Law Commission 1950*, Vol. II, p. 41.
129) 長期に渡る実行がその成立要件として必要とされるわけではないが、慣習法という静態的な法の見直しにおいては、その頻度が高ければ高いほどそれぞれの見直しにおける変更は困難になると思われる。
130) International Law Commission, *supra* note 128, p. 41; 結果として、公海条約のILC草案とUNCLOSとでは、海賊行為に関連する規定については大きな変更は見られない。
131) Harvard Research, *supra* note 38, pp. 760-762; また、村上はこの2つを「海上警察権説」と「裁判管轄権説」という普遍的管轄権の内容に関する対立としている。村上「前掲論文」(注34) 339-340頁。

賊行為に対して国際法上認められる特別な管轄権（extraordinary jurisdiction）が、大陸法の観点からスティールが主張するような海上警察権であるのか、それとも英米法諸国が主張するような普遍的司法管轄権であるのかを検討している[132]。そして、海賊行為は海上警察権の文脈において特別であるというスティールの考えを[133]、英米法諸国が主張する普遍的司法管轄権の特別性と併せる形で草案を作成している[134]。海賊行為に対する管轄権の特別性は、非旗国が海上警察権を行使できる点において最も顕著に認められるが、当時あらゆる国家が外国人の外国で行った犯罪を訴追する法制を設けているわけではなかった。そのため、司法管轄権の根拠としても、海賊行為が普遍的管轄権に服するという事実は重要であったのである。

　海賊行為に対する司法管轄権の在り方は国家ごとに異なるものであり、司法管轄権一般を行使する方法は時代によっても変遷している。海賊行為に関するハーバード草案第14条のコメントも指摘するように[135]、松田草案第6条は、「公海において（海賊が）逮捕された場合、（逮捕を行った）軍艦の司令官が海賊の裁判を開始することができる[136]。」と、即決裁判を認めている。同コメントによれば、これは現代の判例法（jurisprudence）とは相容れないが、古き伝統に譲歩して規定されたものである[137]。さらに数世紀遡れば[138]、海賊を拿捕した場合には裁判を行うことなく処刑を行うことさえ可能であったのである[139]。

　このように逮捕と処罰が連結していたことを考慮すると、海賊行為については、非旗国による海上警察権の行使が認められたからこそ、拿捕した国によるその場での裁判が許容されるようになったと言えよう[140]。海賊に関しては、彼らの処罰を目的として普遍的司法管轄権が認められたわけではなく、海上で彼

---

132) Harvard Research, *ibid.*, pp. 761-62.
133) P. Stiel, *Der Tatbestand der Piraterie nach geltendem Völkerrecht*, (1905), p. 24.
134) Harvard Research, *supra* note 38, p. 763; 村上「前掲論文」（注34）342頁。
135) Harvard Research, *ibid.*, p. 853.
136) Committee of Experts, *supra* note 30, p. 229.
137) Harvard Research, *supra* note 38, p. 853.
138) 海賊行為は、17世紀頃より慣習法の規制の対象となったとされる。島田征夫・林司宣『国際海洋法』（有信堂、2010年）101頁。
139) Harvard Research, *supra* note 38, p. 853.
140) 林は、「公海上における警察権と裁判権とが連結している点に海賊抑止の特殊性がある。」と指摘している。林久茂「海賊行為」『新海洋法制と国内法の対応（第3号）』（1988年）43頁。

らの活動を取締り・抑止するために非旗国の海上警察権がまず認められ、その取締り・抑止の延長線上に普遍的司法管轄権が認められるようになったと考えられるのである[141]。換言すれば、海上警察権がまず認められ、同権限を行使して取締り・抑止の効率性を高めるために普遍的司法管轄権が必要とされ、認められるようになったと言える[142]。

確かに、適正手続の観点から即決裁判が許容されず、海上警察権と司法管轄権とをより厳格に峻別するようになった現代において、全く同一の理由から司法管轄権が認められているとは言い難い。ただし、海上警察権を行使した国家に司法管轄権をも委ねた方がより効率的に海賊行為を処罰することができるという事実は、現代における海賊行為に対する普遍的司法管轄権の根拠のひとつと指摘できよう。前章で検討した処罰の効率性基準について考察すると、公海上で偶然遭遇した海賊に対して非旗国が海上警察権を行使する場合、それに続く司法管轄権の行使を普遍主義以外の適用基準に基づいて正当化することは困難である[143]。そのため、普遍的司法管轄権の行使は処罰の効率化に資するものと言えるのである。

(2) 連結を欠く奴隷貿易との比較

このように、海賊行為に対して普遍的司法管轄権が認められる根拠として、海上警察権の延長線上に司法管轄権が存在することが挙げられる。しかしながら、臨検という海上警察権を認めながらも、普遍的司法管轄権を認めない奴隷貿易の存在は、そのような海上警察権と司法管轄権の連結を否定するもののようにも思われる。そこで、この奴隷貿易と海賊行為とを比較する。

UNCLOSにおいて奴隷貿易に対する普遍的司法管轄権が認められなかった実質的な理由は、先述した犯罪の性質に由来するもののほか、次の2つを挙げる

---

141) 普遍的司法管轄権と非旗国の海上警察権とのどちらかが先に認められたということを歴史的事実から確認することはできない。しかしながら前述した3つの判例においては、非旗国の海上警察権が認められることに焦点があてられている。
142) このような理解に基づけば、冒頭で検討したUNCLOS第105条の表現が示すように、海賊行為に対する普遍的司法管轄権は、まさに拿捕を行った国が処罰することを可能とするために認められたものといえよう。
143) フィリップスは、航空機が普及する前には一層普遍的管轄権が必要とされていたことを指摘する。R. L. Phillips, "Pirate Accessory Liability: Developing a Modern Legal Regime Governing Incitement and International Facilitation of Maritime Piracy", *Florida Journal of International Law*, Vol.25 (2013), pp.289-290.

ことができる[144]。第1に、海賊行為と比較して、奴隷貿易の場合、普遍的司法管轄権を認めることで処罰が効率的になるか否かが明らかでなかったことである。ILCにおいて公海条約の特別報告者を務めたフランソワは、奴隷貿易に関して拿捕・引致した船舶の旗国が裁判を行うことができない理由として、奴隷貿易は特定の2国間の輸送の問題であることから[145]、当該2ヶ国が協力することにより問題が解決され得ることを指摘している[146]。公海上で完結する海賊行為の場合には、その場で捕らえることが必要であり、捕えた国家が裁判を行うことで、実務上処罰の効率性が高まる。こうした考慮から、普遍的司法管轄権が認められたと考えられる。他方、奴隷貿易の場合には、公海上で臨検したとしても、犯罪の性質上、旗国や輸入国または輸出国（奴隷貿易の場合、往々にしてどちらかが旗国と同一である）にその後の訴追・処罰を委ねた方が、奴隷制度全体に対する取締り・抑止の効果が高まる可能性があったのである[147]。

第2に、海賊行為に対する臨検の権利と異なり、奴隷貿易に対する臨検の権利が、当初より普遍的司法管轄権と峻別して規定されてきたことが指摘されなければならない。先述したように、海賊に対して認められる臨検の権利は、敵

---

144) 手続的な理由としては、UNCLOSと公海条約の起草方針が挙げられよう。公海条約における奴隷貿易に関する規定は、それまでに締結されていた条約を参照して起草された。当時、奴隷貿易に対する普遍的司法管轄権を定めるような条約は締結されていなかったため、同管轄権は公海条約においても規定されなかった。そして、そのような規定に変更を加えることなく、同規定を継承したUNCLOSにおいても、普遍的司法管轄権が規定されることはなかったのである。International Law Commission, *supra* note 128, p.384 ; J. P. A. François, "Deuxieme rapport sur la haute mer", *Yearbook of the International Law Commission 1951*, Vol.II, pp.83-85.

145) この点、アビサーブのように奴隷貿易も海上で行われるものであり、海賊行為と同様に特定の国家の領域とは結びつけられないとする考え方もある。M. C. Tomuschat, "La competence universelle en matiere penale à l'egard du crime de genocide, des crimes contre l'humanite et des crimes de guerre", *Institut de droit international : Annuaire*, Vol.71-II (2005), p.208 ; しかしながら、海上において完結する海賊行為に対し、奴隷貿易はいずれかの国家の領域において開始され終了することを考慮すると、奴隷貿易が特定の領域と結びつかないという指摘は説得的でないと思われる。

146) François, *supra* note 144, p.84.

147) 麻薬の不正取引に関するコントロールド・デリバリーも、海上での取締りに拘泥しない方が、より効率的な麻薬の取締りを実現するという視点を有するものといえる。コントロールド・デリバリーに関しては、P. D. Cutting, "The Technique of Controlled Delivery as a Weapon in Dealing with Illicit Traffic in Narcotic Drugs and Psychotropic Substances", *Bulletin on Narcotics*, Vol.35, No.4 (1983), pp.15-22参照。

国に対する権利、すなわち戦時国際法上の臨検の権利と擬制されていた。そして、戦時においては、犯罪を行った者の身柄を押さえた交戦国が訴追・処罰することが許容されていたため[148]、敵国民と擬制された海賊については、彼らを捕えた国家による司法管轄権の行使も認められると考えられた。ブラックストーンも海賊が全人類の敵であるが故に、「全ての共同体が自衛の原則により、全ての個人が自然状態において、自身や私有の財産が侵害された場合に与えられるであろう、彼ら（海賊）に刑罰を科す権利を有するのである[149]。」と指摘する。

これに対し、奴隷貿易に対する臨検の権利は、先述したように、ナポレオン戦争における初期の事例を除き[150]、条約において平時の海上警察権として規定され[151]、普遍的司法管轄権とは峻別されてきた。その理由としては、奴隷貿易の取締りが、対等な関係にあった欧州国家間の条約締結により進められたという事実が挙げられよう。奴隷貿易を取り締まる条約の締結は主として英国により促進されたが[152]、条約交渉において非旗国による臨検を他の条約当事国に認めさせることは可能であっても、非旗国の司法管轄権までを認めさせることはできなかったのである[153]。奴隷貿易廃止において最も大きな役割を果たしたとされるブリュッセル一般議定書は、その第56条において旗国により裁判が迅速に行われることを規定している[154]。このように、戦時における臨検と平時の海上警察権としての臨検という起源及び発展経緯の違いから、海賊行為に対して

---

148) J. W. Bridge, "The Case for an International Court of Criminal Justice and the Formulation of International Criminal Law", *International and Comparative Law Quarterly*, Vol. 13 (1964), p. 1256.
149) Morrison, *supra* note 114, p. 71.
150) この点に言及するものとして、Martinez, *supra* note 10, pp. 25-26.
151) J. Ruby, "An Evolutionary Theory of Universal Jurisdiction", *UCLA Journal of International Affairs*, Vol. 14 (2009), p. 582参照。
152) 奴隷制度廃止に向けた英国の動きをまとめたものとして、Martinez, *supra* note 10, pp. 16-37.
153) 杉原によれば、奴隷貿易に対する非旗国の司法管轄権は原則として条約には規定されず、1862年に英米条約により設置された「混合裁判所」は例外的なものと位置づけられる。杉原「前掲論文」（注12）32頁。
154) "General Act between the United States of America and Other Powers for the Repression of the African Slave Trade and the Restriction of the Importation into, and Sale in, a Certain Defined Zone of the African Continent, of Firearms, Ammunition and Spirituous Liquors", *American Journal of International Law*, Vol. 3, Supplement (1909), pp. 48-49.

は普遍的司法管轄権が認められるようになったのに対し、奴隷貿易に対しては認められなかったのである。

　他方で、現在では慣習法上、奴隷貿易を行った者を普遍的管轄権に基づき処罰することは可能であるという見解もある。例えば、第3リステイトメント第404条は、海賊行為やジェノサイドと並べて、奴隷貿易に対して普遍的管轄権を行使することを認めている[155]。また、2001年に世界中の学者や実務家により取りまとめられた「プリンストン原則」においても、海賊行為やジェノサイドと並べられ、奴隷貿易に対する普遍的管轄権は認められるとされている[156]。

　この点、仮に奴隷貿易に対する普遍的管轄権が認められるとすると、それは、海賊行為のように、公海上の航行の自由を脅かすといったような公海上の経済的な利益に係るものではなく、ジェノサイドのように、重大・残虐性により国際公序に反するが故に[157]、そのような管轄権が認められるようになっているものと思われる[158]。例えば、ホイートンが、現在国際刑事法上犯罪とされる「人道に対する罪」の概念が用いられるようになるより前[159]、19世紀の前半において、既に奴隷貿易を「人道に対する罪（crimes against humanity）」と評したのは[160]、奴隷貿易のそういった性質を考慮してのものと思われる。

---

155) American Law Institute, *Restatement of the Law Third, Foreign Relations Law of the United States*, (1987), p.254.
156) Princeton Project on Universal Jurisdiction, *supra* note 47, pp.29 and 45-46.
157) 強行規範の文脈においてであるが、皆川は、奴隷売買をジェノサイドと並べて、倫理的に禁止されるものと指摘する。皆川洸「国際法における強行規範について」『一橋大学研究年報　法学研究』第7巻（1968年）49頁。
158) 杉原は、「人道的見地からすれば、その行為は海賊以上に非難されるべき要素をもっている」と指摘している。杉原「前掲論文」（注12）32頁。
159) カッセーゼやバシウーニは、「人道に対する罪」という用語は、1915年のオスマン帝国におけるアルメニア人の虐殺に対して用いられたことに起源を有すると指摘するが、マルチネスはそれが誤りであると指摘する。Martinez, *supra* note 10, p.115.
160) H. Wheaton, *Enquiry into the Validity of the British Claim to a Right of Visitation and Search of American Vessels Suspected to be Engaged in the African Slave-Trade*, (1842), p.16; また、奴隷貿易が現代の意味でいうところの「人道に対する罪」にあたる可能性を指摘するものとして、M. Bassiouni, "Enslavement as An International Crime", *New York University Journal of International Law and Politics*, Vol.23 (1991), p.448, footnote 10.

第4節　海洋ガバナンスにおける
　　　　海賊行為に対する普遍的管轄権の意義

　海賊行為に対する普遍的管轄権の理論的根拠の検討より、以下の2つの点が確認される。第1に、普遍的執行管轄権と普遍的司法管轄権は関連しつつも峻別される点である。処罰の効率性を考慮する上で、司法管轄権の行使はその前段階である執行管轄権の行使と密接不可分であるが、奴隷貿易のように、普遍的執行管轄権たる非旗国の海上警察権が認められる一方で、普遍的司法管轄権は認められない場合もある。海賊行為において示された海上警察権と普遍的司法管轄権の関係が、そのまま普遍的執行管轄権と普遍的司法管轄権の関係一般に当てはまるかに関してはさらなる検討を必要とするが、少なくとも、執行管轄権と司法管轄権のこの不即不離の関係に留意することが、普遍的管轄権を理解する上で重要と思われる。

　第2に、公海のように領域主権の存在しない空間における犯罪であれば、普遍的司法管轄権に服する可能性が高まる点である。仮に海賊行為が重大・残虐という性質を有するものであるとしたら、普遍的司法管轄権に服するものはそのような犯罪に限定されるため、他の犯罪に対して普遍的司法管轄権が認められる可能性は低いものとなる。しかし、海賊行為は重大・残虐性という観点からは切り離され、公海における航行の自由という国際共同体の実利的利益と関係するが故に普遍的司法管轄権に服する。そのため、重大・残虐という性質を有する極めて限定的な犯罪だけでなく、他の通常犯罪にも普遍的司法管轄権が認められる可能性があると言える。このように、普遍的司法管轄権の理論的根拠は他の通常犯罪にも敷衍可能なものと結論づけられたことは、海洋の統合的管理を目指す海洋ガバナンスの視点からすれば、重要と言えよう。

　その一方で、海洋を一体のものとみなす海洋ガバナンスの視点からすれば、海賊行為に対する普遍的管轄権が、公海という特定の水域だからこそ許容されるという事実は、取締りが可能な水域を限定することとなるため、制度上の課題とも言えよう。さらに、海賊行為が、私的目的や二船要件といった要件を満たす特定の暴力行為に限定されることも、海洋を統合的に管理するという観点からは好ましくない。このように、海賊行為に対する普遍的管轄権が海洋ガバナンスの視点からすれば課題を抱えていることは、本章冒頭において記したよ

うに、その成立が海洋ガバナンスの概念の生成よりもはるか前であったことに鑑みても、当然のものと思われる。

　他方、このような海賊行為に対する普遍的管轄権が不完全であることを認めた上で、近年の安保理決議においては同管轄権を積極的に利用する動きが確認される。そこで本節においては、それら安保理決議により構築される制度を確認した上で、現行海洋法に違反しない形での課題克服のために、国家として整えるべき法制について検討する。

第1款　ソマリア沖の海賊問題に対する安保理決議

　IMBの統計では、2008年に報告された全世界での海賊事件のうち、3割以上を占める111件がアデン湾及びソマリア沖で発生している[161]。このようにソマリアで海賊が多発していることの原因のひとつが、実効的支配を行う政府の不存在である。2004年にはソマリア暫定連邦政府（以下「TFG」と略記）が発足したが、2012年に暫定憲法が制定され、議会が招集されるまで、反乱勢力との和解は困難な状況にあった[162]。実際、TFGに代わりイスラム原理主義に基づき海賊などに対し厳罰を科すイスラム法廷会議が支配した2006年の下半期には海賊の数は激減した[163]。また、かつてソマリア海賊の中心地となっていたプントランドは、ユスフ元大統領の地元であり、海賊により彼が利潤を得ていたことは間違いないとみられている[164]。さらに、プントランドはソマリアにおいても最も貧しい地域のひとつであり、海賊は経済的に魅力であるとされる。実効的政府が存在せず自国水域（内水・領海・EEZ）の管理が不十分であるため、年間およそ850隻に及ぶ外国の船舶が無許可で漁業を行い、毎年ソマリアに対し9400

---

161) ICC International Maritime Bureau, *Piracy and Armed Robbery against Ships: Annual Report 2008*, pp. 5-6.
162) この点を指摘するものとして、S. Helay, "Lost Opportunities in the Horn of Africa: How Conflicts Connect and Peace Agreements Unravel", *Chatham House Report*, (2008), pp. 22-26, *available at* <https://www.chathamhouse.org/sites/files/chathamhouse/public/Research/Africa/0608hornafrica.pdf> (last visited 29th Oct. 2015).
163) R. Middleton, "Piracy in Somalia: Threatening Global Trade, Feeding Local Wars", *Chatham House Briefing Paper*, (2008), p. 3, *available at* <http://www.humansecuritygateway.com/documents/CHATHAM_Somalia_Piracy.pdf> (last visited 29th Oct. 2015).
164) *Ibid*, p. 5.

万ドルの損害を与えているとされる。そのため、漁師から海賊へと転じるものも少なくなく、海賊の中には、海賊としての活動は自国の天然資源を守るためであり、身代金は正当な課税であると主張する者もいる[165]。このように、ソマリア沖において海賊行為が問題となる中、安保理は決議を継続的に採択し、海賊行為に対する新たな法制度を構築しているように思われる。そこで、この制度を、揺籃期・確立期・成長期に分けて概述する。

(1) 揺籃期：安保理決議1816

　海賊が増加する中、2007年国連世界食料計画がソマリア市民のために向けて送った食料を載せた貨物船が海賊に襲撃されたことは、国際社会の関心を集める契機となった。さらに、フランス籍の大型ヨットであるポナン (Ponant) 号が2008年4月4日に海賊に乗っ取られた事件が、同海域での海賊対策に関する安保理決議へとつながることになる。ポナン号には、フランス人20名を含む計30名が乗船しており、船舶が乗っ取られた後、人質として彼らはプントランドへと連れて行かれた。ポナン号を運行していたCMA-CMG社が海賊に対し200万ドルの身代金を支払うことにより、事件発生から1週間後である11日に人質が全員無事に解放された[166]。そして、その人質解放からわずか1時間後、フランス軍により追跡された6名の海賊は、ソマリア領土内において逮捕されるに至った。このようなソマリア領域内での警察活動は本来なら国際法上禁止されるものであるが、事前にTFGの同意があったために、国際法上の問題とはなっていない[167]。

　このポナン号の事件発生を機に、安保理ではソマリア沖における海賊対策について議論が行われ、安保理決議1816が採択されるに至った。同決議はまず前文において、TFGの能力が欠如していることを考慮し（前文第7段落）、TFGが国際援助を必要としかつ歓迎している点に留意している（第10段落）。そして、海賊行為（piracy）と船舶に対する武装強盗（armed robbery against vessels）を並列した上で、それらがソマリアの状況を悪化させるとしているものの（第12段

---

165) Middleton, *supra* note 163, p.5.
166) 事件の概要については、A. Panossian, "L'affaire du Ponant et le renouveau de la lutte internationale contre la piraterie", *Revue générale de droit international public*, Tome 112 (2008), pp.661-662参照。
167) TFGの同意については、*Affaire Ali Samatar et autres c. France (Requête no 17110/10 et 17301/10), Arrêt, 4 déc 2014*, para.9参照。

落)、これら２つの行為に関していかなる定義も設けられてはいない[168]。しかし、第４段落において、UNCLOSに反映された国際法が、海賊行為及び武装強盗と闘うための法的枠組みを設けていると確認していることを考慮すると、安保理は、海賊行為と船舶に対する武装強盗を、公海と領海という点において区分しているものと思われる。

　安保理決議1816の最大の特徴は、その第７項にあると考えられる。同項は、「関係国際法上、海賊行為に関して公海において許容される行動と合致した方法で、海賊行為及び海上武装強盗を抑圧するために、ソマリア領海へと進入する」権限、及び同様の方法で、この海域において「海賊行為及び船舶に対する武装強盗を抑圧するための必要なあらゆる手段（all necessary means）」をとる権限を加盟国に付与することを決定している。その一方で、続く第８項において第三国の無害通航権を否定したり侵害したりすることのないよう適切な措置をとることが要請されている。

　また、決議1816は第11項において、国際人権法を含む適用可能な国際法と合致した方法で海賊・武装強盗行為に対し責任を負う者たちへの捜査や訴追、あるいは管轄権を決定することに協力することを、旗国・沿岸国・被害者若しくは犯人の国籍国などの全ての国家に対し要請（calls upon）している。第７項と異なり、この規定は従来の国家間の捜査・訴追についての枠組みに対し影響を与えるものではなく、あくまで捜査・訴追の方法を確認し、それを要請するに留まるものと言える。

(2) 確立期：安保理決議1846及び1851

　安保理決議1816による授権には６ヶ月という期限が設けられていたため、同決議の採択からおよそ半年が経過した2008年12月２日、授権の効果を延長する必要性から安保理決議1846が採択された。同決議は原則として、加盟国に対し、安保理決議1816と同内容の授権を行うものであるが、その第15項においてSUA条約に言及した点に特徴がみられる[169]。このSUA条約と海賊行為に関する

---

168) 安保理決議においても、また、一般的にも、武装強盗に関しては、「武装強盗（armed robbery）」、「船舶に対する武装強盗（armed robbery against vessels）」、「海上武装強盗（armed robbery at sea）」と３つの表記が混在しているが、峻別して用いられているわけではないと考えられる。
169) 酒井啓亘「ソマリア沖における『海賊』の取締りと国連安保理決議」坂元茂樹編『国際立法の最前線』（有信堂高文社、2009年）238-240頁。

国際法との関係については、次章において詳述する。そのため、ここでは、同項がSUA条約締約国に同条約の義務を完全に履行すること、そして国連事務総長及びIMOと協力して海賊を訴追することができるようにすることを求めている点のみ指摘しておく。

また、安保理決議1846第10項は、安保理決議1816第7項と同様に、各国の活動をソマリア領海までと限定していたため、彼らの警察活動には自ずと限界があった。この点を解決すべく、米国の主導により、ソマリア領域における海賊の取締り活動を認めた安保理決議1851が12月16日に採択された。同決議第6項は、決議1846の採択より12ヶ月の間、ソマリア沿岸の海賊行為及び海上武装強盗と闘うことに協力している国家及び地域機関は、適用可能な国際人権法及び国際人道法に従って、海賊行為及び海上武装強盗を抑圧するために適切な、必要なあらゆる手段を講ずることができると規定している。同項は、海賊対策として有効と考えられる、ソマリア領土内での警察活動を授権するものである[170]。英国や米国は、陸上での活動こそが有用な海賊対策になると考えていたのである[171]。

また、この第6項において指摘されるもうひとつの重要な点は、措置を取る際に国際人道法に従うことを条件とした点である。先述したように、安保理決議1816や1846は、国際人権法に従うことを求めていたものの、武力紛争時に適用される国際人道法に関してはいかなる言及もしていなかった。決議採択の際にはいずれの国家もこの関係性に関して言及していないが、これは、ソマリア領土内における海賊対策が、空爆を含む大規模なことになることが想定されるために挿入されたと考えられる[172]。

---

170) 陸上での海賊に対する取締りの有効性は、学説においても広く指摘されるところである。例えば、木原正樹「ソマリア沖海賊対策としての『あらゆる必要な手段』の授権決議—『対テロ戦争』時代の 'use of force' 授権による海賊対策—」『神戸学院法学』第40巻3・4号（2011年）746-747頁。また、J. Kraska, "Developing Piracy Policy for the National Strategy for Maritime Security", in M. Nordquist, R. Wolfrum, J. N. Moore and R. Long (eds.), *Legal Challenges in Maritime Security*, (2008), p. 344.

171) Security Council, "The Situation in Somali", (S/PV.6046) (16 Dec. 2008), pp. 4 and 9.

172) 酒井「前掲論文」（注169）246頁参照。実際、2012年5月15日には、EUによって、ソマリア領域内の海賊の拠点に対し空爆が行われている。この空爆について論じたものとして、E. Lieblich, "Quasi-Hostile Acts: The Limits on Forcible Disruption Operations under International Law", *Boston University International Law Journal*, Vol. 32 (2014), pp. 355-409.

(3) 成長期：安保理決議1897-2184

　前述の安保理決議1846第10項及び決議1851第6項は、1年という時限立法であったため、その後も同様に1年ごとに期限の延長がされていくこととなる。具体的には、2009年11月30日に採択された安保理決議1897第7項において、前記2つの条項のさらなる1年の延長が、さらに、2010年11月23日に採択された安保理決議1950第7項において1年、2011年11月22日に採択された安保理決議2020第9項において1年、2012年11月21日に採択された安保理決議2077第12項において1年、2013年11月18日に採択された安保理決議2125第12項において1年、2014年11月12日に採択された安保理決議2184第13項において1年と、現在に至るまで期限は延長され続けている。このように、安保理決議1846及び1851に規定された、ソマリア以外の国家がソマリア領海・領土において活動を行う許可を延長し続ける一方で、それぞれの決議には、少しずつ変化が見られる。

　例えば、決議1897は、前文第10段落において海賊容疑者の訴追に関するケニアの努力を称賛し、国際人権法に従った訴追後の第三国における収監に関して言及している。さらに、前文第12段落においては、ソマリアを含むアデン湾沿岸国による地域協力の枠組みとして2009年1月29日に発効した「西インド洋及びアデン湾地域における海賊及び武装強盗の抑止に関するジブチ行動指針（以下「ジブチ行動指針」と略記）」の採択を歓迎している[173]。また、決議1950は、海賊に対する不法な資金援助について細かく規定している。第15項において、海賊行為の資金援助やそのロンダリングを防止するための適切な措置を取ることをあらゆる国家に求めた上で、第16項においては、インターポールやユーロポールと協力して、ソマリア沖海賊が関与する国際犯罪ネットワークを捜査するよう求め、第17項において、そのような捜査への協力の必要性を強調している。決議2020では、その第4項において、本文としては初めて、海賊行為を支援する者に対する捜査及び訴追の必要性について言及した。決議2077では、

---

173) ジブチ行動指針はReCAAPをモデルに採択されたものであるが、あくまでも法的拘束力のない指針に留まる。関係国は、2年以内に拘束力のある協定の作成を目指し、協議を行うとされている。この概略に関しては、国土交通省「国際海事機関（IMO）主催のソマリア周辺海域海賊対策地域会合（ジブチ会合）について（結果）」*available at* <http://www.mlit.go.jp/common/000032073.pdf> (last visited 30th Oct. 2015) 参照。協定本文に関しては、IMO, "Record of Meeting", (29 Jan. 2009), pp.7-18参照。

前文第10段落において、旗国が自国籍船舶に対して船舶護衛分遣隊による護衛や民間武装警備員の乗船を許可することを歓迎し、第30項で、引き続きそのような方策をとることが奨励されている。また、この決議2077と続く決議2125・2184では、前文において、それぞれ海賊が減少してきていることに言及している点が特徴的である。

このような、安保理決議1846及び1851以降採択されてきた、ソマリア領海・領土での具体的な措置の問題に関する一連の決議とは別に、海賊容疑者に対する司法手続に焦点をあてる安保理決議1918が2010年4月27日に採択された。同決議第2項は、海賊行為を自国国内法上の犯罪とすること及び容疑者の訴追や有罪とされた者の収監を前向きに検討することをあらゆる国家に対して要求している。さらに、第4項においては、国連事務総長に対し、海賊行為及び武装強盗に責任を負う者を訴追・処罰するための選択肢についての報告書を安保理に提出するよう要請している。

これに連なる形で2011年10月24日に採択された安保理決議2015は、第9項において、海賊行為を未だに犯罪としていない国家に対し、そのようにするよう強く求めると同時に、訴追・収監を前向きに行うよう求めている。さらに、第11項では、全ての加盟国に対し、2011年12月31日までに、国連事務総長に対して犯罪化するためにとった措置、及び海賊容疑者の訴追や、訴追のための協力措置について報告するよう求めた。また、国連事務総長からの報告書を受け、対海賊特別法廷の設置についての検討を継続するように決定した上で（第16項）、そのような法廷は、海賊の実行犯だけでなく、財政的な支援を行うなど、実行犯を支援する者に対して管轄権を行使することが重要であることを強調した（第17項）。

第2款　安保理決議にみる現行法制の再考とその限界

(1)「海賊行為」の再考とその限界

第1節において確認したように、現在の「海賊行為」は、公海上で発生したものに限定され、また、第2・3節において証明したように、これに対して普遍的司法管轄権及び非旗国による海上警察権の行使が許容されるのは、海賊行為が公海上で発生しているが故である。しかしながら、今般のソマリア沖の海

賊問題に対しては、安保理決議1816以降、領海に対する警察活動が許容され、さらに、決議1851以降は領土内における警察活動までが許容されることとなった。このことはまさに、海洋ガバナンスの視点から海洋を一体のものとして捉えない限り、海賊を効果的に取り締まることができないと、安保理が認識していることを示すものと言えよう[174]。

　しかしながら、安保理決議がこのように、海賊問題へ対応するために、領海・領土までへの非沿岸国の介入を認めたからといって、このことが、海賊行為に関する国際法を変質させるわけではない。そもそも、一連の安保理決議において、海賊行為と船舶に対する（または海上）武装強盗という用語はしばしば並列されており、領海における暴力行為には後者が用いられていると思われる。そのため、領海における事案は海賊行為の定義には含まれないことを前提にしていると考えられる。

　さらに、安保理決議が現在の法を変質するものではないことは、安保理決議の本文からも確認される。安保理決議1816第9項は「本決議による授権（authorization provided in this resolution）は、ソマリアにおける事態に関してのみ適用されるものであり、他の事態においては、UNCLOSの権利または義務を含む、加盟国の権利または義務または責任に対して影響を与えてはならないことを確認し、授権が慣習法を形成するものであるとみなされてはならないことを強調する。」と規定しており、同様の規定はその後の決議においても記されている。さらにこれらの規定は、決議における授権が、あくまでTFGの同意に基づいたものであること、すなわち、第三国による司法管轄権や海上警察権の行使が、代理主義に基づくものであることを併せて確認している。これは、近年の安保理の決議である安保理決議1373や1540が一般国際法を形成するものであるとの議論が為されていることに鑑み[175]、インドネシアを中心とする発展途上

---

174) 山田は、ソマリア領海内での非旗国による海上警察権の行使を許容する安保理決議について、「このような取扱いは、公海と領海との区別を排除し、海賊と海上武装強盗を一体のものとして取り扱うことで取締りの実効性を確保し、直面する問題に包括的に取り組むことを可能にするための措置であった」と指摘している。山田哲也「ソマリア『海賊』問題と国連―『安保理の機能変化』論との関わりで―」『国際法外交雑誌』第112巻1号（2013年）37頁。

175) 安保理による国際立法に関しては、E. Rosand, "The Security Council as 'Global Legislator': Ultra Vires or Innovative?", *Fordham International Law Journal*, Vol.28 (2005), pp.542-590参照。

国の主張により挿入されたと言われる[176]。海洋ガバナンスの視点に基づくあるべき法 (lex ferenda) としては、海賊行為は公海に限定されず、領海の行為をも含むべきである。しかしながら、現在ある法 (lex lata) としては、普遍的管轄権の理論的根拠において必要不可欠であることからも、海賊行為は公海上で行われたものに限定されるのである。

また、海洋ガバナンスの一要素である統合的管理の観点からは、安保理決議2077以降、安保理が海賊行為以外の違法行為についても言及していることが重要である。決議2077は第24項において、自国の管轄権下にある者によって違法漁業や違法投棄が行われた場合には、それらを捜査することが求められている。このような条項が挿入された背景には、第1に、安保理が決議1976の前文第7段落でも述べているように、外国の違法漁業等を理由にソマリアでの海賊行為を正当化しようとする主張があることが挙げられる。そして第2に、安保理への報告を求められた国連事務総長によって、ソマリアの漁業を回復することが、国の復興につながることが指摘されていることが挙げられる[177]。

このように海賊行為と違法漁業の関係が論じられる中、海賊行為の急増がソマリア近海での違法漁業等を減少させたことから、海賊に対する各国軍艦・公船の派遣によって、今度は逆に違法漁業等が再び増加することが危惧されている[178]。海賊行為に関する国際法や安保理決議に基づき、第三国は海賊行為・ソマリア領海内の武装強盗に対しては海上警察権や普遍的司法管轄権を行使して抑止することができる。その一方で、違法漁業等に対しては、これらの権限を行使することはできない。この違法漁業等の問題への対応を誤った場合、再びこれらの違法活動が増加し、さらにまた海賊行為が増加するといった繰り返しになりかねない。海上でのある問題を取り締まる旗国・沿岸国の意思・能力が不十分である場合に、それらの国家は海上でのほかの問題についての意思・能

---

176) 安保理において、ベトナム、リビア、南アフリカ、中国もUNCLOSの重要性を強調し、インドネシアと同様の見解を示している。Security Council, "The Situation in Somali", (S/PV.5902) (2 Jun. 2008), pp.2-5; また、インドネシアはこの主張を、続く安保理決議1846及び1851を採択する際にも行っている。Security Council, "The Situation in Somali", (S/PV.6026) (2 Dec. 2008), pp.3-4, and *supra* note 171, p.6.

177) *Report of the Secretary-General on the Protection of Somali Natural Resources and Waters*, (S/2011/661) (25 Oct. 2011), para.45.

178) *Ibid.*, para.44.

力も不十分である場合が少なくない。それ故、海上での問題については、効率性を重視して統合的に管理する必要があり、安保理もその点を考慮して決議を作成してきたと思われる。

(2) 海洋ガバナンスの視点に基づく国内法制

　海賊行為に関する一般国際法は、条約上の定義より公海上の暴力行為に限定されるものの、ソマリア沖の海賊問題は、問題の根本的な解決にあたっては、領海までを含む形での執行・司法管轄権の行使が必要とされることが明らかとなった。そして、実際に、TFGの同意と安保理決議という２つの法的基礎により[179]、海洋ガバナンスの視点に沿う形で、第三国による管轄権行使が可能となったのである。しかしながら、このように、国際法上管轄権の行使が許容されるからといって、国内法においてそのような管轄権を規定していない限り、実際に管轄権を行使することはできない。そこで、近年、海洋ガバナンスの視点を取り入れる形で海賊対処法を制定した、日本・フランスの法制をそれぞれ紹介・検討する。

　2009年６月19日、ソマリア沖の海賊問題に対応することもあり、日本では「海賊行為の処罰及び海賊行為への対処に関する法律（以下「海賊対処法」と略記）」が制定された。同法は、第２条において海賊行為の構成要件を詳細に規定しているが[180]、これはUNCLOS第101条に規定される海賊行為を具体化したものとされる[181]。しかしながら同条における海賊行為は、地理的要件を公海上に限定せず、日本の領海・内水をも含めている。これは、仮にそうしなかった場合、領海・内水で生じた同様の暴力行為については公海上の海賊行為に比べ軽い刑罰が科されることとなり、不平等な帰結をもたらすと考えられたためであ

---

179) TFGの同意に基づく管轄権の行使は代理主義に基づくものとの説明されるが、安保理決議に基づく場合、当該管轄権行使の適用基準には２通りの説明が考えられよう。第１に、安保理決議が国際共同体の利益を侵害したと認定することに基づく、普遍主義の観点からの説明である。そして第２に、国連憲章への批准という同意が、憲章第25条に基づく安保理の決定に拘束されることへの同意を意味するという認識に基づく、代理主義の観点からの説明である。

180) 中谷和弘「海賊行為の処罰及び海賊行為への対処に関する法律」『ジュリスト』第1385号（2009年）64頁。

181) 笹本浩・高藤奈央子「ソマリア沖・アデン湾における海賊対策としての法整備〜海賊対処法案の概要と国会論議〜」『立法と調査』第296号（2009年）21-22頁。

る[182]。このように、公海と領海・内水とを区別せず、自国管轄権の及ぶあらゆる水域において、同一の法の適用を確保しようとしたことは、海洋ガバナンスの視点からは高く評価することができよう。他方で、同法は他国の領海・内水に関してはそもそも海賊行為に含んでいない。それ故、仮に今般のソマリア沖の海賊問題のように、沿岸国の同意や安保理決議といった国際法上の法的基礎があったとしても、他国の領海・内水で発生した事案に関しては、日本は海賊対処法に基づき司法管轄権を行使することはできないのである。このように、他の国家の主権が及ぶ範囲に関しては、そもそも犯罪とはせずに、いかなる場合であっても管轄権を行使することはできないとすることは、海洋ガバナンスの視点に根差せば評価を下げざるを得ない。

この他国の領海・内水の取扱いに関し、フランスの「海賊への対処及び海上国家警察権の行使に関する2011年1月5日の法律第13号（Loi n° 2011-13 5 janvier 2011 relative à la lutte contre la piraterie et à l'exercice des pouvoirs de police de l'État en mer）（以下「フランス海賊対処法」と略記）」は大きく異なる。フランスでは、200年近く同国で海賊行為を規律してきた1825年4月10日の法が、法を簡潔にする目的から2007年に廃止された[183]。その結果、同国は、自国と連関を有しない海賊行為を訴追・処罰する能力を欠くこととなったため、このフランス海賊対処法が制定されたのである[184]。

同法は、1825年4月10日の法のように海賊行為を独自に定義するものではなく、「麻薬及び向精神薬の不正取引の防止に関する国際連合条約（以下「新麻薬条約」と略記）」を受けて制定された「国家による海上警察権、刑法典、刑事手続法典、及防衛法典の執行に関する1994年7月15日の法律第589号（以下

---

182) J. Tsuruta, "The Japanese Act on the Punishment of and Measures against Piracy", *Aegean Review of the Law of the Sea and Maritime Law*, Vol. 1 (2011), p. 242, footnote 7.

183) République française, «Loi no 2011-13 5 janvier 2011 relative à la lutte contre la piraterie et à l'exercice des pouvoirs de police de l'État en mer», *Legifrance.gouv.fr, available at* <http://www.legifrance.gouv.fr/affichTexte.do;jsessionid=92B57E3656A9691D2D8C0A79426D1D0C.tpdjo13v_1?cidTexte=JORFTEXT000000713756&idArticle=&dateTexte=20140705> (last visited 30th Oct. 2015).

184) République française, *Note verbale datée du 15 octobre 2009 adressée au Président du Conseil de sécurité par la Mission permanente de la France auprès de l'Organisation des Nations Unies*, (S/2009/549) (22 oct. 2009), p. 6.

「94年法」と略記）」を改正し[185]、航空機などの強取（刑法典第224-6条）や逮捕監禁（同224-1条）など刑法典の一般規定を援用して、海賊に対処する法的枠組みを構築するものである[186]。同法の中でも、海洋ガバナンスの視点からはその第1条において、94年法の第1条を改正した点が重要である。この改正により、「国際法が許容する場合に限り（lorsque le droit international l'autorise）、他国領海において」行われた海賊行為に対しても、94年法第1章（titre）が適用されることとなった。このように、国際法の合法性と連動する形で他国の領海においても海上警察権を行使することができるとした本規定は、海洋を一体のものとみなす海洋ガバナンスの視点からは高く評価されよう。日本の海賊対処法が時限立法ではなく、恒久法として制定されたこと、また、情勢が不安定な海域においては、今後も沿岸国の同意や安保理決議を法的根拠に日本の管轄権行使が国際法上正当化され得ることに鑑みれば、日本の海賊対処法も、このような構成をとるべきであったと考えられる。

---

185) 1994年7月15日の法は何度か修正されているが、その詳細に関しては、République française, «LOI no 94-589 du 15 juillet 1994 relative aux modalités de l'exercice par l'Etat de ses pouvoirs de contrôle en mer», *Legifrance.gouv.fr, available at* <http://www.legifrance.gouv.fr/affichTexte.do;jsessionid=19D90B29155E0100F405B872FCEDF00A.tpdjo14v_3?cidTexte=JORFTEXT000000713756&categorieLien=id> (last visited 30th Oct. 2015) 参照。
186) 同法について説明したものとして、増田隆「海賊への対応―海賊に対する対処及び海上における国家警察権の行使に関する2011年1月5日の法律第13号」『日仏法学』第27号（2013年）136-140頁。

第3章

改正SUA条約における普遍的管轄権の規定と理論的根拠

　第2章で示したように、海賊行為はその定義に基づけば、公海上、2つの船舶が関係し、私的目的のために行われた暴力行為に限定される。したがって、実際に航行を妨げるあらゆる海上暴力行為が海賊行為の定義に含まれるわけではない。そこで本章では、領海で発生するなど、海賊行為とはみなされない暴力行為に対する国家の司法管轄権を規定したSUA条約について検討する。

　同条約は、1985年に発生したアキレ・ラウロ号事件を契機に締結されたものである。アキレ・ラウロ号事件は、パレスチナ解放戦線（以下「PLF」と略記）のメンバーが、イタリアの遊覧船アキレ・ラウロ号をシージャックし、その乗客を人質とし、イスラエル政府に対し同国内で服役中のPLFの仲間の釈放を求めたものである[1]。同事件において、乗客の1人であるユダヤ系米国人であるレオン・クリングホッファー氏が殺害されたことから、旗国のイタリアだけでなく、米国も犯人の訴追・処罰を試みた。その結果として、両国の間で司法管轄権をめぐる対立が生じたため、以後、類似の場合の司法管轄権を調整する必要もあり、SUA条約が締結されたのである。また、21世紀に入り、同条約では対処できない海上テロリズムが発生し、そのさらなる危険性が指摘されるようになったことから、2005年には改正議定書が採択された。この議定書により改正されたSUA条約を、以下「改正SUA条約」と略記する。

　本章では、第1節において、改正SUA条約における犯罪の規定ぶりと、その

---

[1] 事件の概要に関しては、坂本一也「アキレ・ラウロ号事件」国際法学会編『国際関係法辞典（第2版）』（三省堂、2005年）2-3頁、村上暦造「アキレ・ラウロ号事件に関する一考察」『海上保安の諸問題』（中央法規、1990年）21-22頁、または、A. Cassese, *Terrorism, Politics and Law: The Achille Lauro Affair*, (1989), pp. 23-43参照。

規定がどのように解釈されているかについて検討する。第2節では、SUA条約上の司法管轄権がいわゆる「引渡しか訴追か」を規定しているため、この義務を負う容疑者所在国の司法管轄権の適用基準について、普遍主義と代理主義の観点から検討する。その上で、管轄権が普遍主義に基づくものであるとすれば、そのような普遍的司法管轄権がなぜ認められるのかといった理論的根拠について詳述する。続く第3節においては、改正議定書において導入された海上警察権の法構造について、特に、非旗国が管轄権を行使する際の規則である「4時間ルール」についての分析を行う。そして最後に、改正SUA条約における普遍的管轄権が、海洋ガバナンスにおいてどのような意義を有すると言えるかについて検討する。

第1節　改正SUA条約上の犯罪

第1款　SUA条約上の犯罪

(1) 条約規定

　SUA条約はその第3条において、同条約が犯罪とする行為を規定している。その行為とは、①船舶を奪取しまたは支配すること（1項(a)）、②船舶の安全な航行を損なうおそれがある（endanger）暴力行為（1項(b)）、船舶・積荷の破壊（1項(c)）、破壊物の取付け（1項(d)）、航行施設の破壊（1項(e)）、虚偽情報の通報（1項(f)）、③それらの行為の未遂（2項）、の3つに大別できる[2]。同条の特徴として、1項(b)において暴力行為が規定されているにもかかわらず、1項(g)において、殺害と傷害行為を独立させて設けたことが指摘される[3]。このような規定が設けられた背景には[4]、アキレ・ラウロ号事件においてクリングホッファー

---

2) 村上暦造「現代の海上犯罪とその取締り」国際法学会編『日本と国際法の100年（第3巻）海』（三省堂、2001年）153頁。
3) 栗林忠男「海上航行の安全に対する不法な行為の防止に関する条約案について」『新海洋法制と国内法の対応（第3号）』（1988年）59頁。実際、1項(g)については多数の国家より存在意義について疑問が呈されたとされる。中田徹「いわゆる『シージャック防止条約』の採択について（上）」『海洋時報』第49号（1988年）16頁。
4) F. Francioni, "Maritime Terrorism and International Law: The Rome Convention of

氏が殺害された記憶が鮮明であったことが影響していると林は指摘している[5]。

このSUA条約上の犯罪行為の定義には、海賊行為に規定される「私的目的」のような主観的な要件は規定されておらず、また、単一の船舶内で生じた行為もが定義の中に含まれている[6]。そのため、同条約は一般的に海上テロリズムと認識されるアキレ・ラウロ号事件のような暴力行為（以下「アキレ・ラウロ号型行為」と称する）に対処するために締結された条約であるにもかかわらず[7]、船員間での暴力行為等、およそそのようにみなされない行為に対しても適用され得る規定ぶりとなっている。他方で、1項(b)～(f)においては、「船舶の安全な航行を損なうおそれがある」のような要件があることから、単なる武装強盗に対してSUA条約を適用することには疑問も呈されている[8]。

また、SUA条約は、その第4条において、条約が適用される範囲について記している。具体的には、1項が、1国の領海を越えて航行しているまたは航行する予定の船舶に対して条約を適用するとしている。したがって、A国の港から出航し、A国領海内を航行している船舶であったとしても、当該船舶がA国の領海を越え、他国領海や公海を航行する予定である場合には、SUA条約は適用されることとなる。このように、公海上での事案に限定せず、領海内での事案に対しても条約を適用可能とした背景には、アキレ・ラウロ号事件における乗っ取りの一部が、エジプト領海内において行われたことが挙げられよう。当

1988", *German Yearbook of International Law*, Vol.31 (1988), p.271.
5) 林司宣『現代海洋法の生成と課題』（信山社、2008年）337頁、脚注17。
6) SUA条約上の犯罪とみなされる行為が海賊行為とどの程度重複するかは「私的目的」という用語の解釈による部分が大きい。他方で、海賊行為とみなされる行為のほとんどがSUA条約上の犯罪に該当することとなる。Islamic Republic of Iran, "Observations on the concept of 'private ends' in the definition of 'piracy' in the United Nations Convention on the Law of the Sea, 1982 (UNCLOS)", (IMO Doc. LEG 97/9/4) (7 Nov. 2010), para.4; Z. Keyuan, "Seeking Effectiveness for the Crackdown of Piracy at Sea", *Journal of International Affairs*, Vol.59 (2005), p.121; H. Tuerk, "Combating Terrorism at Sea: The Suppression of Unlawful Acts Against the Safety of Maritime Navigation", in M. Nordquist, R. Wolfrum, J. N. Moore and R. Long (eds.), *Legal Challenges in Maritime Security*, (2008), p.50.
7) テロリズムに関する国際法上の確立した定義が存在しないように、海上テロリズムについての定義も存在しない。ただ、近年では、カリムのように、海上テロリズムの定義を積極的に行う研究も見られる。M. S. Karim, "The Rise and Fall of the International Law of Maritime Terrorism: The Ghost of Piracy is Still Hunting!", *New Zealand Universities Law Review*, Vol.26 (2014), p.82.
8) 栗林忠男「アジアにおける海上交通の安全確保のための国際協力について」『海事交通研究』第53集（2003年）38頁。

初、日本政府としては、カボタージュが適用される内航船に対しては条約を適用すべきではないとの考えに基づき、他国の港を目的地とする航海についてのみ条約を適用するよう提案した[9]。しかしながら、サンディエゴからホノルルのように、自国の港から自国の港へと航海する場合であっても、その大部分において公海を航行することもあることから、前述した形で第4条1項は規定されたのである[10]。

さらに、第4条2項には、「この条約は、1の規定によりこの条約が適用されない場合においても、犯人又は容疑者が1に規定する国以外の締約国の領域内で発見されたときは、適用する。」と規定されている。したがって、1項の要件を満たさない場合であっても、容疑者所在国において、同条約は適用され得る。つまり、仮に船舶や航行自体は国際性を有しないものであったとしても、その後の犯人の逃亡という要素によって「国際性」が強まったとされるならば[11]、SUA条約が適用され得るのである。

(2) 実行によるアキレ・ラウロ号型行為からの乖離

これまでの実行を参照する限りSUA条約は、アキレ・ラウロ号型行為とは異なる、条約締結時には想定していなかったような行為に対して多く適用される傾向が見られる。コントロヴィッチによれば、おそらく世界で初めてSUA条約上の義務に基づく訴追が行われたとされるシー事件も、そのような傾向の中に位置づけられる[12]。同事件は、ハワイ沖の公海を航行中のセーシェル籍漁船フル・ミーンズ2号において、過度のパワーハラスメントを受けた中国人料理士であるシー氏が、同船舶の船長及び一等航海士の2人の台湾人を殺害したものである。同事件において第9巡回区連邦控訴裁判所（以下「第9控訴裁」と略記）は、シー氏の行為がSUA条約の担保法として制定された合衆国法典第18編第2280条の「海洋航行に対する暴力行為」にあたるとして、36年の拘禁刑を科した[13]。

---

9) 中田「前掲論文」（注3）18頁。
10) J. Kraska and R. Pedrozo, *International Maritime Security Law*, (2013), pp. 809-810.
11) G. Plant, "Legal Aspects of Terrorism at Sea", R. Higgins and M. Flory (eds.), *Terrorism and International Law*, (1997), p.78.
12) E. Kontorovich, "International Decisions-*United States v. Shi*", *American Journal of International Law*, Vol.103 (2009), p.734.
13) *United States v. Lei SHI*, 525 F.3d 709, 733 (2008).

同法第2280条(a)(1)(B)は、SUA条約第3条1項(b)同様に、船舶の安全な航行を損なうおそれがある暴力行為を禁じるものである。しかしながら、第9控訴裁及び第1審のハワイ地区連邦地方裁判所は、シー氏の行為が安全な航行を損なうおそれがあるか否かについて、詳細な検討を行っているわけではない。実のところ、シー氏の行為はアキレ・ラウロ号事件ほどに船舶の安全な航行を損なったとは言い難い。しかしながら、配乗要件と合致する最小限の人数しか配乗しない近年の海運実務に鑑みれば、船長と一等航海士を失い、さらに、料理士たるシー氏を拘束しなければならなくなったフル・ミーンズ2号の安全な航行は阻害されたと解釈することもまた可能である。ただしこのような解釈をるとなれば、船員が事件に関与した場合には、およそ全ての船舶が安全な航行を損なわれたとみなされ、SUA条約の適用範囲が著しく拡大することに留意する必要があろう。
　この「船舶の安全な航行を損なうおそれがある」といった要件に関し、第9控訴裁は、鯨類研究所とシーシェパードの紛争に関する2013年2月25日差止命令において、より詳細な検討を行っている。第1審となったワシントン州西地区連邦地方裁判所（以下「ワシントン西地裁」と略記）は、鯨類研究所の船舶が航行不能となっていないこと等を理由に、シーシェパードの行為は、船舶の安全な航行を損なうものではないとした[14]。しかし、第9控訴裁は、ワシントン西地裁のこのような判断は、安全な航行を「損なうおそれがある」という条約の文言を見落とした明白な誤りであるとした。その上で、シーシェパードが過去に捕鯨船を沈没させているといった事実や、金属で補強されたプロペラ攻撃用ロープを用いたことから、シーシェパードの行為は、SUA条約に違反するとした[15]。船舶の安全な航行を損なうという条約の趣旨に鑑みれば、シーシェパードの行為は、シー氏の行為に比べSUA条約第3条で禁止する犯罪に該当しやすいものと指摘できよう。
　従来想定していたアキレ・ラウロ号型行為とは異なる行為に対するSUA条約の国内担保法の適用は、米国以外でも確認される。例えば、韓国においては、

---

14) *Institute of Cetacean Research, et al. v. Sea Shepherd Conservation Society, et al.*, 860 F. Supp. 2d 1216, 1235 (2012).

15) *Institute of Cetacean Research, et al. v. Sea Shepherd Conservation Society, et al.*, 708 F.3d 1099, 1103 (2013).

ソマリア沖の海賊問題に関する事件において、SUA条約の担保法として制定された「船舶及び海洋構築物への損害処罰法」の第3条が管轄権の根拠として援用されている[16]。これは、海賊行為がSUA条約上の犯罪にも該当する場合には、締約国は同条約の義務を遵守しなければならないとした[17]、一連の安保理決議に沿うものと言える。

また、インドにおいては、イタリア籍船エンリカ・レクシー号に公的武装ガードとして乗船したイタリア海軍の構成員がインド人漁師を海賊と誤って射殺した事件において、SUA条約の担保法たる「2002年SUA法」が参照されている。ケララの高等裁判所は、事件の発生場所を領海外と認めながらも[18]、同法を参照することによって、原則として自国領域（領土及び領海）に適用が限定されるインド刑法典等を領域外に適用することができるとしている[19]。

このように、各国の担保法を通して、船員間の殺人事件、環境活動家の破壊活動、海賊行為及び武装強盗、海賊対策活動と、海上での幅広い暴力行為に対してSUA条約は適用されている。これらは全て、一般的に海上テロリズムと認識されているわけではなく、アキレ・ラウロ号型行為とは異なる。しかしながら、このようにアキレ・ラウロ号型行為とは異なる行為に対しても、文理解釈に基づきSUA条約が適用され、そのような適用に対する異論等はさほど強く唱えられていない[20]。このことに鑑みれば、SUA条約はいまや、当初の想定より

---

16) S. Lee and Y. K. Park, "International Decisions-Republic of Korea v. Araye", *American Journal of International Law*, Vol. 106 (2012), p.634；S. Lee and Y. K. Park, "Korea's Trial of Somali Pirates" in C. Schofield, S. Lee and M. S. Kwon (eds.), *The Limits of Maritime Jurisdiction*, (2014), p.382.

17) 異なる意見として、奥脇直也「海上テロリズムと海賊」『国際問題』第583号（2009年）28頁参照。

18) *Massimilano Latorre v. Union of India*, (29 May 2012), The High Court of Kerala, Case No.4542, para.20.

19) *Ibid.*, paras.22-24；ただし、2002年SUA法の参照が死刑の求刑へとつながることから、その後のインドの国内刑事手続では、2002年SUA法の参照をやめている。同事件は、その後、イタリア・インド間の司法的紛争へと発展し、2015年8月には国際海洋法裁判所（以下「ITLOS」と略記）によって暫定措置命令が下されたものの、同年10月段階、本案審理は係争中である。*The "Enrica Lexie" Incident (Italy v. India), Provisional Measures, Order of 24 Aug. 2015, ITLOS*.

20) 興味深いことに、安保理決議の作成にも関与しているフランスは、他の文脈においては、「SUA条約がテロ行為に対する条約であり、海賊事案には適用しないとする立場を保持する」と指摘されている。古谷健太郎「民間武装警備員による船舶の警備にかかる諸問題—国際法の視点から—」14頁、*available at* <fields.canpan.info/report/download?id=6462>

も広範な海上暴力行為を規制する条約とみなすことができよう。

第2款　改正議定書上の犯罪

　第1款で示したように、SUA条約は広範な海上暴力行為を規制するものであるが、2000年代初頭、同条約では対処できない海上テロリズムが問題となった。そのひとつが、9.11事件において航空機が用いられたように、船舶自体を武器として行うテロリズムである。例えば、2000年10月に発生したコール号事件は、イエメンの港において燃料を補給中であった米国海軍駆逐艦コール号に爆発物を積み込んだ船舶が自爆テロをしかけ、船員17名が死亡し、39名が負傷した。また、2002年に発生したリンブルグ号事件においては、爆発物を積みこんだ小型ボートがリンブルグ号へと体当たりした。この事件での死者は1名に留まったが、海洋環境や経済には大きな影響を与えた[21]。また、2002年に北朝鮮からイエメンへのスカッドミサイルの輸出が問題となったソサン号事件は[22]、テロリストによるWMDの使用を現実的なものとした。

　そこで、新たにこれらの海上テロリズムをSUA条約上の犯罪に組み込むこと、そして、SUA条約では不十分とされていた予防措置を講じる非旗国の権限を強化するために、2005年、同条約の改正議定書がIMOにおいて採択された[23]。同改正議定書において、犯罪を定義した第3条には、新たに第3条の2（bis）として次のような追加が為された[24]；

(last visited 29th Oct. 2015)；また、エンリカ・レクシー号事件のイタリア側の立場から、ロンチッチは、同事件のような海上テロリズム以外の事案に対するSUA条約の適用を否定している。N. Ronzitti, "The Enrica Lexie Incident: Law of the Sea and Immunity of State Officials Issues", *The Italian Yearbook of International Law*, Vol. 22 (2012), p. 9.

21) A. Warker, "Breaking the Bottleneck: Maritime Terrorism and 'Economic Chokepoints' (part 1)", *available at* <http://cimsec.org/breaking-the-bottleneck-maritime-terrorism-and-economic-chokepoints-part-1/> (last visited 29th Oct. 2015).

22) 同事件の詳細に関しては、M. Byers, "Policing the High Seas: The Proliferation Security Initiative," *American Journal of International Law*, Vol. 98 (2004), pp. 526-528または、J. A. Roach, "Initiative to Enhance Maritime Security at Sea", *Marine Policy*, Vol. 28 (2004), pp. 53-54参照。

23) 森川も同様に、「国際的な海洋航行の安全および安全保障に対するテロリストの暴力行為を防止するため」に改正が必要になったと指摘している。森川幸一「海上暴力行為」山本草二編『海上保安法制：海洋法と国内法の交錯』（三省堂、2009年）307頁。

24) 改正議定書を日本は批准していないため、同議定書の公定訳は存在しない。同議定書の

第3条の2第1項
不法かつ故意に行う次の行為は、この条約において犯罪とする。
(a) 行為の性質または文脈より、行為の目的が住民を脅迫し、または政府若しくは国際機関に行動することまたは行動を差し控えることを強要することにある場合に、次の行為を行うこと：
　(ⅰ) 爆発性物質、放射性物質または生物・化学・核（以下「BCN」と略記）兵器を、死亡、重大な傷害または損害を生じさせるか若しくは生じさせるおそれのある方法で船舶に対してまたは船舶上で使用すること若しくは船舶から排出すること；
　(ⅱ) 船舶から、油、液化天然ガス、またはその他(a)(ⅰ)の規定するもの以外の有害危険物質を、死亡、重大な傷害または損害を生じさせるかまたは生じさせるおそれのある量または濃度で排出すること；
　(ⅲ) 死亡、重大な傷害または損害を生じさせるような方法で船舶を使用すること；
　(ⅳ) (a)(ⅰ)、(ⅱ)、(ⅲ)の規定する犯罪を実行すると脅迫すること、ただし、条件の追加は国内法の規定による。
(b) 船舶による次の物質の輸送
　(ⅰ) 爆発性物質または放射性物質。ただし、当該物質が住民を脅迫し、または政府若しくは国際機関に行動することまたは行動を差し控えることを強要する目的で、死亡、重大な傷害、または損害を生じさせるために、または生じさせると脅迫するために（ただし、条件の追加は国内法による）使用されることを知っている場合に限る；
　(ⅱ) BCN兵器。ただし、第1条に定義されるBCN兵器であることを知っている場合に限る；
　(ⅲ) 原料物質、特殊核分裂性物質、または特殊核分裂性物質を処理、使用若しくは生産するために特別に設計若しくは作成された装置若しくは物質。ただし、これらの物質が国際原子力機関の包括的保障協定に基

邦訳については、田中祐美子「テロリズムの国際規制における海洋の役割と機能—9.11事件による対テロ政策の変化と海上規制—」栗林忠男・秋山昌廣編『海の国際秩序と海洋政策』（東信堂、2006年）142-145頁及び奥脇直也・小寺彰編『国際条約集（2013年版）』（有斐閣、2013年）434-436頁参照を参照して筆者が行った。

づく保障措置の下で行われるものではない核爆発活動若しくはその他の原子力活動において使用されることを知っている場合に限る。
 (iv) BCN 兵器の設計、製造、若しくは運搬に著しく貢献する装置、物質、またはソフトウェア若しくは関連技術。ただし、これらのものがそのような目的で使用される意図を有している場合に限る。

 簡潔にまとめれば、1 項(a)はコール号事件やリンブルグ号事件のような、船舶を武器として用いる行為を犯罪とし、1 項(b)はいわゆる WMD の輸送を犯罪としたものである。この点、1 項(a)に関しては、改正作業に参加した複数の国家より幅広い支持が得られたものの、1 項(b)については「核兵器の不拡散に関する条約（以下「NPT」と略記）」上の義務とも関連することから[25]、複数の国家より反対意見が出された。
 例えば、NPT 非締約国であるインドは、改正議定書が NPT 上の原則を組み込み、いくつかの改正に関しては、既存の非核化のための枠組みや文書を越えるものであることを理由に、コンセンサスに参加しないことを表明した[26]。また、パキスタンも同様に、条約改正に反映されている NPT に関連する義務を受け入れることはできないとした[27]。改正議定書を NPT と関連させたことに関しては学説からの批判も多く、例えば林は「そもそも大量破壊兵器の拡散防止を、航行の安全確保を目的とする改正 SUA 条約の中に盛り込むことには少々無理が」あると指摘している[28]。
 また、改正議定書上の犯罪は、(a)(b)の両規定において、「住民を脅迫し、または政府若しくは国際機関に行動することまたは行動を差し控えることを強要する」と、その目的が限定されている。行為の目的についてのこのような限定

---

25) ヴォルフルム元国際海洋法裁判所所長は、改正議定書に規定された犯罪はテロリズム以外のものが含まれており、同議定書は NPT を強制するために用いることもできると指摘している。R. Wolfrum, "Fighting Terrorism at Sea: Options and Limitations under International Law", p.11, *available at* <http://www.virginia.edu/colp/pdf/Wolfrum-Doherty-Lecture-Terrorism-at-Sea.pdf> (last visited 29th Oct. 2015).
26) International Conference on the Revision of the SUA Treaties, "Statement by India", (LEG/CONF.15/19) (15 Nov. 2005), pp.2-3.
27) International Conference on the Revision of the SUA Treaties, "Statement by Pakistan", (LEG/CONF.15/20) (15 Nov. 2005), p.1.
28) 林『前掲書』（注 5）351 頁。

は、SUA条約採択後の1999年に採択された「テロリズムに対する資金供与の防止に関する国際条約（以下「テロ資金供与防止条約」と略記）」第2条1項(b)と類似するものである。従来、テロリズムに関しては、国際法上の定義を設けることが難しかったために、条約ごとに特定の行為類型を犯罪とすることによって対処してきており、行為の目的を特定することはなかった。しかしながら、テロ資金供与防止条約が犯罪とする行為類型である資金供与それ自体を犯罪とすることは困難であったため、前述のように、行為の目的を特定することによって、およそテロリズムとみなされる行為への資金供与のみを条約上の犯罪としたのである。それ故、同様の目的が規定されている改正議定書上の犯罪は、広範な海上暴力行為を含むSUA条約上の犯罪に比べ、主として海上テロリズムとみなされる行為にのみ適用されることが期待される。

第2節　改正SUA条約における司法管轄権の法構造

その前文においても言及されているように、SUA条約は、テロリストにとっての逃げ場をなくすことを意図して締結されてきたテロ関連条約のひとつであり[29]、同条約には、他のテロ関連条約と同様に、いわゆる「引渡しか訴追か」が規定されている[30]。同規定自体は、国家に対し義務を課すものであり、管轄権を規定するものではない。しかしながら、「引渡しか訴追か」の義務の中身如何によっては、容疑者所在国の司法管轄権は当該義務の履行のための前提となることが想定される[31]。そこで本節では、「引渡しか訴追か」について考察した上で、改正SUA条約における司法管轄権の適用基準及びその理論的根拠について検討する。

---

29) 栗林「前掲論文」（注3）55頁。
30) テロ関連条約の一覧として、熊谷卓「国際テロリズムと条約の役割—引渡しまたは訴追の規定を中心に—」『新潟国際情報大学情報文化学部紀要』第17号（2013年）73-74頁、脚注1参照。
31) 沿岸国についてと文脈は異なるが、義務に対しては、権限が付随することを指摘するものとして、*Request for an Advisory Opinion Submitted by the Sub-Regional Fisheries Commission, Advisory Opinion, 2 Apr. 2015, ITLOS*, para. 205.

第1款　SUA条約における司法管轄権

(1)「引渡しか訴追か」

　現代の「引渡しか訴追か」は、グロティウスの用いた「引渡しか処罰か（ad dedendum aut puniendum）[32]」という表現に基礎をおくとする見解が一般的である[33]。人類の普遍的社会の存在を認めるグロティウスによれば[34]、万民法上の犯罪を行った者に対しては、外国人であれ自国民であれ同一の規則が適用された。そのため、犯行地国は犯人を処罰する権利を有し、容疑者所在国はこの権利に干渉することは許容されていなかった。しかし、容疑者所在国にとって、他国の警察が自国領域において活動するのを許容することは不都合であったために、犯罪発生地国や犯人の国籍国への引渡しか自国での処罰のいずれかが行われるようになったとされる[35]。

　このような起源を持つ現代の「引渡しか訴追か」は、2つの意味で領域主権を尊重したものと言えよう。第1に、他国領域で警察活動を行うことはできないという、容疑者所在国の領域主権の尊重である。そして、第2に、処罰を望む引渡請求国（主として、犯罪発生地国）の意向を汲んで引渡しか処罰を行うという、容疑者所在国から引渡請求国の領域主権への尊重である。このような、互いに領域主権を尊重しつつ、処罰すべき者と共通して認識される者の訴追を実現するために構築された制度が「引渡しか訴追か」であると言える。

　現代の「引渡しか訴追か」の義務はテロ関連条約を中心に、複数の条約に規定されているが、ここで言う「訴追」に関しては、条約における規定ぶりから、大きく2つの形がある。第1に、他の国家による引渡請求が、訴追の条件となっているため、そのような請求が為されない場合には、容疑者所在国は原則とし

---

32) H. Grotii, *De Jure Belli ac Pacis*, (1631), p.332 ; H. Grotius, *De Jure Belli ac Pacis*, Vol.2 (1625), F. W. Kelsey (tr.), *Classics of International Law*, No.3 (1925), p.528.

33) 坂本まゆみ「条約上のテロリズム対処システムに関する一考察—aut dedere aut judicare 原則の構造とその限界—」『法学新報』第110巻9・10号（2004年）171頁。また、グロティウスの唱えた「引渡しか処罰か」と現代の「引渡しか訴追か」の異なる点を指摘するものとして、E. M. Wise, "The Obligation to Extradite or Prosecute", *Israel Law Review*, Vol. 27 (1993), pp.277-279.

34) グロティウスの理解については、M. Bassiouni and E. M. Wise, *Aut Dedere Aut Judicare : The Duty to Extradite or Prosecute in International Law*, (1995), p.38参照。

35) Grotius, *supra* note 32, pp.526-529.

て訴追をすることができないという形がある[36]。第2に、引渡請求の有無にかかわらず、容疑者所在国は訴追を行うことができるという形がある[37]。

　この点に関しICJは、「引渡しか訴追か」事件において、「拷問及び他の残虐な、非人道的な又は品位を傷つける取り扱い又は、刑罰に関する条約（以下「拷問等禁止条約」と略記）」の規定する「引渡しか訴追か」は、第2の形であると判断した[38]。拷問等禁止条約とSUA条約とは異なる条約であり、両条約の規定する「引渡しか訴追か」が、必ずしも同一の意味内容とは限らない。しかしながら、拷問等禁止条約は、SUA条約と同様に「航空機の不法な奪取の防止に関する条約（以下「ハーグ条約」と略記）」を参考に「引渡しか訴追か」の義務を規定している[39]。それ故、同義務を規定した拷問等禁止条約第7条1項とSUA条約第10条1項の規定ぶりは著しく類似しており[40]、この拷問等禁止条約における「引渡しか訴追か」は、SUA条約におけるそれとほぼ同一のものと考えられる。

　ICJは、拷問等禁止条約第7条1項について、容疑者の引渡しを行わない場合には、「容疑者の引渡しの事前の要求の有無に係わらず」、自国の権限ある当局に事件を付託する義務を容疑者所在国に対して課すものであるとする[41]。ICJによれば、このことは第6条2項において、容疑者が自国にいる場合、締約国は直ちに予備調査を行うことが求められていることからも確認される[42]。そして、

---

36) E. David, *Éléments de droit pénal international et européen*, (2009), p.245；例えば、「1977年テロ防止に関する欧州条約」第7条においては、引渡請求を受けた場合にのみ、犯人を引き渡すか処罰かしなければならないことが明示的に規定されている。

37) Bassiouni and Wise, *supra* note 34, p.18

38) 拷問等禁止条約の条約実施機関である「拷問の禁止に関する委員会」も、チャドの元大統領であったアブレ氏の引渡しが問題となった事案において、「拷問にあたる行為を実行した容疑のある者を訴追する義務は、その者の引渡しの請求が事前に存在するか否かに左右されるものではないことに委員会は留意する。」と、第2の形での理解をとっている。*Suleymane Guengueng et al. v. Senegal*, Communication No.181/2001, (U.N. Doc. CAT/C/36/D/181/2001) (2006), para.9.7.

39) 他の条約の基礎ともなっているハーグ条約の起草過程における「引渡しか訴追か」の議論を検討したものとして、安藤貴世「テロリズム防止関連条約における『引き渡すか訴追するか』原則の成立—『航空機の不法奪取の防止に関するハーグ条約』の管轄権規定の起草過程をめぐって—」『国際関係研究』第32巻1号（2011年）41-50頁。

40) ICJも言及し、「引渡しか訴追か」と関連する拷問等禁止条約の他の条文は、第5条2項及び第6条2項であり、それぞれSUA条約の第6条4項及び第7条2項と対応する。

41) *Questions concernant l'obligation de poursuivre ou d'extrader. (Belgique c. Sénégal), arrêt,. C.I.J. Recueil 2012*, para.94.

42) *Ibid.*

自国領域内に容疑者がいる国家は、他の国家から引渡しの請求を受けた場合、当該請求を受け入れることにより、訴追する義務から逃れることができるのである[43]。そのため、ICJによれば、引渡しと訴追は同列にあるものではない。前者は条約により提供される「ひとつの選択肢」にすぎないのに対し、後者は、その違反により国家責任が生じる「条約上の国際義務」である[44]。

また、「引渡しか訴追か」という表現（「訴追」はラテン語では"judicare"が、英語では"prosecute"がそれぞれ充てられる）から、容疑者所在国は、訴追までを義務付けられるかのような印象を与える。しかしながら、いわゆる「引渡しか訴追か」を規定した条約を参照する限り、これらの条約は、「自国の権限のある当局に事件を付託する」ことを義務付けるに留まり、訴追までを義務として課しているわけではない。容疑者所在国は事件の証拠等を吟味した上で、訴追をするか否かも含めて決定する裁量を有するのである[45]。したがって、証拠が不十分などの場合、容疑者所在国の裁量によって訴追をしないこともあり得る[46]。

このように、SUA条約第10条1項を含む、複数の条約に規定される「引渡しか訴追か」は、他の国家からの引渡請求等の影響を受けず、容疑者所在国が裁量をもって行使することができる司法管轄権を前提とするものである。それ故、同様の「引渡しか訴追か」を規定する条約は、SUA条約第6条4項のように、容疑者所在国の司法管轄権についての規定も設けるのが一般的である。そこで、次にSUA条約において司法管轄権がどのように規定されているかを確認する。

(2) SUA条約における司法管轄権に関する規定

(i) **義務的管轄権と任意的管轄権**　SUA条約第6条1項は、司法管轄権を設定しなければならないという義務的管轄権を規定し、その名宛人として旗国（1項(a)）、犯罪の発生地国（1項(b)）、犯人国籍国1項(c)）を挙げている。また、同条2項は、司法管轄権を設定することができるという任意的管轄権を規定しており、同管轄権は、無国籍者の常居住居国（2項(a)）、被害者国籍国（2項(b)）、

---

43) *Ibid*, para. 95.
44) *Ibid*.
45) R. V. Steenberghe, "The Obligation to Extradite or Prosecute: Clarifying its Nature", *Journal of International Criminal Justice*, Vol. 9 (2011), pp. 1107-1110.
46) 林『前掲書』（注5）347頁。

作為・不作為を強要された国（2項(c)）に付与されている[47]。

義務的管轄権については、ハーグ条約第4条とほぼ一致することもあり、SUA条約の起草過程においては、さほど異論が唱えられることはなかった。他方で、任意的管轄権については、2項(b)の被害者国籍国及び、2項(c)の作為・不作為を強要された国に対して管轄権を拡張的に付与することは、管轄権行使の抵触を招きやすくなることから、批判も少なくなかった。しかしながら、アキレ・ラウロ号事件における被害者国籍国であり、テロ行為のターゲットとされやすい米国の強固な主張により、2項(b)及び(c)も規定されることとなったのである[48]。

また、SUA条約第11条5項は「第6条の規定に従って裁判権を設定した2以上の締約国からの犯罪人引渡しの請求を受け、かつ、訴追しないことを決定した締約国は、犯人又は容疑者を引き渡す国を選択するに当たり、犯罪の時に船舶の旗国であった締約国の利益及び責任に対して妥当な考慮を払う」と規定する。引渡請求国が複数ある場合について特定の国家への配慮を規定したという点で、この規定はSUA条約に特有のものと言える[49]。この点、準備委員会の第1回会合において、ソビエト社会主義共和国連邦（以下「ソビエト連邦」と略記）から、旗国に明確な優先権（priority right）を与えるべきであるとの主張が行われたが[50]、そのような義務を受け入れることは国内法上困難であるとの指摘が多数の国家から為され、最終的に第11条5項の規定ぶりとなった[51]。この起草過

---

47) 酒井啓亘「アキレ・ラウロ号事件と海上テロ行為の規制」栗林忠男・杉原高嶺編『海洋法の主要事例とその影響―現代海洋法の潮流（第2巻）』（有信堂高文社、2007年）140頁。また、このように多数の関係国の管轄権が規定されたことに関し、萬歳は、「テロ関連条約は複数の管轄権を競合させる形式をとるのに対し、海洋法は旗国に管轄権を集約する傾向があり、両者は全く異なるかたちで私人に対する刑事管轄権の制度を発展させてきたと言える。その意味でも、いかにしてSUA条約が海洋法の中にテロ規制を導入したかは重要な視点であるといえよう」と指摘している。萬歳寛之「拡散に対する安全保障構想（PSI）に関する国際法上の評価」『早稲田大学社会安全政策研究所紀要』第2号（2009年）151頁。
48) 中田徹「いわゆる『シージャック防止条約』の採択について（下）」『海洋時報』第50号（1988年）22頁。
49) 林『前掲書』（注5）347頁。
50) Union of Soviet Socialist Republics, "Consideration of the Draft Convention for the Suppression of Unlawful Acts against the Safety of Maritime Navigation, in Accordance with the Decision of the Council", (PCUA 1/WP.11) (5 May 1987), p.1.
51) G. Plant, "The Convention for the Suppression of Unlawful Acts against the Safety of Maritime Navigation", *International and Comparative Law Quarterly*, Vol.39 (1990), p.50.

程と条文の文言に鑑みれば、同項は、旗国への優先的引渡義務を規定するものではなく、あくまでも旗国への優先的引渡しの努力義務を規定するものと評価できよう。

(ii) **容疑者所在国の司法管轄権**　第6条4項は「締約国は、容疑者が自国の領域内に所在し、かつ、自国が1又は2の規定に従って裁判権を設定したいずれの締約国に対しても当該容疑者の引渡しを行わない場合において第3条に定める犯罪についての自国の裁判権を設定するため、必要な措置をとる」と定めている。先述したように、同項は「引渡しか訴追か」の義務を負う容疑者所在国の司法管轄権を規定するものであるが、先述したシー事件においてはその射程が問題となった。

容疑者所在国の司法管轄権は、元来、犯罪を行ったテロリストがある国家の領域へと自発的に逃げた場合に、その領域国が処罰することができるように規定されたものである。しかしながら、シー事件において、シー氏は自ら合衆国の領域に来たわけではない。船主からの連絡を受け、旗国たるセーシェル共和国の許可を得た米国コーストガード（以下「USCG」と略記）が、フル・ミーンズ2号に乗船した後に、彼を逮捕し米国に連行したのである。合衆国法典第18編第2280条(b)(1)(c)によれば、裁判所が管轄権を有するのは、「違反者がそのような行為を行った後に、合衆国において後から発見された（later found）場合」に限定されている。そのため、自発的に米国に来たわけでなく、強制的に連行されたシー氏は、「後から発見された」わけではないと主張したのである。しかしながら、第9控訴裁は、SUA条約上、領域内にいる者に司法管轄権を行使する場合に、その者が自国領域内へと自発的に来たかどうかは関係がないとした[52]。この点、条約起草者が、このように強制的に連行された容疑者へのSUA条約の援用を想定していたかどうかについては疑問が残る。しかしながら、SUA条約上の犯罪を行った者を訴追・処罰するために国家間で協力を行うという、同条約の趣旨・目的に鑑みれば、第9控訴裁の解釈も妥当と考えられよう。

また、このような容疑者所在国の司法管轄権は、第8条に規定される船長の権限と協働することで、船舶の寄港した国家が行使する司法管轄権（以下「寄港国司法管轄権」と称する）と類似の機能を果たす。SUA条約においては、「民間航

---

[52] *Supra* note 13, p. 725.

空の安全に対する不法な行為の防止に関する条約」第5条1項cに規定されている着陸国司法管轄権のように[53]、寄港国司法管轄権それ自体が規定されているわけではない。寄港国司法管轄権の導入に関しては、アド・ホック準備委員会の第2会期において日本が主張し[54]、また、容疑者が船舶から離れた場合には、第6条4項でも寄港国が司法管轄権を有するとはできないことから、その必要性が指摘されていた[55]。しかしながら、自国と連関を有しない事案に対して手続をとることを躊躇する多数の国家の立場が尊重され、最終的に同管轄権が規定されることはなかったのである。

他方で、第8条1項は、「締約国(「旗国」)の船舶の船長は、第3条に定める犯罪のいずれかを行ったと信ずるに足りる相当な理由がある者を、他の締約国(「受取国」)の当局に引き渡すことができる」と規定している。この規定は、犯人を乗せたままの航行を続けるという問題を解決すると同時に、犯人の権利へも配慮するものである。しかしながら、引渡先が一般的に寄港国と想定されることから、実質的には寄港国司法管轄権を規定することになると反対する国もあった[56]。この点に関しては、受取国の責任を軽減するための以下の2つの規定を設けることにより解決された[57]。第1に、受取国は必ずしも引渡しを受ける義務が課されるわけではない旨定めた規定であり(第8条3項)、第2に、引渡しを受けた後に、さらに旗国へと引渡しの受入れを要請することができる旨定めた規定である(5項)。2項及び4項に規定されるように、船長による引渡しに際しては旗国の関与も期待されているものの、全体を見れば、第8条は国家機関の一員ではない船長が、いずれの国に司法管轄権の行使を求めるかを主体的に決定することを認める条文である[58]。このことから同条は、実務の必要性に則

---

53) 同条約第5条は次のように規定している。「いずれの締約国も、次の場合には、犯罪行為につき自国の裁判権を設定するために必要な措置をとる。(a)…(c)機内で犯罪行為の行われた航空機が容疑者を乗せたまま当該締約国の領域内に着陸する場合…」。
54) Japan, "Consideration of the Draft Convention for the Suppression of Unlawful Acts against the Safety of Maritime Navigation, in Accordance with the Decision of the Council", (PCUA 2/WP.2) (18 May 1987), p.4.
55) 栗林「前掲論文」(注3) 65頁。
56) Ad hoc Preparatory Committee on the Suppression of Unlawful Acts against the Safety of Maritime Navigation, "Draft Report", (PCUA 2/WP.9/Add.1) (21 May 1987), para.110.
57) 中田「前掲論文」(注48) 24-26頁。
58) この点、いずれの国に引き渡すかという政治的に繊細な判断を船長が行うこととなるとの批判がある一方で、テュエルクは、船長が権限のある当局との事前協議無しに引渡しを

した極めて特殊な規定と評価することができよう[59]。

第2款　容疑者所在国の司法管轄権の適用基準

シャクターによれば、この「引渡しか訴追か」の義務を負う容疑者所在国の司法管轄権に関しては2通りの考え方がある[60]。第1に、普遍主義に基づくとする考え方であり、第2に、代理主義に基づくとする考え方である[61]。そこで、SUA条約6条4項に規定される容疑者所在国の司法管轄権をいずれの形で理解することがより適切と言えるかについて検討する。

(1) 普遍主義

第1章で記した、「事案といかなる連関も有しない国家が特定の事案に対して行使する管轄権（立法・執行・司法のいずれかまたはそれらの組合せ）」という普遍的管轄権の定義に返るならば、容疑者所在国の司法管轄権が普遍的司法管轄権か否かは、容疑者の所在という事実が、事案との「連関」とみなされるか否かによって決定される[62]。

この点、ローチュス号事件におけるローダー判事の反対意見は注目に値する。同判事は、多数意見の結論より導かれる、国家が外国で犯罪を行った外国人に対し管轄権を行使することが許容される点に関して反対している。そして、その意見の中で、「もし（外国で犯罪（délit）を行った）外国人が、その犯罪を行った後に、たまたまある国家の領域にいたとしても、当該国家の刑法は拡張され得ない。なぜなら、違法行為は、当該国家の管轄権の範囲内において行われたわけではなく、また、犯人がその後（その国に）いることが国家の管轄権を拡張し

行うことは考えにくいため、実務的には問題とならないと指摘する。H. Tuerk, *Reflections on the Contemporary Law of the Sea*, (2012), p.107参照。

59) 例えば、林は、同条を「海上テロ行為が関係する特異な事情を勘案した重要な革新的規定」と評している。林『前掲書』（注5）344頁。

60) O. Schachter, *International Law in Theory and Practice*, (1991), p.268.

61) シャクターは、代理主義という言葉を用いているわけではないが、普遍主義に代わる考え方として、「多数国間条約は、他の締約国が当該条約上の違反者を裁き、処罰することに反対しないという締約国の合意の存在を示唆する」という考え方を挙げている。

62) 容疑者の存在のみが、容疑者所在国と容疑者との唯一の関係（connection）であることを指摘するものとして、A. Abramobsky, "Multilateral Conventions for the Suppression of Unlawful Seizure and Interference with Aircraft Part 1: The Hague Convention", *Columbia Journal of Transnational Law*, Vol.13 (1974), p.397.

得るわけではないからである（強調ママ）[63]。」と述べている。確かに、ローダー判事は、普遍的司法管轄権について述べたわけではない。しかしながら、犯人の所在という事実が司法管轄権の根拠とはならないというこの指摘は、現在の容疑者所在国の司法管轄権を考察する上でも重要と思われる。

また、このような指摘は近年の学説においても共有されるところである。例えば、マイエルヘーファーは、刑法の適用においては原則として連結点（Anknüpfungspunkt）が必要であるとした上で、「犯人を後から逮捕することそれ自体は、十分な連結点を提供するものではない。」と指摘する[64]。さらに、国連総会の要請を受け国連事務総長によって作成された普遍的管轄権に関する報告書においても、「引渡しか訴追か」の規定によれば、国家が自国と全く関係のない（entirely unconnected）犯罪に管轄権を行使することがあり得るとされている[65]。

このように、犯人（容疑者）の所在という事実は、「連関」を構成するものではないという前提に基づき[66]、容疑者所在国の司法管轄権を普遍主義に基づくとする学説は少なくない。例えばハーグ条約の規定に関し古谷は、容疑者所在国の司法管轄権は「ハイジャック行為と直接の関係を持たないすべての条約当事国に当てはまるから、この点では普遍的な管轄権を規定していることに間違いない。」とする[67]。また、容疑者所在国の司法管轄権の適用基準についての学説整理を行った安藤は、この管轄権を普遍主義に基づくものとする見解を有力説とみなす。そして、それらの見解が、「容疑者所在国はその管轄権行使に際し、容疑者が自国領域内に存在しているという以外に対象犯罪との間に何らの結びつきも有して」いないことに基づいていると指摘している[68]。

---

63) *Affaire du «Lotus», Arrêt, 1927, CPIJ Série A*, nº. 10, Opinion Dissidente de M. Loder, p. 35.

64) C. Maierhöfer, „*Aut dedere - aut iudicare*": Herkunft, Rechtsgrundlagen und Inhalt des völkerrechtlichen Gebotes zur Strafverfolgung oder Auslieferung, (2006), pp. 30 und 42.

65) *Report of the Secretary-General Prepared on the Basis of Comments and Observations of Governments*, (A/65/181) (29 Jul. 2010), para. 21.

66) 他方で、容疑者の所在を「関連」と評価するものとして、小寺彰・岩沢雄司・森田章夫編『講義国際法（第2版）』（有斐閣、2010年）348頁。

67) 古谷修一「普遍的管轄権の法構造―刑事管轄権行使における普遍主義の国際法的考察（二・完）」『香川大学教育学部研究報告（第1部）』第76号（1989年）90頁。

68) 安藤貴世「国際テロリズムに対する法的規制の構造―"aut dedere aut judicare"原則の解釈をめぐる学説整理を中心に―」『国際関係研究』第31巻2号（2011年）64頁。

容疑者所在国の司法管轄権を普遍主義に基づくものとする見解は、国家からも支持されるところである。例えばオーストリアは、ハーグ条約における「引渡しか訴追か」の導入に際して、容疑者所在国の司法管轄権を「普遍的管轄権」として提案している[69]。また、国連事務総長が報告書を作成するに際して、アルゼンチンは、犯罪と連関を有せずかつ引渡しを行わずに自国で訴追を行う場合、容疑者所在国は普遍的管轄権を行使する形で訴追を行うことになると指摘している[70]。

これに対し、容疑者所在国の司法管轄権を普遍主義に基づくものとみなすことはできないとの見解も確認される。例えば、バウエットは、「引渡しか訴追か」が初めて規定されたハーグ条約の規律するハイジャックについて、多くの国家がハイジャックを犯罪としておらず、同条約を批准していない事実に鑑みれば、ハイジャックを普遍的管轄権の対象とみなすことは驚きであると指摘する[71]。またヒギンズ判事は、あらゆる締約国ではなく、一部の締約国しか管轄権を行使することができないことから、容疑者所在国の司法管轄権は「厳密には」普遍的管轄権ではないと指摘する[72]。さらに、ブルームホールは、条約当事者間における管轄権は、真の意味で「普遍的」とは言えないとする[73]。

---

[69] International Civil Aviation Organization, *International Conference on Air Law, The Hague, December 1970*, Vol.II, (Doc 8979-LC/165-2), p.94.

[70] Permanent Mission of the Argentine Republic to the United Nations, (N.U.141/2011) (29 Apr. 2011), p.2, *available at* <http://www.un.org/en/ga/sixth/66/ScopeAppUniJuri_StatesComments/Argentina%20 (S%20to%20E).pdf> (last visited 30th Oct. 2015).

[71] D. W. Bowett, "Jurisdiction: Changing Patterns of Authority over Activities and Resources", *British Year Book of International Law*, Vol.53 (1982), p.13.

[72] R. Higgins, *Problems and Process: International Law and How We Use It*, (1994), p.64; 他方で同判事は、逮捕状事件のコイマンス判事及びビュルゲンタール判事との共同個別意見において、「用語を漠然と用いれば、」容疑者所在国の管轄権は普遍的管轄権となるとも指摘している。*Mandat d'arrêt du 11 avril 2000 (République démocratique du Congo c. Belgique), arrêt, C.I.J. Recueil 2002*, Opinion Individuelle de Mme Higgins, M. Kooijmans, et M. Buergenthal, para.41.

[73] B. Broomhall, "Towards the Development of an Effective System of Universal Jurisdiction for Crimes Under International Law", *New England Law Review*, Vol.35 (2001), p.401; このような主張は、仮に条約上の管轄権が慣習法上のものとなる場合には、もはやその理由付けが失われることとなる。この点、国際機関の手続を通じての一般多数国間条約の採択は、国家の共同体が、問題となる犯罪に関する普遍的管轄権が存在することを認めていることを示すものであるとするヨルダンのような見解も確認される。J. B. Jordan, "Universal Jurisdiction in a Dangerous World: A Weapon for All Nations Against

しかしながら、これらの主張はいずれも本書とは異なる形で普遍的管轄権を定義していることに留意する必要がある。バウエットやヒギンズ判事は、全ての（締約）国が必要な場合に行使できるものが普遍的管轄権であるという立場をとっているが故に、容疑者所在国の司法管轄権は普遍主義に基づくものではないとする。また、ブルームホールは慣習法に基づくものが普遍的管轄権であるという立場をとっているが故に、容疑者所在国の管轄権が普遍的管轄権であることを否定するにすぎないのである[74]。したがって、全ての（締約）国か否か、あるいは非締約国を含むか否かではなく、「連関」の有無に焦点をあてる本書の定義に鑑みれば、彼らの主張も、容疑者所在国の司法管轄権が普遍主義に基づくことを否定するものとはならない[75]。

(2) 代理主義

普遍主義に比べれば少数となるものの、容疑者所在国の司法管轄権を代理主義に基づくとする学説も確認される[76]。例えば、メイヤーは、「引渡請求が為さ

International Crimes", *Michigan State University-DCL Journal of International Law*, Vol. 9, (2000), p. 25; 他方、SUA条約に関しては、アキレ・ラウロ号事件の際の各国家及び国際機関の対応を見る限り、少なくとも締結当時、同条約上の管轄権が慣習法であったとみなすことは困難であろう。実際、SUA条約への批准国の数が比較的少数に留まっていたこともあり、同条約は条約成立後10年以上が経過した後でも慣習法とはなっていないという指摘もある。M. P. Scharf, "Application of Treaty-Based Universal Jurisdiction to Nationals of Non-Party States", *New England Law Review*, Vol. 35 (2001), p. 374.

74) 定義を変えれば、普遍的管轄権ともみなし得るとヒギンズ判事も指摘していることは、前述の通りである。

75) 同様の指摘を行うものとして、安藤「前掲論文」（注68）66頁。また、類似の指摘を行うものとして、水島朋101「拷問禁止条約における当事国間対世義務と普遍管轄権について―訴追するか引き渡すかの義務事件（ベルギー対セネガル）を素材として―」『法政論集』第255号（2014年）700-702頁。さらに、SUA条約に関し特定的に、普遍的管轄権を設定するものではないとの見解も見られる。このような主張においては、その理由が明記されていないため、なぜそのような結論に至ったかは定かではない。そのため、推測の域を出るものではないが、おそらく、海賊行為に対する普遍的管轄権と同様の管轄権はSUA条約においては認められないことから、そのように唱えられているものと思われる。J. M. Isanga, "Countering Persistent Contemporary Sea Piracy: Expanding Jurisdictional Regimes", *American University Law Review*, Vol. 59 (2010), p. 1292; Y. M. Dutton, "Maritime Piracy and the Impunity Gap: Domestic Implementation of International Treaty Provisions" in M. J. Struett, J. D. Carlson, and M. T. Nance (eds.), *Maritime Piracy and the Construction of Global Governance*, (2013), p. 75参照。

76) 森下忠『刑法適用法の理論』（成文堂、2005年）189-190頁; G. Gilbert, *Responding to International Crime*, (2006), pp. 90-91.

れない、拒否される、または実現不可能な場合に、ドイツ領域において身柄を拘束された外国人」が犯した犯罪に対し、代理主義に基づき西ドイツ法が適用されると説明する[77]。また、坂本は「引渡しか訴追か」を検討するに際し、「国際的に保護される者（外交官を含む。）に対する犯罪の防止及び処罰に関する条約（以下「国家代表等犯罪防止処罰条約」と略記）」に着目する[78]。同条約のILC条約草案第2条3項は、全ての締約国の無条件の司法管轄権を規定していた[79]。しかしながら、国連総会における国家間の議論の後、最終的に採択された同条約の第3条は、ハーグ条約同様、「引渡しか訴追か」における容疑者所在国の司法管轄権を規定するものとなった[80]。このような起草過程を捉え、坂本は、「現行のテロリズム関連諸条約における aut dedere aut judicare 原則の性質は、普遍性を帯びている状態に見えるが性質としては代理処罰的であるといえよう。」と結論づけている[81]。

　第1章で記した「本来管轄権を有するとされる国家に代わって行使される管轄権の適用基準」という定義に返れば、容疑者所在国の司法管轄権は、代理主義に基づくものとも考えられる。なぜなら、容疑者所在国は、義務的管轄権や任意的管轄権を有する（本来管轄権を有する）国家の代わりに司法管轄権を行使すると思われるからである。特に、本来管轄権を有する国家及び容疑者所在国のいずれもが「引渡しか訴追か」を規定する条約の締約国である場合には、容疑者所在国が司法管轄権を行使することについて、代理管轄権の理論的根拠たる同意が、条約への批准という明示的な形で確認される。他方、本来管轄権を有するとされる国家がいずれも非締約国である場合、同意の確認が困難となることから、容疑者所在国が司法管轄権を行使することが国際法に合致している

---

[77] J. Meyer, "The Vicarious Administration of Justice: An Overlooked Basis of Jurisdiction", *Harvard International Law Journal*, Vol. 31 (1991), pp. 115-116.
[78] 坂本まゆみ『テロリズム対処システムの再構成』（国際書院、2004年）90頁。
[79] International Law Commission, *Yearbook of the International Law Commission 1972*, Vol. II, pp. 315-316.
[80] 国家代表等犯罪防止処罰条約第3条の起草過程について検討したものとして、安藤貴世「『国家代表等に対する犯罪防止処罰条約』における裁判管轄権規定(1)(2・完) ―絶対的普遍的管轄権の設定をめぐる起草過程の検討―」『国際関係研究』第33巻1号（2012年）17-25頁、第33巻2号（2013年）7-14頁。
[81] 坂本『前掲書』（注78）90頁。

と言えるかについては疑問も残る[82]。

また、代理司法管轄権を行使する場合、本来管轄権を有する国家の法制度等の考慮という要件を満たす必要がある。この点についても、本来管轄権を有する国家と容疑者所在国の両方がテロ関連条約を批准している限り、当該要件は一定程度満たされることになると思われる。なぜなら、テロ関連条約は、特定の行為類型を犯罪とした上で、そのような犯罪の「重大性を考慮した」刑罰を科すことを規定しているからである[83]。

このように、容疑者所在国の司法管轄権は、外形的には普遍主義に基づくものとも、また、代理主義に基づくものとも説明され得ることとなる。そのため、第1章で確認したように、この容疑者所在国の司法管轄権がいずれの適用基準に基づくとされるかについては、対象となる事案と国際共同体の関係、さらには同意がどのように為されているかを考慮する必要があろう。この点、改正SUA条約に関しては、同条約への批准のみが容疑者所在国による司法管轄権行使への同意となり得るのであって、特定の事案についての同意が制度上要求されているわけではない。したがって、同意に基づく代理主義より普遍主義による説明の方がより説得的と考えられることから、次款にてその検討を行う。

第3款　改正SUA条約上の犯罪に対する普遍的管轄権の理論的根拠

(1) 犯罪の性質基準

テロ関連条約に規定される犯罪を一括して、犯罪の重大性から、「全ての国家の潜在的な脅威であるが故に、自動的に、特定の国家の利益ではなく、あらゆる締約国の利益に影響する」とする主張もないわけではない[84]。確かに、テ

---

82) 容疑者所在国が非締約国である場合に、当該国家が管轄権を行使できるかについては争いがある。ジェラフティーは、条約が権限も創設していることから、条約の非当事国は普遍的管轄権を行使することはできないとしている。A. Geraghty, "Universal Jurisdiction and Drug Trafficking: A Tool for Fighting One of the World's Most Pervasive Problems", *Florida Journal of International Law*, Vol. 16 (2004), p. 392; しかしながら、この場合でも、本来管轄権を有する国家が締約国であれば、容疑者所在国の管轄権行使に対する同意は推定されやすくなるものと思われる。

83) 例えば、ハーグ条約第2条やSUA条約第5条がそのような規定と言える。

84) Steenberghe, supra note 45, p. 1113.

ロ関連条約のひとつとして締結された改正SUA条約上の犯罪が、そのような性質を有すると主張することも不可能ではないだろう。しかしながら、テロ関連条約と一口に言っても、ハイジャックからテロリストへの資金供与までと幅広く、その規定する犯罪は千差万別であるため、犯罪ごと個別に検討する必要がある。

　SUA条約上の犯罪に焦点をあてると、その犯罪は第3条1項(b)のような、船舶内での単なる暴力行為を含むものである。仮にそのような暴力行為であったとしても、当該行為が公海という地理的に特殊な空間に関してのものであれば、それが国際共同体の利益を侵害し得ることは、海賊行為についての検討にて確認した通りである。しかしながら先述したように、SUA条約第4条1項によれば、公海上を航行している船舶だけでなく、1国の領海を越えておらずとも、その予定さえあれば同条約は適用され得る。この点、国家ごとに異なるものの、領海を越えて航行する場合には、1国内を航行する場合に比べ、船舶はその船籍が便宜置籍国のものとなったり、船員の国籍が多様化したりするなど国際性を著しく強く有することになる。そのため、そのような国際性を強く有する船舶の航行の自由の侵害が、国際共同体の利益を侵害するとの説明は不可能ではない。

　より問題となるのは、第4条2項の、1国内を航行している船舶において犯罪を行った者が、いかなる連関も有しない国に逃亡した場合である。例えば、横浜から神戸へと運航する日本籍船舶において、日本人船員Aが日本人船員Bを殺害した後に日本国外へと逃亡した場合、Aの所在国は司法管轄権を行使することができることとなるのである。確かに、国外へと逃亡したことにより、国際性を有するようになるとの指摘は一定程度妥当する。しかしながら、問題となる事案はあくまでも純粋に日本国内の問題であって、このような犯罪が国際共同体の利益を侵害するとみなすことは難しいと思われる。

　このように、国際共同体の利益を侵害するとの説明が理論的には困難であるにもかかわらず、SUA条約上の犯罪に対して普遍的司法管轄権が認められるようになった背景には、海洋ガバナンスの視点の影響が確認される。SUA条約の前文によれば、同条約は「海洋航行の安全に対する不法な行為が人及び財産の安全を害し、海洋航行の業務の運営に深刻な影響を及ぼし、また、海洋航行の安全に対する世界の諸国民の信頼を損なうものであることを考慮し、このよう

な行為の発生が国際社会全体にとって重大な関心事であることを考慮し」て規定されたものである。つまり、SUA条約の保護法益は、まさに海洋航行そのものにあると言える[85]。そしてこの海洋航行は、「海洋を一体のものとして」管理しない限り、その保障が難しいと考えられるのである。海洋が物理的に一体であるため、公海で活動する海賊を、公海上でのみ取り締まっても不十分であり、領海、場合によって陸地にまで手を伸ばして取締りを行う必要があることは、まさにソマリア沖の海賊問題への対処にあたって確認された通りである。

また、SUA条約に基づき普遍的司法管轄権を行使した場合、当該行使が制限し得る国家の利益が、公海上の船舶に対する旗国の利益だけでなく、領海に対する沿岸国の利益をも含む点に留意する必要がある。第2章における分析に基づけば、海賊行為に対する普遍的司法管轄権が認められた背景には、同管轄権が領域主権を制限するものではないことが挙げられる。したがって、領域主権が及ぶとされる領海に対しては、普遍的管轄権の行使は公海以上に認められにくくなる。それにもかかわらず、このような普遍的司法管轄権が許容されるのは、領土に対するそれとは異なり、領海に対する領域主権が機能的なものにすぎないということが挙げられよう[86]。

さらに、無害通航権が慣習法上認められてきたという事実に鑑み、領海と言えど、航行については非沿岸国も利益を有すると考えられてきたことを想起しなければならない[87]。UNCLOSにおいては、領海に対する沿岸国の領域主権が認められているものの、沿岸国は外国籍船舶の無害通航権を保障する義務を負う。この領海に対する主権と無害通航権の関係をめぐっては、パナマ法人が所有するダビッド号と米国法人所有のヨーバ・リンダ（Yorba Linda）号との衝突について、1933年に米国＝パナマ一般請求委員会が裁定を下したダビッド号事件以来、次の2つの立場の対立が確認される。佐藤教人の言葉を借りるならば、「一つは無害通航権を公海における航行の自由の延長にある権利とみる立場」、

---

85) 保護法益に関し、奥脇は海賊行為に関する国際法とSUA条約とでは「法制が保護する法益が異なる」と指摘する。奥脇「前掲論文」（注17）28頁。

86) このような指摘を行うものとして、西本健太郎「海洋管轄権の歴史的展開（六・完）」『国家学会雑誌』第126巻3・4号（2013年）287頁。

87) 一般的に、通航は航行の一形態と認識されている。F. Ngantcha, *The Right of Innocent Passage and the Evoluation of the Internaitonal Law of the Sea: The Current Regime of 'Free' Naviation in Coastal Waters of Third States*, (1990), pp. 43-56参照。

すなわち、無害通航権を「沿岸国によって与えられた礼譲または恩恵ではなく、すべての船舶に認められた厳格な意味での権利」とする立場である。そして、「もう一つは、無害通航権の制度的地位を認めつつ、他方、これを沿岸国主権の例外とみる立場である（傍点ママ）[88]。」

ダビッド号事件においては、民事裁判権を行使するための米国によるダビッド号の拿捕が、国際法に合致するものであったか否かが争点となった。この点、請求委員会は、「3海里の水域に対して主権を拡張することについての一般的な規則は、明確に確立している。この主権の完全性に対する例外は、明確な根拠（authority）によって基礎づけれらるべきである。そして、この主権が無害通航権として知られるものにより制限されること、そして、当該制限が自国領海を通過する外国籍商船の無害通航を主権者が実際に禁止することを禁じるものであることについての根拠は数多く存在する（傍点筆者）。」とする一方で、無害通航を行う船舶が民事上の差押えを免除されることはないと結論付けた[89]。つまり、委員会は、無害通航権を領域主権「原則」の「例外」と位置づけることで、十分な根拠が示されない民事裁判における差押えの免除という「例外」は、確立していないとしたのである。

この多数意見の見解に対しアルファロ委員は、その反対の意見において、多数意見は無害通航の性質を誤認するものであると批判する。同委員によれば、無害通航権は、「公海における航行の自由の必要な付属品とみなされてきた。」のであり[90]、領域主権の例外として形成されたものではない。同様に、ボーチャードは、「無害通航は、歴史的には主権に対する『例外』ではなく、通航する船舶にそのような『例外』を立証する責任があるわけでもない。無害通航の特権は、領域『主権』と同程度に強固な法的地位を有していると考えられている。」として、委員会の裁定を批判する[91]。また、杉原も、アルファロ委員の意見の方

---

88) 佐藤教人「領海における外国公船に対する執行措置の限界」『同志社法学』第66巻4号（2014年）11頁。同様の指摘を行うものとして、水上千之「航行利益の尊重と沿岸国の領海における主権」『船舶の通航権をめぐる海事紛争と新海洋法秩序（第1号）』（1981年）5頁。

89) *Compañia de Navegación Nacional (Panama) v. United States*, Award, (1933), *Reports of International Arbitral Award*, Vol. VI, p. 384.

90) *Ibid.*, p. 386.

91) E. M. Borchard, "The United States-Panama Claims Arbitration", *American Journal of International Law*, Vol. 29 (1935), p. 104.

が、「今日認められている無害通航権をより適切に表現している」と評する[92]。
　以上から確認されるように、無害通航権を領海に対する主権の例外と位置づけた請求委員会の多数意見は、およそ支持を集めているとは言い難い[93]。実際、その後の領海条約第20条及びUNCLOS第28条はいずれも、沿岸国が民事裁判権を行使するために、領海内を通航中の船舶を停止したり、航路を変更させたりすることを禁止しており、これらは多数意見の判断を覆す形で法を発展させたものと言える。加えて言うならば、領海に対する主権の完全性を強調する多数意見は、領海に対する主権が機能的なものにすぎないという側面を捉えておらず、そもそもの議論の出発点も適切ではなかったように思われる。
　このように、無害通航権が、公海の航行の自由の延長のものとして、厳格な意味での権利であると考えられる以上、領海における航行を沿岸国のみの利益と捉えるのは適当ではなくなる。したがって、公海だけでなく、領海においてさえ、船舶の航行は国際共同体の実利的利益とみなされるのである。それ故、あらゆる国家において違法とされる暴力行為のような手段によって船舶の航行を妨害することは、そのような利益を侵害するものとみなし得る[94]。

(2) 処罰の効率性基準

　SUA条約上の犯罪に対する普遍的司法管轄権の行使が処罰の効率性基準を満たすか否かは、従来の適用基準に基づく司法管轄権を行使することで処罰が期待できるか否かによって決定される。この点、「引渡しか訴追か」は、そもそも、従来の適用基準の間隙を埋めるためにハーグ条約に規定されたという経緯

---

92) 杉原高嶺『海洋法と通航権』（日本海洋協会、1991年）64頁。
93)「委員会の意見が誤っているとは言えない。」とするジェサップも、法の望ましい発展の観点からすれば、反対の結論が導かれるべきであったと指摘する。P. C. Jessup, "Civil Jurisdiction over Ships in Innocent Passage", *American Journal of International Law*, Vol. 27 (1933), p.750; そもそもジェサップは、無害通航権を、海洋航行の自由と領海の理論との妥協の帰結と位置づけている。P. C. Jessup, *The Law of Territorial Waters and Maritime Jurisdiction*, (1970), p.120; また、「船舶の通航権をめぐる海洋紛争と新海洋法秩序」共同研究委員会の共同討議においても、多くの委員が、無害通航権を公海自由の原則の延長線上に捉える考え方を支持している。山本草二他「船舶の通航権をめぐる海洋紛争と新海洋法秩序」『船舶の通航権をめぐる海事紛争と新海洋法秩序（第2号）』(1982年) 143-146頁。
94) 他方、改正議定書で新たに規定されたWMD運搬は、海洋航行の妨害という性質を有さないことから、同様の正当化は難しい。同運搬がテロリストによるWMDの使用への幇助になることに鑑みると、同運搬は、国際共同体の実利的利益を侵害するわけではなく、ジェノサイドのように、その重大性故に道徳的利益を侵害するものと考えられる。

がある。国際民間航空機関法律小委員会において米国は、処罰の確保を確実なものとするために、容疑者所在国が航空機登録国に対し容疑者を引き渡す義務をハーグ条約に規定するよう主張した。しかしながら、「政治犯不引渡しの原則」など、従来の引渡規則との関係からそのような義務規定は受け入れられなかった。そこで、引渡しを徹底する代わりに、容疑者が航空機を去った国を含む複数の国家の管轄権を設定することでの妥協が図られ[95]、その後のハーグ外交会議において処罰の確保をより確実なものとするために、容疑者所在国の司法管轄権行使を義務付ける形で現行条約規定が採択されるに至ったのである[96]。このように、「引渡しか訴追か」の規定は、そもそも従来の適用基準の間隙を埋めるために規定されたものであり、実際に容疑者の逃げ場をなくし、処罰の効率性を高めるために有用な規定と言えるのである[97]。

さらに、SUA条約上の犯罪の形態からも、容疑者所在国の管轄権が、同犯罪の処罰の効率性を高めるものであることが分かる。同犯罪は、海上における暴力行為であり、海上での取締り行為が困難であることは、第2章においても確認した通りである。そのため、船舶から降りた容疑者が偶然入国し、発見された国家の管轄権行使が義務付けられることは、処罰の効率性を高める上で有用と思われるのである。

また、海上での逮捕が実務上困難であることに鑑みれば、処罰の前段階たる取締りの効率性を高める上では、海賊行為同様、非旗国による海上警察権の行使が許容される必要があると思われる。この点、改正議定書においてこの権限についての規定が設けられているため、次節において、海上警察権と容疑者所在国の司法管轄権との関係及び海上警察権の適用基準について検討する。

---

95) International Civil Aviation Organization, *Subcommittee of the Legal Committee on the Subject of Unlawful Seizure of Aircraft*, (Doc 8838-LC/157) (1969), p.31.
96) 外交会議での議論については、International Civil Aviation Organization, *International Conference on Air Law, The Hague, December 1970*, Vol.I, (Doc 8979-LC/165-1), p.78参照。
97) 類似の指摘を行うものとして、Steenberghe, *supra* note 45, p.1103.

第3節　改正SUA条約における海上警察権の法構造

第1款　改正議定書における海上警察権の配分

(1)「4時間ルール」における非旗国の海上警察権

　執行管轄権に関し、SUA条約第9条は「この条約のいかなる規定も、自国を旗国としない船舶内において捜査又は取締りのための裁判権を行使する各国の権限に関する国際法の規則に影響を及ぼすものではない」と規定しており、同条約が旗国主義原則に対していかなる影響を与えるものでもないことを確認している。このことはSUA条約の限界であると長く指摘されるところであり、その実効性には疑問が呈されてきた[98]。

　そこで、2010年に発効した改正議定書第8条の2第5項はいわゆる4時間ルールとして、次のように規定した：

第8条の2第5項

　締約国（「要請国」）の法執行機関または他の権限ある職員が、あらゆる国の領海の外において、他の締約国（「国籍被表示国」）の旗を掲げまたは標識を表示する船舶に遭遇し、かつ要請国が当該船舶または当該船舶の乗船者が第3条及び第3条の2、第3条の3または第3条の4に規定する犯罪の実行に既に関与した、現に関与しているまたは関与しようとしていると疑うに足る合理的な理由を有し、かつ要請国が乗船を希望する場合には、

(a)　要請国は1及び2の規定に従い、国籍被表示国が国籍に関する主張を確認するよう要請しなければならない。

(b)　国籍が確認された場合、要請国は国籍被表示国（以下「旗国」とする。）に対し、当該船舶に関し、乗船するための、及び適切な措置をとるための授権を与えるよう求めなければならない。当該措置は、第3条、第3条の2、第3条の3または第3条の4に規定する犯罪が既に行われた、現に行われている、または行われようとしているかを決定するために、当該船舶を停

---

[98]　酒井「前掲論文」（注47）142頁。

船、乗船、捜索すること、及びその積荷、その乗船者を捜索すること並びに当該乗船者に対し質問することを含み得る。
(c) 旗国は、次のいずれかの行動をとらなければならない：
　(i) 自国が7に従って課すことができるあらゆる条件に従い、要請国に対し、乗船すること及び(b)に規定される適切な措置をとることを授権すること。
　(ii) 自国の法執行機関または他の権限ある職員により乗船及び捜索を行うこと。
　(iii) 自国が7に従って課すことができるあらゆる条件に従い、要請国とともに乗船及び捜索を行うこと。
　(iv) 乗船及び捜索の授権を拒否すること。要請国は、旗国による明示的な授権がなければ、乗船したり、または(b)に規定される措置をとったりしてはならない。
(d) 批准書、受諾書、承認書、若しくは加入書を寄託する際にまたは寄託した後に、締約国は、事務局長に対して、当該締約国の旗を掲げまたは船籍を表示する船舶について、国籍を確認するための要請の受領を了知したときから4時間以内に国籍被表示国からの回答がない場合、当核船舶の国籍証書の所在確認及び調査をし、第3条、第3条の2、第3条の3または第3条の4に規定する犯罪が既に行われたか、現に行われているか、または行われようとしているかを決定するために、要請国が当該船舶に乗船すること、及び、当該船舶、その積荷、その乗船者を捜索すること、並びに当該乗船者に対し質問することを授権されていることを通告することができる。
(e) 批准書、受諾書、承認書、若しくは加入書を寄託する際にまたは寄託した後に、締約国は、事務局長に対して、当該締約国の旗を掲げまたは船籍を表示する船舶について、要請国は、第3条、第3条の2、第3条の3または第3条の4に規定する犯罪が既に行われたか、現に行われているか、または行われようとしているかを決定するために、当該船舶への乗船、及び、当該船舶、その積荷、その乗船者を捜索すること、並びに当該乗船者に対し質問することを授権されていることを通告することができる。

この規定を簡潔にまとめると、ある締約国（要請国）が、第3条に規定される犯罪行為に関与し、または関与しようとしている疑いのある他の締約国（国籍被表示国）の船舶に遭遇し、乗船を希望する場合、要請国は国籍被表示国に対し、国籍の確認を求めなければならない（第8条の2第5項(a)）。そして、国籍が確認された場合、要請国は国籍被表示国（旗国）に対し乗船や捜査などを行うための授権を求めなければならず（第8条の2第5項(b)）、要請を受けた旗国は、①要請国に授権する、②自ら乗船して捜査を行う、③要請国と共に乗船及び捜査を行う、④乗船及び捜査の授権を拒否すること、の4つのいずれかの行動を取らなければならない（第8条の2第5項(c)）。さらに、締約国は、4時間以内に自国が返事をしない場合（第8条の2第5項(d)）、あるいは、自国に対し要請が行われたことのみをもって（第8条の2第5項(e)）、自国を旗国とする船舶への要請国による乗船及び捜査を認める旨事前にIMOの事務局長に通知することができる。そして、旗国が事前に通知した条件を満たす場合には、要請国に対する旗国からの授権が推定され、要請国は乗船及び捜査を行うことができるとされる。このように、公海上における執行管轄権に関し、改正議定書は、旗国の同意を必要とするという原則は維持しつつも事前の同意を用いるシステムを構築することにより、非旗国による執行管轄権行使の可能性を広げたと評価することができよう[99]。

(2) 「4時間ルール」を補完するための非旗国の海上警察権

　このように、改正議定書第8条の2第5項はいわゆる4時間ルールを規定するものである。しかしながら、その(b)によれば、4時間ルールに基づき非旗国がとれる措置は、「停船、乗船、捜索すること、及びその積荷、その乗船者を捜

---

99) 坂元は、このシステムを高く評価しつつも、国際海運業界に与える影響が大きいことを指摘している。坂元茂樹「臨検・捜索—SUA条約改正案を素材に」海上保安協会『各国における海上保安法制の比較研究』（2005年）*available at* <http://nippon.zaidan.info/seikabutsu/2004/00503/contents/0009.htm> (last visited 30th Oct. 2015); また、鶴田はこの4時間ルールを、旗国主義との整合性を図りつつ、海上での早期対応を可能にしたものとして高く評価している。鶴田順「改正SUA条約とその日本における実施—「船舶検査手続」と「大量破壊兵器等の輸送」に着目して—」栗林忠男・杉原高嶺編『日本における海洋法の主要課題—現代海洋法の潮流（第3巻）』（有信堂高文社、2010年）141頁。また、林は「こうした旗国主義の運用面における緩和傾向は、海上における国際協力がますます強化されるに従い、他の分野にも広がる可能性があると思われ、SUA改正議定書はその意味で更なる先例となるであろう」と指摘している。林『前掲書』（注5）355頁。

索すること並びに当該乗船者に対し質問すること」が含まれるのみであって、第6条で規定される司法手続はもちろん、拿捕や逮捕に関しては言及されていない。そのため、その間隙を埋めるたに、「4時間ルール」とは分離する形で、第8条の2第6～8項は次のように規定されている；

第8条の2

(6) 本条に従って行われた乗船の結果として、第3条、第3条の2、第3条の3、第3条の4に定められる行為の証拠が発見された場合、旗国は、要請国に対し、旗国からの処置に関する指示を受けるまで、船舶、その積荷、その乗船者を抑留することを授権することができる。要請国は、本条に従って行われた乗船、捜索、抑留の結果について、速やかに旗国に通知しなければならない。要請国はまた、本条約に服さない違法行為の証拠の発見について速やかに旗国に通知しなければならない。

(7) 旗国は、本条約の他の規定と合致する形で、5及び6に基づく授権に関し、要請国から追加的な情報を得ることを含む条件及び、とられる措置の責任並びに当該措置の範囲に関する条件を定めることができる。人の生命に対する急迫した危険を除くために必要な場合または、これらの措置が関連する2国間若しくは多数国間協定に基づきとられる場合を除き、旗国による明示的な授権がなければ、いかなる追加的な措置もとってはならない。

(8) 本条に基づくあらゆる乗船に関し、旗国は、抑留された船舶、積荷または他の物品、及び乗船者に対し、拿捕、没収、逮捕、訴追を含む管轄権を行使する権利を有する。ただし、旗国は自国の憲法及び法令に従い、第6条に基づき管轄権を有する他の国が管轄権を行使することに同意することができる。

規定を順に簡潔にまとめると、第8条の2第6項は、乗船・捜査に続く抑留について規定したものである。乗船・捜査の結果、条約上の犯罪に従事していないとされるのであれば問題ないが、従事しているとの疑いが強まった場合には、さらなる措置を講じる必要がある。そして、そのような措置を検討するための時間を確保するために、旗国は要請国に対して抑留を授権することができるのである。

また、第8条の2第7項は、「旗国による明示的な授権」がなければ、非旗

国は「追加的な措置」をとることができないと規定する。つまり、同項を参照する限り、旗国の明示的な授権さえあれば、要請国となったあらゆる非旗国が司法管轄権までを行使することが可能なように思われる。その一方で、第8条の2第8項において、旗国は、「拿捕、没収、逮捕、訴追」といった措置について、「第6条に基づき管轄権を有する他の国が管轄権を行使することに同意することができる」と規定している。この規定を文理解釈すれば、本来管轄権を有する国家に対してのみ管轄権行使が許容されるのであって、それ以外の国家には許容されないかのように思われる。実際、同規定についてクラインは、仮にある国家が、外国籍船舶が第3条に規定される犯罪に従事していたことを乗船して確認したとしても、第6条に基づく「管轄権の連関 (jurisdictional nexus)」が存在しない場合には、当該国家は最終的に訴追することはできないかもしれないと指摘する[100]。

これに対しギルフォイルは、第6条は管轄権を創設しているわけではなく、その行使を義務付けているにすぎないため、旗国の同意があれば、管轄権の連関を有しない国家も司法管轄権を行使することができるとする[101]。改正議定書のような条約が不存在の場合であっても、旗国の同意さえあれば非旗国による管轄権の行使が一般的に許容されることを考慮すれば、このようなギルフォイルの結論は妥当と思われる。しかしながら、SUA条約第6条は、1項においては義務的管轄権を規定しているものの、2項は任意的なものにすぎない。さらに、4項における容疑者所在国の司法管轄権が条約により創設されるものであることは、前節において確認した通りである。したがって、ギルフォイルの第6条の理解は正確とは言えず、この点については異なる説明が必要とされよう。

クラインともギルフォイルとも異なる、第8条の2第8項についての正確な理解は、第6条4項に焦点をあてることで可能になると思われる。第6条1項・2項に規定される、国家に先天的に付与される管轄権と異なり、4項の管轄権は、容疑者の所在によって、ある国家が後天的に行使可能となったり、行使不可能となったりするものである。したがって、1項・2項に従い、いかなる連関を有していない国家であっても、旗国の同意を得た上で容疑者を自国へと連

---

100) N. Klein, *Maritime Security and the Law of the Sea*, (2011), p.183.
101) D. Guilfoyle, *Shipping Interdiction and the Law of the Sea*, (2009), pp.256-257.

行して容疑者所在国となった場合、第4項に基づき、「第6条に基づき管轄権を有する他の国」になったとみなされるのである。改正議定書に基づく実行ではないものの、このような解釈は、シー氏を連行した自国において司法管轄権を行使した米国の実行とも整合的と言えよう。

(3) 改正議定書における海上警察権の細分化

　改正議定書はその第8条の2第5項において、停船・乗船・捜索、第8項において、拿捕・没収・逮捕・訴追と、管轄権を作用上7つに区分して規定している。他方、海賊行為に関しては、UNCLOS第110条における臨検と、同条約第105条における拿捕・逮捕・没収・刑罰の決定、と管轄権は作用上5つに区分されている。また、4時間ルールと類似の許可方式の制度を定めた新麻薬条約は、その第17条4項において、乗船・捜索・適当な措置と作用上3つに区分して管轄権を規定している。表現や用法は異なるものの、これらの条約規定のいずれもが、容疑船舶を停めて乗り込む段階から、司法手続までを規定したことに相違はない。それにもかかわらず、その間の措置の数が7つと改正議定書において多く規定されているのは、同議定書は従来の条約に比べ、管轄権を細分化しているためと言えよう。

　このように管轄権が細分化された背景には、海上犯罪をより実効的に取り締まるために、非旗国による管轄権行使を許容する傾向にあることが挙げられよう[102]。ただし、この傾向は、必ずしも旗国主義を排除する方向へと向かうことを意味するものではない。第8条の2第8項が典型例となるように、改正議定書はあくまでも旗国主義を原則として堅持した上で、旗国の力の及ばない部分を非旗国が補完できるようにしているにすぎない。この点、兼原は、「非旗国の措置は、旗国主義と対立するものではなく、むしろ、海上での旗国の執行管轄権の行使を補完するものである」と指摘する[103]。海上警察権を細分化することによって、非旗国が活動する機会を増加させようとしているのである。

　他方で、このような細分化に対し、各国がどこまで対応できているのかに関

---

102) 兼原も、「関係諸国間で管轄権配分が多岐化し詳細化していく傾向がある」と指摘している。兼原敦子「現代公海漁業規制における旗国主義の存立根拠」『立教法学』第75号（2008年）30頁。

103) A. Kanehara, "Challenging the Fundamental Principle of the Freedom of the High Seas and the Flag State Principle Expressed by Recent Non-Flag State Measures on the High Seas", *Japanese Yearbook of International Law*, Vol. 51 (2008), p. 30.

しては疑問も残る。例えば、ギルフォイルは、国際法上の阻止活動（interdiction）を２つの段階に峻別する。第１段階が、容疑の時点でとる乗船や捜査といった措置であり、第２段階が、容疑が正当化された後にとる拿捕や逮捕といった行為である[104]。このようなわずか２つの峻別に関しても、日本法で言うところの、行政警察活動と司法警察活動の峻別とどこまで一致しているのかは明らかでない[105]。国際法上管轄権が細分化されていたとしても、国家が細分化された管轄権を実際に行使することができないのであれば、それは猫に小判となる。

また、序章に記した海賊行為を行った者とSUA条約上の犯罪を行った者との峻別や[106]、WMDの運搬と麻薬の運搬の峻別など、容疑の真偽が明らかとなるまで、いずれか判断がつかないような海上犯罪も少なくない。そのような中、容疑の真偽が明らかとなる前の段階から各犯罪に対し非旗国がとれる措置が異なるということは、国家に海上警察権の行使を躊躇させる一因となり得る。さらに、旗国がいずれの条約の締約国か、あるいは、改正議定書の４時間ルールについてオプト・インしているか否かといった事実により、乗船を希望する船舶に対してとれる措置が異なることも、実際に海上警察権を行使する上での問題となろう。

第２款　改正議定書における非旗国の海上警察権の適用基準

（１）代理主義の優位性

４時間ルールを中心に規定される改正議定書における非旗国の海上警察権であるが、その適用基準についても、司法管轄権と同様の議論が為される。「事案といかなる連関も有しない国家が特定の事案に対して行使する管轄権（立法・

---

104) Guilfoyle, *supra* note 101, p.4.
105) 行政警察活動と司法警察活動の峻別に関しては、山本晶樹「行政警察作用と司法警察作用」『中央学院大学法学論叢』第14巻１・２号（2001年）243-263頁参照。
106) シンガポール内務相のヴォン・カン・サンは、海上で犯罪が起きた際、船舶を支配したのが海賊かテロリストか不明であることも少なくないと指摘する。Agence France Presse, "Piracy Equals Terrorism on Troubled Waters: Minister", 21 Dec. 2003；実際、オランダ・ロシア間での紛争となったアークティック・サンライズ号事件において、同船に乗船していたグリーンピースの活動家に対して、ロシアのコーストガードは取締りに際し、「海賊行為及びテロリズム」の容疑がかかっていると伝えている。*The Arctic Sunrise Arbitration (Netherlands v. Russia), Award on the Merits*, 14 Aug. 2015, para.94.

執行・司法のいずれかまたはそれらの組合せ）」という普遍的管轄権の定義に照らせば、非旗国というういかなる連関も有しない国家による海上警察権の行使は普遍主義に基づくものと説明され得る。他方、「本来管轄権を有するとされる国家に代わって行使される管轄権の適用基準」という代理主義の定義に照らせば、旗国という本来管轄権を有する国家が同意する場合には、非旗国の海上警察権は代理主義に基づくものとみなされよう。

　この点、改正議定書における海上警察権の対象は、条約で規定される犯罪、すなわち国際共同体の利益を侵害するものと考えられる。しかしながら、容疑者所在国の司法管轄権とこの海上警察権とでは、同意の位置づけが大きく異なることに留意する必要があろう。容疑者所在国の司法管轄権については、条約への同意という、一般的な形での同意しか確認されない。裏を返せば、少なくとも条約締約国の間では、条約への批准があるが故に、容疑者所在国が管轄権を行使することに異議を唱えることはできない。他方で、海上警察権の場合、第8条の2において記されるように、非旗国が海上警察権を行使するにあたっては、旗国の同意がより個別具体的な形で必要とされる。4時間ルールについては、同ルールの適用を受けるか否かを締約国は個別に決定する、いわゆるオプト・イン方式という形で同意が確認される。さらに、その後の拿捕・没収・逮捕・訴追といった措置に関しては、個別に旗国の同意を必要とする。このように同意が厳密に求められることに鑑みれば、改正議定書における非旗国の海上警察権は、普遍主義よりも代理主義に基づくものと考える方がより適切と言えよう。

(2) 代理主義から普遍主義へ

　非旗国の海上警察権が代理主義に基づくと考える方が適切とは言え、これを行使した後の刑事訴追を想定する場合、普遍主義の観点から海上警察権を構成していくことが、海洋ガバナンスの視点からは必要と言えよう。と言うのも、他の国家の同意に基づく代理管轄権の行使は人権法に違反し、その結果、司法管轄権の行使による海洋管理が困難となる場合があるからである。

　実際、2010年に欧州人権裁判所大法廷において判示されたメドヴェージェフ事件においては、旗国による同意に基づく海上警察権の行使が人権法の観点から問題となった。この事件は、2002年にカーボヘルデ沖の公海上にてコカインを輸送していたカンボジア船籍のウィナー号に対してフランスの軍艦が臨検・

捜査を行い、その後フランス海軍が当該船舶に乗船していた被疑者の身柄を拘束したことに端を発する[107]。この事件において臨検を行う際、フランス政府は事前にカンボジアから外交文書による同意を得ていた[108]。それにもかかわらず、フランスによるメドヴェージェフらの抑留は、法的基礎を有しないがために「人権及び基本的自由の保護のための条約（以下「欧州人権条約」と略記）」第5条1項に違反するとされたのである[109]。

メドヴェージェフ事件において問題となったのは、あくまでも欧州人権条約であって、海洋法ではない。ウィナー号への干渉それ自体が海洋法に違反するものではないことは、大法廷も認めるところである[110]。大法廷による人権法の違反認定が適切であったか否かはさておき[111]、海洋法の観点からは合法と認定される海上警察権の行使が、人権法の観点からは国際法違反とされる可能性があることに留意する必要がある[112]。とりわけ、この事件のように、同意に基づく代理主義を管轄権の基礎とする場合には、適正手続のような人権法の観点からの問題を惹起しやすいと言える。

それ故、仮に条約規定からは普遍主義よりも代理主義に親和性を有する管轄権であったとしても、その行使を許容するための各国国内法制においては、普遍主義に基づく権限と同様に、特定の犯罪に対する権限としてあらかじめ規定しておくことが肝要と思われる。第2章において紹介したフランス海賊対処法

---

107) *Affaire Medvedyev et autres c. France (Requête no 3394/03), Arrêt, 10 juillet 2008*, para. 11.
108) *Affaire Medvedyev et autres c. France (Requête no 3394/03), Arrêt, 29 mars 2010*, para. 10.
109) 欧州人権条約第5条1項は次のように訳される。「全ての者は、身体の自由および安全に対する権利を有する。何人も、次の場合において、かつ、法律で定める手続によらない限り、その自由を奪われない。(a)…(以下略)」。奥脇・小寺編『前掲書』（注24）371頁。
110) *Supra* note 108, para. 96；他方で、このような大法廷による人権法の違反認定に疑問を呈するものとして、D. Guilfoyle, "Human Rights Issues and Non-Flag State Boarding of Suspect Ships in International Waters", in C. R. Symmons (ed.), *Selected Contemporary Issues in the Law of the Sea*, (2011), pp. 94-96.
111) この点について、学説を含め検討したものとして、田中清久「公海上の外国船舶に対する干渉行為をめぐる海洋法と国際人権法の交錯─Medvedyev事件欧州人権裁判所判決を素材として─」『愛知大学法学法経論集』第197号（2013年）1-65頁。
112) 同様の判断がその後のハッサン他事件においても為されていることに鑑みれば、海洋法上の合法性が人権法上の合法性をも担保するものではないことは、少なくとも欧州人権条約においては定着しつつあると評価できよう。*Affaire Hassan et autres c. France (Requête no 46695/10 et 54588/10), Arrêt, 4 déc 2014*, paras. 57-72.

は、国際法が許容する場合に限り (lorsque le droit international l'autorise)、他国領海でも、海上警察権を行使することを可能としている[113]。これは、あくまでも沿岸国の同意を想定したものであって、旗国の同意を想定したものではない。そのため、事情は若干異なるが、仮に旗国の同意について同様の規定を設けていれば、おそらく、メドヴェージェフ事件のような形での人権法違反の認定が為されることはなくなるであろう。なぜなら、海上警察権の行使それ自体の根拠は同意というアド・ホックなものであっても、その裏で、問題となる犯罪に対する海上警察権があらかじめ国内法において規定されているのであれば、適正手続の観点からの問題が生じるとは思われないからである。

第4節　海洋ガバナンスにおける改正SUA条約上の普遍的管轄権の意義

　海洋を一体のものとして統合的に管理するという海洋ガバナンスの視点からすれば、この改正SUA条約の締結・運用は大きな効果を有するものと言える。公海上で完結することに焦点をあてた海賊行為と異なり、改正SUA条約の場合、領海沿岸国のみが連関を有する事案に対しても普遍的司法管轄権の行使が許容される。このことは、海上暴力行為への対応に際しては、まさに海洋を一体のものとして捉えなければならないからこそ認められるようになったと言える。また、二船要件や私的目的のように、その範囲が著しく限定されていた海賊行為に比べ、改正SUA条約においては、広範な海上暴力行為に対する普遍的司法管轄権が認められている[114]。このような普遍的司法管轄権の対象事案の拡張は、海洋を統合的に管理する観点からは効果的と思われる。また、権限として裁量的に行使することができた海賊行為に対する普遍的司法管轄権と異なり、改正SUA条約の場合には、その行使が義務付けられている。したがって、国家の裁

---

113) République française, «Loi no 2011-13 5 janvier 2011 relative à la lutte contre la piraterie et à l'exercice des pouvoirs de police de l'État en mer», *Legifrance.gouv.fr, available at* <http://www.legifrance.gouv.fr/affichTexte.do;jsessionid=92B57E3656A9691D2D8C0A79426D1D0C.tpdjo13v_1?cidTexte=JORFTEXT000000713756&idArticle=&dateTexte=20140705> (last visited 30th Oct. 2015).

114) SUA条約第3条における「船舶の安全な航行を損なうおそれがある」の要件が、強い限定を課すものでないことは、第1節において示した通りである。

量によって司法管轄権の行使が差し控えられるといったことが理論的にはなくなるため、管理の色彩がより強まることが期待されるのである。

　非旗国の海上警察権に関しては、SUA条約それ自体には規定されていないものの、改正議定書において、海洋ガバナンスの観点からは次の2つの進展が確認される。第1に、第8条の2の第6項の最終文である。同文は、改正SUA条約上の犯罪への関与の疑いがあるが故に為された乗船・捜索から得られた証拠を、他の犯罪の訴追に用いることを許容するものである[115]。厳密には、別件逮捕の可否の問題など、各国国内法制上の問題もあるため、このような形で要請国から旗国へと送致された証拠がどのように扱われるかについては国家ごとに異なることとなろう。しかしながら、国際法上、ある特定の海上犯罪の取締りのために設けられた捜査枠組みが、他の犯罪への捜査の一助となり得ることを明示的に規定したことは、海洋を統合的に管理する観点からは高く評価されよう。

　第2に、海上警察権を「停船→乗船→捜索→拿捕→没収→逮捕→訴追」と細分化した点である。この細分化によって、旗国が非旗国による海上警察権の行使を限定して認めることが可能となることから、非旗国による海上警察権の行使が増加することが見込まれる。その結果、海洋管理の促進が期待されるため、このような細分化は海洋ガバナンスの視点からは有用と思われる。確かに、このような海上警察権の細分化に関しては実務上の課題も多く、改正議定書への批准もさほど進んではいない[116]。これらの事実に鑑みれば、改正SUA条約において規定された海上警察権が、現時点で海洋ガバナンスへ貢献しているとは言い難いかもしれない。しかしながら、このように管轄権を細分化し、旗国が同意すべき作用を浮き彫りにしたことは、今後の実行・法形成に資するものと思われる。「停船→乗船→捜索→拿捕→没収→逮捕→訴追」と、海上警察権から司法管轄権への流れが定式化されるのであれば、旗国は、あらゆる犯罪にについてあらゆる要請国に対し、この手続の定式的な流れを前提に同意を与えればよいこととなる。そのような実行が重なれば、非旗国による海上警察権の誤用が

　　115）ここでいう犯罪には、要請国や旗国以外の第三国や非締約国における犯罪も含まれ得る。類似の指摘を行うものとして、Kraska and Pedrozo, *supra* note 10, p. 836.
　　116）IMOのウェブページ（http://www.imo.org/About/Conventions/StatusOfConventions/Pages/Default.aspx）で確認したところ、2015年11月10日現在、38ヶ国の批准に留まる。

減少することも期待できよう。また、他の海上での事案に対する条約においても、このような形で海上警察権を規定することが定式化されれば、それは、海洋の統合的な管理へ向けた大きな前進となろう。

　さらに、SUA条約上の犯罪に限定してではあるが、非旗国の海上警察権は、安保理決議による補完も期待できる。前章でも触れたように、安保理決議1846第15項は、SUA条約が締約国に犯罪化・管轄権の設定・犯罪行為に責任を負う者または容疑者の引渡しを規定していることに留意し、締約国に同条約の義務を完全に履行すること等を求めている。また、同決議第10項において規定された、ソマリア領海内での非旗国の海上警察権の行使は、船舶に対する武装強盗という、海賊行為には該当しないSUA条約上の犯罪に対しても許容される。確かに、この決議はソマリア沖に限定した決議であり、その第11項において、決議による授権が一般国際法上の権利・義務に影響を及ぼすものではないことが確認されている。しかしながら、このような決議による海上警察権の授権が、今後もほかの海域において行われる可能性は十分にあり得よう。そこで、このような海上警察権を最大限に利用して海洋ガバナンスを実現するためには、SUA条約上の犯罪を自国刑法において犯罪として規定しておくことは当然のこととした上で、これらの犯罪に対する海上警察権は、フランス海賊対処法のように、「国際法が許容する場合に限り」、行使することができるとしておくことが肝要と思われる。

第4章

船舶起因汚染に対する普遍的管轄権の形成と理論的根拠

　改正SUA条約によって、公海上のみならず、あらゆる水域での広範な海上暴力行為が普遍的司法管轄権に服するようになった。このことは、海賊行為からの拡張と評価される一方で、あくまでも普遍的司法管轄権の対象となる事案を暴力行為に限定するものである。しかしながら、このような海上暴力行為がジェノサイドのような重大・残虐性を有しないことに鑑みれば、普遍的司法管轄権は、理論的には暴力行為以外の文脈でも適用され得る。そして、暴力行為とは離れた文脈において、初めて普遍的司法管轄権が認められたと考えられるのが、船舶起因汚染に対してである。

　船舶起因汚染に対する普遍的管轄権は、現行国際法においては、寄港国管轄権として行使される。そのため、本章においてはまず、第1節で寄港国管轄権の定義と、その前提としての内水における外国籍船舶に対する管轄権について検討する。次に、第2節において、MARPOL条約からUNCLOSへと規律する条約が変わる中で、船舶起因汚染に対する寄港国管轄権が発展してきたことから、その展開を跡付ける。第3節では、そのような寄港国管轄権の適用基準について考察を深め、普遍主義の理論的根拠を検討する。そして第4節で、UNCLOS第218条2項や、近年、寄港国管轄権を行使するにあたって重要な役割を果たしている地域的了解覚書を参照し、海洋ガバナンスにおける船舶起因汚染に対する普遍的管轄権の意義を考察する。

第1節　内水の法的地位と寄港国管轄権

第1款　内水における外国籍船舶に対する管轄権

　船舶が留まる港は、国際法上内水と分類される水域に位置することがほとんどである[1]。そのため、港における外国籍船舶に対する沿岸国の管轄権とは、内水における沿岸国の管轄権と実質的に同義である。この内水における外国籍船舶の管轄権をめぐっては、英米主義とフランス主義の学説上の対立が存在し[2]、領海条約とUNCLOSのいずれも、この点については黙したままである[3]。

　英米主義によれば、慣習法上、内水は領土と同視されるため、沿岸国は寄港している船舶に対して管轄権を行使することができる。したがって、船舶において何らかの事件が発生した際、その船舶に対して管轄権を行使しないのは、国際礼譲の観点から旗国に敬譲しているにすぎないとされる[4]。他方、フランス主義によれば、船舶は「浮かぶ領土」と同視できることから、事件が専ら船舶の内部事項に係わる場合には[5]、沿岸国は寄港している船舶に対して管轄権を行使することはできない[6]。そのため、寄港している船舶に対する沿岸国による管轄権の行使は、時に国際法違反となる。現在では、英米主義が優勢である旨を

---

1) 内水以外に設けられる港について検討したものとして、B. Marten, *Port State Jurisdiction and the Regulation of International Merchant Shipping*, (2014), p.22.
2) 山本草二『海洋法』(三省堂、1992年) 114頁。
3) 島田征夫・林司宣『国際海洋法』(有信堂、2010年) 35-36頁。このような事実もあり、UNCLOSは、慣習法上、沿岸国が内水等に行使することができる管轄権を否定するものではないと、リードは指摘している。M. W. Reed, "Port and Coastal State Control of Atmospheric Pollution From Merchant Vessels", *San Diego Journal of Climate & Energy Law*, Vol. 3 (2012), pp.222-223.
4) M. Akehurst, "Jurisdiction in International Law", *British Year Book of International Law*, Vol. 46 (1972), p.215.
5) この内部事項について論じたものとして、G. C. Kasoulides, *Port State Control and Jurisdiction: Evolution of the Port State Regime*, (1993), pp.25-26; また、礼譲の文脈ではあるが、内部事項に関する米国の実行を分析したものとして、N. Kunkle, "The Internal Affairs Rule and the Applicability of U.S. Law to Visiting Foreign Ships", *Brooklyn Journal of International Law*, Vol. 32 (2007), pp.635-661.
6) G. Gidel, *Le droit international public de la mer: le temps de paix*, Tome II, *les eaux intérieures*, (Reprinted, 1981), p.166.

指摘する学説も少なくないが[7]、依然としてフランス主義の観点から説明するものもある[8]。

これら2つの学説のどちらの説を選択するにしろ、内水には領域主権が及ぶとされるため、内水沿岸国は属地主義に基づき、外国籍船舶が入港するに際しての条件（以下「入港条件」と称する）を定めたり、内水において遵守すべき法令を制定したりすることができる[9]。UNCLOS第211条3項においても、公表しかつIMOに通報する限りにおいて、国家は海洋環境の汚染を防止するために、入港条件を設定することができると規定されている。加えて、沿岸国の法令に違反した場合、慣習法上、沿岸国は強制管轄権を行使することができるとされている[10]。

このように、外国籍船舶であっても原則として内水沿岸国の管轄権に服するのは、ある外国に滞在する個人が当該外国の法令を遵守する必要を認識して入国するのと同様に、沿岸国の管轄権に服することに同意して、船舶が内水に入っていると考えられるからである[11]。この考えを裏付ける事実として、遭難や不可抗力によって寄港した場合、すなわち、自らの意思とかかわりなく寄港した場合には、沿岸国はその管轄権を行使することはできない[12]。また、内水沿岸国の管轄権の射程は、寄港する船舶内での問題が、沿岸国の自国水域において発生した場合か、またはこれらの水域に影響を及ぼす場合かに限られる[13]。すな

---

7) H. Yang, *Jurisdiction of the Coastal State over Foreign Merchant Ships in Internal Waters and Territorial Sea*, (2006), p.91; D. R. Rothwell and T. Stephens, *The International Law of the Sea*, (2010), p.56.

8) J. P. Pancracio, *Droit de la mer*, (2010), p.136.

9) *Military and Paramilitary Activities in and against Nicaragua (Nicaragua v. the United States), Merits, Judgment, I.C.J. Reports 1986*, p.101, para.213.

10) R. Churchill and A. V. Lowe, *The Law of the Sea*, 3rd ed., (1999), p.65; C. P. Wang, "A Review of the Enforcement Regime for Vessel-Source Oil Pollution Control", *Ocean Development & International Law*, Vol.16 (1986), p.328.

11) 同様の指摘を行うものとして、H. Bang, "Is Port State Control an Effective Means to Combat Vessel-Source Pollution? An Empirical Survey of the Practical Exercise by Port States of Their Powers of Control", *International Journal of Marine and Coastal Law*, Vol.23 (2008), p.720.

12) Yang, *supra* note 7, p.85.

13) 同様の指摘を行うものとして、T. L. McDorman, "Port State Enforcement: A Comment on Article 218 of the 1982 Law of the Sea Convention", *Journal of Maritime Law & Commerce*, Vol.28 (1997), p.310.

わち、自国水域外で発生した問題に関しては、その後船舶が自国の港に寄港したからといって、沿岸国は原則として管轄権を行使することはできないのである[14]。ただし、自国水域外で発生した事件であっても、自国水域に影響を及ぼしたり、普遍的管轄権の行使が認められたりする場合には、例外として管轄権を行使することができる[15]。

この点に関し林は、犯罪が行われたのが公海上であっても、当該犯罪を行った船舶がある国家に寄港した場合、当該国家の平和と公序を害したとみなすことができることから、事案の発生場所のみが重要なわけではないと指摘する[16]。確かに、タジマ号事件のような[17]、殺人を公海上で行った者が乗船する船舶が1ヶ月以上に渡り自国の港に停泊するような事態は回避されなければならない。そのためには、公海上で発生した事案に対しても寄港国による管轄権の行使が認められるべきだとも考えられる。しかしながら、第3章で確認したように、ある国で犯罪を行った個人が他国に逃亡した場合に、逃亡先の国家による管轄権行使が属地主義により当然に正当化されるわけではない。このことと同様に、公海上で発生した事案に関して、その後に船舶の寄港した国家が管轄権を一律に有すると結論付けることはできないと思われる。

他方で、領域で発生した事件と便宜置籍船において発生した事件とを、このように同視することの問題も考えられる。自国領域で発生した犯罪であれば、通常、当該領域国は逃亡先の国家へ訴追や引渡し等の要請を行うが、便宜置籍船の場合、タジマ号事件のように、船舶登録国が自国籍船舶上で発生した犯罪の処罰に積極的ではないことが一般的である。この観点からも、確かに船舶上の犯罪については、寄港国も管轄権を行使することが許容されるようにすべきであるとも考えられる。しかしながら、そのような寄港国による管轄権の行使

---

14) 奥脇直也「海洋汚染防止と沿岸国」『海上保安国際紛争事例の研究（第1号）』（2000年）123頁。
15) モレナーは他の例外として、条約に基づく場合や、保護主義や安全保障の原則に基づく場合などを挙げている。E. J. Molenaar, "Port State Jurisdiction: Towards Mandatory and Comprehensive Use" in D. Freestone, R. Barnes and D. Ong (eds.) *The Law of the Sea: Progress and Prospects*, (2006), pp. 196-197.
16) 林司宣『現代海洋法の生成と課題』（信山社、2008年）164-165頁。
17) タジマ号事件に関しては、阪田裕一・池山明義「Tajima号事件が惹起した法的諸問題―公海上の外国籍船舶上でのある外国人犯罪に対する法的対応及び立法的措置」『海事法研究会誌』第171号（2002年）2-17頁参照。

が現行海洋法の原則である旗国主義と抵触する以上、同管轄権はやはり例外として、条約等によって定められるべきと言えよう。

第2款　寄港国管轄権の定義及び性質

　寄港国管轄権には、大別して2つの定義がある。第1に、寄港国管轄権という用語を字義通りに捉え、船舶が寄港した国家の管轄権とする定義がある[18]。このような定義を用いた場合、港を有する国家は一般的に、沿岸国として自国水域に対しても管轄権を有することから、寄港国管轄権と沿岸国の管轄権とは大きく重複することとなる[19]。そこで両者を峻別する観点から、第2に、寄港国管轄権を、自国水域外での国際基準の違反を事由として、寄港した船舶に対し行使される管轄権と定義する見解もある[20]。本書では、寄港した船舶に対する管轄権の適用基準を包括的に検討する必要から、より広義である前者の定義を用いる。

　また、「寄港国管理（Port State Control）」は訴追等に至らない行政的な措置に留まるのに対し[21]、「寄港国管轄権（Port State Jurisdiction）」は訴追を含むという観点から両者を峻別したり[22]、あるいは「寄港国執行（Port State Enforcement）」という表現を使用する者もいる[23]。しかしながら、これら3つの峻別がこれまで厳密に為されてきているわけではない[24]。また、本書においては、執行管轄権の

---

18) E. J. Molenaar, "Port State Jurisdiction", in R. Wolfrum (ed.), *Max Planck Encyclopedia of Public International Law*, Vol. VIII (2012), p. 355.

19) 寄港国が沿岸国でもあることを指摘するものとして、Yang, *supra* note 7, p. 109.

20) 寄港国管轄権という用語をこのように定義するものとして、M. Nordquist, (ed.), *United Nations Convention on the Law of the Sea 1982: a Commentary*, Vol. IV (1995), p. 261; また、同様の理解から、ボダンスキーは寄港国管轄権を、違法行為を行った船舶が港にいることのみを根拠にした管轄権と定義する。D. Bodansky, "Protecting the Marine Environment from Vessel-Source Pollution: UNCLOS III and Beyond", *Ecology Law Quarterly*, Vol. 18 (1991), p. 738.

21) 薬師寺は、「ポート・ステート・コントロール」を行政措置と位置づける。薬師寺公夫「海洋汚染」山本草二編『海上保安法制：海洋法と国内法の交錯』（三省堂、2009年）339頁。

22) H. Bang, "Port State Jurisdiction and Article 218 of the UN Convention on the Law of Sea", *Journal of Maritime Law & Commerce*, Vol. 40 (2009), p. 292.

23) Kasoulides, *supra* note 5, p. 110.

24) 訴追を含む場合も「寄港国管理」という表現を用いるものとして、Bang, *supra* note 22,

ように訴追に至らないものも管轄権の概念に包含するため、原則として立法・執行・司法といった管轄権の全ての作用を含むものとして「寄港国管轄権」という用語を用いる[25]。"Port State"の訳語に「寄港国」ではなく「入港国」を充てるものも見られたが、UNCLOSの公定訳に寄港国が用いられたことから、現在では寄港国という用語が定着しているため、本書においてもこちらを用いる。

前款で示したように、慣習法上、沿岸国が自国水域外で発生した事件に関し管轄権を行使することは認められていない。自国水域外で発生した事件に関する司法管轄権についての議論は、1973年のロンドンでのIMCO会議(以下「ロンドン会議」と略記)において初めて為されたと言われている[26]。同会議においては、便宜置籍船が隆盛し旗国による取締りに期待することが難しくなる中、沿岸国の権限の乱用を防ぐと同時にその権限を強化するために[27]、公海上の船舶起因汚染に対する寄港国管轄権についての議論が為された[28]。つまり、当時の認識として、船舶起因汚染に関しては、旗国及び沿岸国が規制を行うのが望ましい形であるが、それでは不十分であったために寄港国管轄権の導入が提案されたのである。

旗国及び沿岸国管轄権を補完するものという寄港国管轄権の性質は、現在も同様である。旗国主義が機能する理想的な世界においては、寄港国管轄権が行使される余地がないことは、度々指摘されるところである[29]。文脈は異なるが、2009年に国連食糧農業機関(以下「FAO」と略記)の仲介で採択されたIUU漁業寄港国協定の前文第3段落においては、IUU漁業を取り締まる主要な責任は旗国にあるとしながらも、寄港国による措置を含むあらゆる措置を講じるとしている。

---

p. 312.
25) 同様に、「寄港国管轄権」を主として用いるものとして、Bodansky, *supra* note 20.
26) Kasoulides, *supra* note 5, p. 110.
27) A. K. Tan, *Vessel-Source Marine Pollution: The Law and Politics of International Regulation*, (2005), pp. 180-181.
28) 同会議は最終的に1973年のMARPOL条約及び議定書の締結を導くものであった。寄港国管轄権に関する同会議での議論については、富岡仁「海洋汚染の防止に関する旗国主義の動揺―IMCO一九七三年会議の議論を中心として―」『名古屋大學法政論集』第66巻(1976年) 113-123頁参照。
29) Yang, *supra* note 7, p. 98.

第2節　船舶起因汚染に対する条約制度

　海洋汚染に関しては、2004年にIMOで採択された「船舶のバラスト水および沈殿物の規制および管理のための国際条約」のように、UNCLOS発効後も、複数の条約が採択されている[30]。しかしながら、船舶起因汚染に対する管轄権に関しては、「1954年の油による海水の油濁の防止のための国際条約（以下「OILPOL条約」と略記）」からMARPOL条約へ、同条約からUNCLOSへと発展がみられるものの、それ以後、新たに条約が設けられているわけではない。そこで、これら3つの条約に焦点をあて、寄港国管轄権がどのように発展してきたかについて跡付ける。

第1款　第3次国連海洋法会議以前の条約制度

(1) OILPOL条約における油記録簿管理に対する寄港国管轄権の導入

　内水における沿岸国の管轄権が慣習法により規律されるのに対し、船舶起因汚染に対する寄港国管轄権は条約により規律され発展してきた。船舶起因汚染を規律する条約として初めて締結されたのはOILPOL条約である[31]。この条約は、船舶からの油の排出を規制することを目的とし、特定の条件下においては油及び油性物質の排出を禁止すると同時に（第3条）、船舶が油記録簿を備え付けることを義務付けた（第9条1項）。また、これらの義務を遵守させるために、寄港国が当該記録簿を検査する権限を規定する一方で（第9条5項）、領海以遠の排出違反に関して処罰を行うことができるのは旗国のみとされた（第6条）。

　OILPOL同条約は、油記録簿を検査する寄港国の権限を初めて明示的に規定した。しかしながら、条約締結時にこの権限が慣習法上の属地主義に基づくものとみなされていたのか、あるいは、条約上特別に許容される域外適用として規定されたのかについては明らかではない。この点、ロウは、OILPOL条約は

---

30) MARPOL条約とUNCLOS以外の条約に関して、P. Sands and others, *Principles of International Environmental Law*, 3rd ed., (2012), pp.385-387参照。

31) 同条約に関しては、水上千之「政府間海事協議機関（IMCO）と海洋汚染」『国際法外交雑誌』第72巻6号（1974年）647-648頁参照。

最終的な法執行を旗国及び沿岸国に委ねているため、国家が慣習法上有する管轄権を越えた規定を含むものではないと指摘する[32]。他方で、村上は、第9条5項は公海上での外国籍船舶の条約違反に対し寄港国が介入することを許容する規定であることから、同項が旗国主義を修正するものであると指摘しており[33]、学説上、見解は一致していない。

(2) MARPOL73/78における排出行為に対する寄港国執行管轄権の導入

　1973年のロンドン会議において、OILPOL条約に取って代わるものとしてMARPOL条約が、1972年のストックホルム宣言の影響を受け採択された（第9条1項）[34]。しかしながら、規定の一部が運航実務と乖離していたこともあり、この条約はしばらく未発効なままであった。その後、1976～1977年に米国沿岸でのタンカー事故が相次いだことにより、MARPOL条約を加筆・修正する形で「1973年の船舶による汚染の防止のための国際条約に関する1978年の議定書」が採択されると、同議定書及びMARPOL条約は単一の文書として1983年に発効することとなった（以下、本書ではそのような単一文書を「MARPOL73/78」と略記する）。MARPOL73/78は、規制対象を油以外の物質にまで広げ、船舶より排出される物質ごとに附属書Ⅰ～Ⅵを設けている。このうち、油に関する附属書Ⅰ及び有害液体物質について規定した附属書Ⅱは強制附属書としてMARPOL73/78の締約国を自動的に拘束するが、附属書Ⅲ～Ⅵについては、締約国がそれぞれを受諾するか否かを個別に決定することができる[35]。

　附属書の内容は個々に改正されており、排出規則には変化が見られるものの、寄港国管轄権を含む管轄権の配分に関しては、1973年以降、MARPOL73/78にはいかなる変更も加えられていない[36]。寄港国管轄権に関し、MARPOL条約は、いわゆるCDEM基準（構造(construction)・設計(design)・設備(equipment)・乗組員の配乗(manning)）等についての違反の場合と[37]、排出行為違反の場合とで異な

---

32) A. V. Lowe, "The Enforcement of Marine Pollution Regulations", *San Diego Law Review*, Vol.12 (1975), p.629.

33) 村上暦造「海洋汚染に対するエンフォースメント—国際条約のセーフガードを中心として—」『海保大研究報告』第27巻2号（1981年）5頁。

34) 大嶋孝友「MARPOL73/78議定書」『らん』第44号（1999年）12頁。

35) MARPOL73/78を概説するものとして、富岡仁「海洋汚染防止条約」国際法学会編『国際関係法辞典（第2版）』（三省堂、2005年）139頁。

36) Tan, *supra* note 27, p.191.

37) これらを、西村は「船舶そのものに関わる事実」とまとめる。西村弓「公海上の船舶内

る制度を設けている。CDEM基準等についての違反に関し、MARPOL73/78附属書Ⅰは、船舶の構造 (structure)・設備等が附属書の定める規則 (附属書Ⅰ規則12-14) と合致している場合にのみ、旗国は国際油汚染防止証書 (International Oil Pollution Prevention Certificate) を発給するように定めている (規則6)。そして、この証書に事実と異なる記載が確認されたり、この証書が船舶に備え付けられていない場合には、寄港国はさらなる航行を防止するための措置をとることができる (第5条2項)。また、OILPOL条約にも規定された油記録簿の管理については、規則17(7)において、寄港国が検査を行う権限を規定している。

排出行為違反に関しては、寄港国がいかなる管轄権を行使するか、具体的には、寄港国司法管轄権を認めるか否かがロンドン会議における争点となった。環境保護のために寄港国の権限をより強化する立場の米国、カナダ、オランダ等が、寄港国司法管轄権の導入を提案したのに対し、海運国 (英国、ギリシャ、フィンランド) 及び社会主義国 (ソビエト連邦、ポーランド) は、航行の自由を保障するために可能な限り寄港国の権限を抑制すべきであるとの立場から、当該導入に反対した[38]。反対国の意見を個別に見ると、ギリシャは、締約国の権限を過度に広げるのが不適切であるとの観点から反対している[39]。実際、そのような海運国の懸念から、MARPOL条約第7条は、沿岸国により不当な抑留や不当な遅延が発生した場合の賠償を規定している[40]。英国は、当時既に進行中であった第3次国連海洋法会議へ敬譲する観点から反対したとされている[41]。海洋汚染の問題に関し、国連が既に重要な働きをしていたことに関しては、水上も指摘するところである[42]。

最終的には賛成16、反対25、棄権10で、米国等の提案は退けられ[43]、寄港国

での行為に対する裁判管轄権」『海洋権益の確保に係る国際紛争事例研究 (第3号)』(2011年) 37頁。
38) 寄港国司法管轄権をめぐる議論に関しては、富岡「前掲論文」(注28) 114-118頁参照。
39) The Government of Greece, *Comments and Proposals on a Draft Text of the Convention*, (MP/CONF/8/10/Add.1) (1973), p.3.
40) Tan, *supra* note 27, p.188.
41) ロウはこの点を強く指摘している。Lowe, *supra* note 32, p.639.
42) 水上「前掲論文」(注31) 643頁。
43) 公的に作成されたものではないが、寄港国による訴追を認める提案に対する各国の立場を一覧表にしたものとして、R. M. M'Gonigle and M. W. Zacher, *Pollution, Politics and International Law: Tankers at Sea*, (1979), p.233.

司法管轄権の導入は見送られた。しかしながら、MARPOL条約はその第6条2項において、条約規則に違反する排出について寄港国が調査を行うことを認めた。これは、寄港国執行管轄権を規定したものと考えられる。司法手続を行うことが可能なのは依然として旗国のみに限定されているが（第6条4項）、旗国の手続を補完するために寄港国に調査権限が与えられた点は、排出違反に対する寄港国管轄権のOILPOL条約からの発展と評価することができよう。

第2款　第3次国連海洋法会議とUNCLOS

(1) 船舶起因汚染に対する寄港国管轄権についてのUNCLOSの起草過程

　MARPOL条約において認められなかった寄港国司法管轄権をその第218条において規定したことは、UNCLOSにおける革新のひとつとして度々指摘されるところである[44]。ただし、このようにUNCLOSにおいて司法管轄権までもが許容されるに至った理由は必ずしも明確ではない。そこで、本款においてはUNCLOSの起草過程を参照することで、その理由を詳らかにすることを試みる。UNCLOSの起草過程においては、寄港国の管轄権について検討する際に、どのような条件の下にその行使を認めるのかといった点についての議論が為された。特に、旗国主義との関係において、寄港国管轄権をどのように規律するかが争点となった。

　先述したように、1973年段階においてギリシャ、英国は寄港国司法管轄権の導入に反対していたとされる。他方、両国が反対する理由、すなわち、締約国の権限の拡大への懸念や第3次国連海洋法会議への敬譲といった理由に鑑みると、両国の反対は、寄港国への司法管轄権の付与そのものへの強い反対ではなかったとも言える。実際、MARPOL条約が採択されたわずか1年後の1974年の海洋法会議のカラカス会期においてギリシャは、旗国が規則の実施を行わない場合には、寄港国による補完が期待される旨述べている[45]。英国も、自国領海

---

44) 例えば、チャーチル&ロウは、「真に革新的(truly innovatory)」と表現している。Churchill and Lowe, *supra* note 10, p.350; また、カソウリデスは、「国際法における管轄権の革新的拡張」と評している。Kasoulides, *supra* note 5, p.126.

45) United Nations Conference on the Law of the Sea, *Official Records of the Third United Nations Conference on the Law of the Sea*, Vol.II, p.327, para.51.

において排出違反を行う船舶の取締りに苦慮していたこともあり、寄港国が旗国や他の沿岸国と協働することを支持していた[46]。

1975年のジュネーヴ会期において提出され、両国も参加した欧州9ヶ国(ベルギー、ブルガリア、デンマーク、東独、西独、ギリシャ、オランダ、ポーランド、英国)草案は、旗国以外の他の締約国からの要請がある場合に限定してではあるが、寄港国司法管轄権を規定した。また、これを行使する際のセーフガードとして同草案はその第14条において、UNCLOS第228条1項に結実する旗国手続の優先性を、第17条において、UNCLOS第230条1項に結実する寄港国による処罰を金銭罰に限定する旨規定している[47]。寄港国司法管轄権を認める一方で、違法か否かの基準を国際基準とし、旗国の優先性を定めたり処罰を金銭罰に限定したりするセーフガードを設けることで、寄港国の裁量を制限しようとしたのである。

この9ヶ国草案以外にも、ジュネーヴ会期においては複数の草案が提出されており[48]、いわゆるエベンセングループが4月15日付で提出した草案が、寄港国管轄権の導入が当時の関心事項であったことを端的に示している。同草案第8条2項は、寄港国は司法管轄権の行使を含む手続を開始することができると定め、その条件として以下の2つの選択肢を括弧でくくり並列したのである。第1の選択肢が、「違反の発生した場所にかかわりなく」であり、第2の選択肢が、「違反が、ある国家の領海または適切な基線よりXマイルの距離において発生した場合、若しくは、ある国家の沿岸または関係利益に損害が発生したまたは発生する見込みがある場合」である[49]。つまり、自国水域外で発生し、自国といかなる連関も有しない排出行為に対し、寄港国に普遍的司法管轄権を認める

---

46) D. Anderson, *Modern Law of the Sea*, (2008), pp. 272-273.
47) United Nations Conference on the Law of the Sea, *Official Records of the Third United Nations Conference on the Law of the Sea*, Vol. IV (A/CONF.62/C.3/L.24), p. 211.
48) 第218条に関する同会期での議論に関しては、United Nations, Division for Ocean Affaires and the Law of the Sea, *The Law of the Sea: Enforcement by Port States, Legislative History of Article 218 of the United Nations Convention on the Law of the Sea*, (2002), pp. 12-18.
49) R. Platzöder, *Third United Nations Conference on the Law of the Sea: Documents*, Vol. XI (1987), pp. 477-478; 基線からの距離を元に取り締まるこのような第2の制度は、寄港国管轄権と並行して議論されていた、ゾーナルアプローチの名残りと考えられる。同アプローチに関しては、水上千之「海洋汚染規制に関する国家管轄権の拡大について」『国際法外交雑誌』第76巻 (1977年) 511-520頁参照。

か否かが争点であったのである。ジュネーヴ会期の最終日に議長が取りまとめた「非公式単一交渉草案」の第27条3項は、「基線より__マイル」と、4月15日付草案の第2の選択肢、すなわち、寄港国司法管轄権を否定する案が採択された[50]。

しかしながら、続く1976年のニューヨークにおいて開催された第4会期においては、寄港国司法管轄権を認める草案が多く提出されている。これは、この会期の前に行われた非公式会議において、影響力を持つエベンセングループの草案（1976年1月12日付）が、地理的限定をなくした寄港国の手続を導入する一方、処罰を金銭罰に限定していたことも影響していると考えられる[51]。第4会期における議論の特徴としては、寄港国が手続を行うことを前提とした上で、どのようなセーフガードを設けるかという点に焦点があてられていたことが挙げられよう[52]。

そして、第4会期において最終的にとりまとめられた「改定単一交渉草案」の第28条は、排出違反の場所に関係なく、寄港国が手続を行えるとした[53]。また、「非公式単一交渉草案」では、その第28条5項ないし9項において、沿岸国等より要請があった場合の寄港国の措置に関する旨定めていた規定が[54]、「改定単一交渉草案」では、セーフガードと名付けられた第8節において、強調する形で規定されている[55]。その後の会期においてもフランスやスペインが反対し

---

50) United Nations Conference on the Law of the Sea, *supra* note 47, (A/CONF. 62/WP. 8/PART III), p. 175.
51) Platzöder, *supra* note 49, pp. 512-514.
52) United Nations, Division for Ocean Affaires and the Law of the Sea, *supra* note 48, pp. 21-23；英国は、その前のジュネーヴ会期において、セーフガードの必要性を指摘している。United Nations Conference on the Law of the Sea, *supra* note 47, (A/CONF.62/C.3/SR.19), p. 83. para. 6.
53) United Nations Conference on the Law of the Sea, *Official Records of the Third United Nations Conference on the Law of the Sea*, Vol. V (A/CONF./62/WP.8/REV.I/PART III), p. 178.
54) 具体的には、5項において、旗国への通知後6ヶ月間または旗国が既に手続を開始している場合には手続を行うことができない旨、7項において、沿岸国による手続が、旗国の権限行使を妨げるものではない旨、そして9項において、処罰を金銭罰に限定する旨が、それぞれ定められている。United Nations Conference on the Law of the Sea, *supra* note 47, (A/CONF. 62/WP. 8/PART III), p. 175.
55) 具体的には、第38条1項において、寄港国の手続開始から6ヶ月以内に旗国が手続を行う場合には、寄港国はその手続を停止しなければならないというUNCLOSと同様の規定が設けられている。また、同条3項は、同条の規定が、船舶に対し行使する寄港国の権利を

続けるなど[56]、寄港国司法管轄権は必ずしも全ての国家から異論なく支持されていたわけではない。しかし、1977年の第6会期に提出された非公式統合交渉草案第219条や[57]、1981年の第10会期に提出された海洋法条約草案第218条においても[58]、寄港国が他の国の同意を必要とせず、手続を開始することができることは一貫して規定され続けた。

このようなUNCLOSの起草過程を参照する限り、MARPOL条約では認められていなかった寄港国による司法管轄権の行使がUNCLOSにおいて許容されるようになった理由としては、船舶起因汚染への懸念が高まり、その取締りによって得られる共通の利益がより強く認められるようになったというような、価値的な側面が重要なわけではない。むしろ、どのようなセーフガードが設けられれば寄港国による取締りを認めることができるかといった、より実務的な観点から、各国が妥協可能な点を探っていった結果と言える。

また、会議に参加する国の変化も、海運国が寄港国管轄権を認める一因となったと考えられよう。1973年のIMCO会議に参加した国家の数は71ヶ国であったが、全体の割合としては海運国とみなされる先進国が多かった[59]。他方で、1974

害するものではない旨規定している。さらに、第39条において、処罰は金銭罰に限定することや、被告人の権利の保障について規定されており、セーフガードに関する規定は詳細に規定されるようになっている。United Nations Conference on the Law of the Sea, *supra* note 53, (A/CONF./62/WP.8/REV.I/PART III), pp.179-180.

56) フランスは第5会期、第6会期において繰り返し寄港国管轄権を行使する際の条件を変更する提案を出している。R. Platzöder, *Third United Nations Conference on the Law of the Sea: Documents*, Vol.X (1986), pp.466, 494参照。スペインは第5会期に「場所にかかわりなく」という条件を削除することを求めている。Platzöder, *ibid.*, p.466.

57) United Nations Conference on the Law of the Sea, *Official Records of the Third United Nations Conference on the Law of the Sea*, Vol.VIII (A/CONF.62/WP.10), p.38.

58) United Nations Conference on the Law of the Sea, *Official Records of the Third United Nations Conference on the Law of the Sea*, Vol.XV (A/CONF.62/L.78), p.210.

59) Inter-Governmental Maritime Consultative Organization, "List of Participants" (MP/CONF/INF.1/Rev.3) (1973); 71ヶ国の内訳は、アルゼンチン、オーストラリア、バーレーン、ベルギー、ブラジル、ブルガリア、ベラルーシ、カナダ、チリ、キューバ、キプロス、デンマーク、ドミニカ共和国、エクアドル、エジプト、フィンランド、フランス、東独、西独、中国、ギリシャ、ハイチ、ハンガリー、アイスランド、インド、インドネシア、イラン、イラク、アイルランド、イタリア、コートジボワール、日本、ヨルダン、ケニア、クメール共和国、クウェート、リベリア、リビア、マダガスカル、メキシコ、モナコ、モロッコ、オランダ、ニュージーランド、ナイジェリア、ノルウェー、パナマ、ペルー、フィリピン、ポーランド、ポルトガル、韓国、ルーマニア、サウジアラビア、シンガポール、南アフリカ、スペイン、スリランカ、スウェーデン、スイス、タイ、トリニダード・トバ

年のカラカス会期においては138ヶ国とその数はおよそ2倍となり[60]、増えた国の多くが発展途上国であり、海運国はほとんど増加していない。そのため、海運国の割合は減少していると言える。確かに、増加した全ての国が積極的にこの船舶起因汚染の問題に取り組んだわけではないし、実際、条文案のほとんどは先進国により提出されたものである。しかしながら、第3次国連海洋法会議が、利害関係を基に構成されるグループごとの協議を中心に進行していったという事実に鑑みると[61]、彼らの声が先進国に影響を与えたことは想像に難くない。

(2) 船舶起因汚染に対する寄港国管轄権についてのUNCLOSの規定

　UNCLOSにおいて、自国水域外での船舶起因汚染に対する強制管轄権に関しては第218条が規定している。同条1項によれば、「いずれの国も、船舶が自国

　　コ、チュニジア、ウクライナ、ソビエト連邦、アラブ首長国連邦、英国、タンザニア、米国、ウルグアイ、ベネズエラである。

60) United Nations Conference on the Law of the Sea, *Official Records of the Third United Nations Conference on the Law of the Sea*, Vol.III (A/CONF.62/34), p.210; 138ヶ国の内訳は、アフガニスタン、アルバニア、アルジェリア、アルゼンチン、オーストラリア、オーストリア、バハマ、バーレーン、バングラデシュ、バルバドス、ブータン、ボリビア、ボツワナ、ブラジル、ブルガリア、ブルマ、ブルンジ、ベラルーシ、カナダ、チリ、中国、コロンビア、コンゴ、コスタリカ、キューバ、キプロス、チェコスロバキア、ダホメ、北朝鮮、イエメン、デンマーク、ドミニカ共和国、エクアドル、エジプト、エルサルバドル、赤道ギニア、エチオピア、フィジー、フィンランド、フランス、東独、西独、ガーナ、ギリシャ、グアテマラ、ギアナ、ガイアナ、ハイチ、バチカン、ホンジュラス、ハンガリー、アイスランド、インド、インドネシア、イラン、イラク、アイルランド、イスラエル、コートジボワール、ジャマイカ、日本、ケニア、クメール共和国、クウェート、ラオス、レバノン、レソト、リビア、ルクセンブルク、マダガスカル、マレーシア、マリ、マルタ、モーリタニア、モーリシャス、メキシコ、モナコ、モンゴル、モロッコ、ナウル、ネパール、オランダ、ニュージーランド、ニカラグア、ナイジェリア、ノルウェー、オマーン、パキスタン、パナマ、パラグアイ、ポーランド、ポルトガル、カタール、韓国、ベトナム、ルーマニア、サウジアラビア、セネガル、シエラレオーネ、シンガポール、ソマリア、南アフリカ、スペイン、スリランカ、スーダン、スワジランド、スウェーデン、スイス、シリア、タイ、トーゴ、トンガ、トリニダード・トバコ、チュニジア、トルコ、ウガンダ、ウクライナ、ソビエト連邦、アラブ首長国連邦、英国、カメルーン、タンザニア、米国、オートボルタ、ウルグアイ、ベネズエラ、西サモア、イエメン、ユーゴスラビア、ザイール、ザンビア、ベルギー、フィリピン、イタリア、ペルー、ガンビア、ギニアビサウ、リベリアである。

61) 同会議におけるグループの重要性に関しては、J. Evensen, "Three Procedural Cornerstones of the Law of the Sea Conference: The Consensus Principle, The Package Deal and The Gentleman's Agreement" in J. Kaufmann (ed.) *Effective Negotiation*, (1989), pp.79-84参照。

の港又は沖合の係留施設に任意にとどまる場合には、権限のある国際機関又は一般的な外交会議を通じて定められる適用のある国際的な規則及び基準に違反する当該船舶からの排出であって、当該国の内水、領海又は排他的経済水域の外で生じたものについて、調査を実施することができるものとし、証拠により正当化される場合には、手続を開始することができる（傍点筆者）。」

同項は執行管轄権だけでなく、司法管轄権を含めた寄港国管轄権を定めるものであり、その点においてMARPOL73/78とは大きく異なる。ただし、寄港国が措置をとれる場合が、「権限のある国際機関又は一般的な外交会議を通じて定められる適用のある国際的な規則及び基準」に違反する場合に限られるため[62]、寄港国が立法管轄権を有するか否かに関し見解が分かれる。例えば、ボダンスキーは、UNCLOSの第12部は立法管轄権を規定した第5節と強制管轄権を規定した第6節に区分されており、第218条が後者に位置し、寄港国の立法管轄権を定めた他の規定が存在しないため[63]、寄港国は自国領域外の船舶に対し、立法管轄権を有するものではないと指摘する[64]。また、寄港国が立法管轄権を有することを否定しているわけではないが、タンも「国際基準が執行されるため、寄港国の実体的な規律権限（substantive *prescriptive* authority）は問題とならないようである」としている[65]。このような見解に立つ者は、ヴォルフルムが指摘するように[66]、IMOが立法管轄権を行使していると考えていると思われる[67]。

他方で、第218条において立法管轄権が明示的に規定されていなくとも、同管轄権は強制管轄権の前提として当然に存在するという主張もある[68]。この点、

---

[62] この「適用可能な」という文言の解釈に関しても議論はあるが、本書の主題とは直接関係しないためここでは取り扱わない。この点を検討したものとして、Yang, *supra* note 7, p.110；薬師寺公夫「海洋汚染防止に関する条約制度の展開と国連海洋法条約」国際法学会編『日本と国際法の100年（第3巻）海』（三省堂、2001年）226-235頁。

[63] UNCLOS第211条3項が内水における船舶起因汚染に関する立法管轄権を明確に定めている点と対照的である。

[64] Bodansky, *supra* note 20, pp.762-763.

[65] Tan, *supra* note 27, p.219.

[66] R. Wolfrum, "IMO Interface with the Law of the Sea Convention", in M. Nordquist and J. N. Moore (eds.), *Current Maritime Issues and the International Maritime Organization*, (1999), p.232.

[67] この点についてはさらなる検討を要すると指摘するものとして、森田章夫「政府の非商業的役務にのみ使用される船舶の免除」『海洋権益の確保に係る国際紛争事例研究（第3号）』（2011年）24頁、脚注9参照。

[68] McDorman, *supra* note 13, p.315；寄港国管轄権におけるこの点を強調するものとして、

国内的な法の支配の観点に基づけば、国家は立法管轄権を事前に行使することなくそのような強制管轄権を行使することはできない[69]。そのため第218条においても、国家は、国際的な基準と合うように定めるという制限を受けつつも[70]、強制管轄権の前提として立法管轄権を行使しているものと考えられる。

このような立法管轄権の制限は、第3章で検討したSUA条約に規定される「引渡しか訴追か」の義務にも同様に見られる。SUA条約第10条1項が「引渡しか訴追か」の義務を定めていることは先述した通りであるが、同条約は、国家がそのような義務を負うのは、国家が第3条に規定されるSUA条約上の犯罪の容疑者の身柄を確保した場合のみに限定している。つまりSUA条約も、第3条において立法管轄権の制限をした上で「引渡しか訴追か」という司法管轄権の行使を義務付けており、管轄権の構造としては第218条に類似するものと言える[71]。

また、第218条はその2項において、他国海域において発生した排出に関しては、旗国等の要請がない限り、手続を開始してはならない旨規定している。さらに、4項において、実施した調査の記録を旗国または沿岸国に送付するといった手続的なセーフガードを設けている。「改定単一交渉草案」同様、UNCLOSもその第12部第7節を、「セーフガード」として独立させて設け、寄港国管轄権は同節の規定に従って行使されなければならない。

寄港国管轄権の関係する範囲で見ると、第228条1項において、寄港国の手続開始から6ヶ月以内に旗国が手続を行う場合には、寄港国はその手続を停止しなければならない旨定められている。また、同条3項は、同条が旗国の自国籍船舶に対して措置をとる権利を害するものではない旨定めている。加えて、違反発生より3年経過した後には寄港国は手続を行うことはできない旨規定した同条2項や、第218条に基づく処罰は金銭罰に限るとした第230条1項のよ

Molenaar, *supra* note 15, p.197.
69) Bang, *supra* note 22, p.301.
70) 河西は、この点を「各国の立法管轄を実質的に限定」すると評する。河西直也「国際基準と国家の立法管轄―船舶起因汚染をめぐる法令の適用関係に関する一考察―」『新海洋法制と国内法の対応（第1号）』(1986年) 123頁。
71) 同様の指摘を行うものとして、C. J. Tams, "Individual States as Guardians of Community Interests", in U. Fastenrath and others (eds.) *From Bilateralism to Community Interest*, (2011), p.398.

うに、複数のセーフガードが設けられている。

第3節　船舶起因汚染に対する寄港国司法管轄権の適用基準

　本節では、前節において示した公海上の船舶起因汚染、とりわけ、UNCLOS第218条に規定される、排出行為に対する寄港国管轄権の法構造について検討する。まず、寄港国管轄権がいかなる適用基準に基づいているのか、具体的には属地主義、代理主義、普遍主義のいずれに基づいているかを検討する。またその上で、仮に普遍主義に基づくとするならば、なぜ船舶起因汚染においては普遍的司法管轄権が認められるのかという、その理論的根拠について検討する。

第1款　適用基準を属地主義に求める理論

　寄港国管轄権の適用基準を属地主義に求める理論としては、権限行使地基準に基づく理論、排出に対する規制を入港条件とみなす理論、油記録簿の管理違反が自国水域において為されたとする理論、効果理論の4つが挙げられる。

(1) 権限行使地基準に基づく理論

　権限行使地基準に基づく理論については、EUにおいて導入が企画された海運EU排出量取引制度（以下「海運EU-ETS」と略記）に関する議論が参照に値する。海運EU-ETSは、IMOの海洋環境保護委員会（以下「MEPC」と略記）において温室効果ガス（以下「GHG」と略記）削減のための経済的手法についての枠組みが作成されないことに業を煮やした[72]、EUによって検討が進められたものである[73]。

---

72) GHGの削減に関する国際条約としては、気候変動枠組条約及びその京都議定書が挙げられる。しかしながら、同議定書第2条2項は、「附属書Ⅰの締約国は、国際民間航空機関及び国際海事機関を通じて作業を行い、航空機燃料及びバンカー油から排出される温室効果ガス（モントリオール議定書によって規制されているものを除く）の抑制又は削減を追求する。」と規定しており、海運からの排出についての規制はIMOに委ねられている。そのため、MEPCにおいては、2003年のIMO総会第23会期に採択された総会決議A.963に基づき、海運からのGHGの排出に対する国際的枠組みの作成を目指し、議論が交わされてきた。野村摂雄「国際海運のための温室効果ガス排出権取引制度の検討に向けて」『環境法研究』第35号（2010年）178-182頁参照。

73) 欧州議会及び理事会は、IMOにおいて2011年末までに国際海運の排出削減に関する国際合

この制度については、欧州委員会の組織内の研究機関であるJoint Research Center（以下「JRC」と略記）、同委員会が調査を依頼したCE-Delft、及びドイツ連邦環境省が調査を依頼したÖko-Institutが、その制度設計等を行い、それぞれが報告書を提出している。設計された制度の内容は、報告書ごとに異なるが、提出された報告書のいずれもが、予定される海運EU-ETSが、公海や他国水域において外国籍船舶が排出したGHGをも適用対象とする可能性について言及している[74]。EU-ETSがいわゆるキャップ・アンド・トレード方式を採用しているため、EU加盟国へ入港する船舶の排出総量に上限（キャップ）が設けられるとなれば、海運EU-ETSは、実際にはEU加盟国の水域外での事案に対し、課税やそれに準じた措置をとることと同様の意味を持つと言えよう[75]。

この海運EU-ETSの適用基準についての司法的判断としては、民間航空機を

　　　意が得られない場合、欧州委員会は国際海運をEUの排出削減約束に組み込むための提案をすべきとの指令を2009年に採択した。"Directive 2009/29/EC of the European Parliament and of the Council of 23 April 2009", *Official Journal of the European Union*, (L140/63) (5 Jun. 2009)；さらに、2010年に同委員会は、2012年中には同提案を策定するとの行動計画を盛り込んだ「委員会作業プログラム2011」を公表した。European Commission, *Annexes to the Communication from the Commission to the European Parliament, the Council, the European Economic and Social Committee and the Committee of the Regions*, (2010), p. 20, *available through* <http://ec.europa.eu/atwork/programmes/docs/cwp2011_annex_en.pdf> (last visited 29th Oct. 2015).

74) JRC Reference Reports, *Regulating Air Emissions from Ships: The State of the Art on Methodologies, Technologies and Policy Options*, (2010), p. 41; CE-Delft, *Technical Support for European Action to Reducing Greenhouse Gas Emissions from International Maritime Transport*, (2009), p. 238; Öko-Institut, *Integration of Marine Transport into the European Emissions Trading System: Environmental, Economic and Legal Analysis of Different Options*, (2010), pp. 62-63.

75) 航空機排出権事件においてCJEUは、航空EU-ETSはオープンスカイ協定において禁止される税・手数料に該当しないとしている。*Judgment of the Court (Grand Chamber)*, (21 Dec. 2011) Case C-366/10, paras. 136-147；確かに、国内政策の議論においては排出権取引と課税とは峻別・比較されることが一般的である。大塚直「地球温暖化に対する政策手法についての意見」1-2頁, *available at* <http://www.kantei.go.jp/jp/singi/tikyuu/kaisai/dai01shuhou/01siryou3_3.pdf> (last visited 30th Oct. 2015)；しかしながら、国際法の観点からすれば、両者は国家がGHGの排出に対し経済的な負担を課す点で共通しているため、両者の峻別が説得的とは思われない。実際、CJEUの判断に対する批判は枚挙にいとまがない。例えば、B. F. Havel and J. Q. Mulligan, "The Triumph of Politics: Reflections on the Judgment of the Court of Justice of the European Union Validating the Inclusion of Non-EU Airlines in the Emissions Trading Scheme", *Air and Space Law*, Vol. 37 (2012), pp. 27-32；B. Mayer, "Case Law: Case C-366/10", *Common Market Law Journal*, Vol. 49 (2012), p. 1135参照。

対象とした同様の規制である航空EU-ETS（EU理事会指令2008/101により規定される）に関し、欧州連合司法裁判所（以下「CJEU」と略記）が2011年に判断した航空機排出権事件が参考になり得る。海運EU-ETSとこの航空EU-ETSとでは、対象が海と空と異なり、それぞれを規律する国際法も異なる。しかしながら、EU域内に離着陸した航空機を対象に公海の上空での排出までを規制する航空EU-ETSは、次の点において、想定される海運EU-ETSと共通性を有する。すなわち、領域・内水という領域主権に服する空間において、公海の上空・公海という領域外での排出に対して管轄権を行使するという点においてである。換言すれば、管轄権が属地主義に基づく適用となるか、それとも域外適用となるかを決定する基準に関して、航空EU-ETSと海運EU-ETSとの間に理論的な差異は見受けられないのである。

　航空機排出権事件において、原告たる米国企業等は、航空EU-ETSが他国の主権を侵害するものであるため、指令2008/101を実施するための英国担保法は無効であると主張した[76]。しかし、この事件において先決裁定を求められたCJEUは、航空EU-ETSが他国の主権を侵害するものではないと判断した。その理由として、航空EU-ETSはEU加盟国の領域を離着陸する航空機のみを対象とするため、それらの航空機が「物理的にEU加盟国の領域内に存在し、その結果、EUの無制限の管轄権の下に服する[77]。」ことを挙げている。CJEUの判決は、航空EU-ETSが属地主義に基づくものであると明確に述べているわけではない。しかし、判決に大きく影響を及ぼす法務官は「本件においてEUは属地主義に依拠することができる[78]。」と述べており、この点を考慮すると、CJEUも同様の理解に立って判決を下したものと思われる[79]。つまり、CJEUによれば、管轄権の行使が属地主義に基づくか否かは、管轄権の対象となる事案が発生した場

---

76) 国際法上、EU加盟国が管轄権を有する場合、対外的にはEUも管轄権を行使できることが議論の前提となっている。CJEUがこのような前提に立つことを想起させるものとして、*Judgment of the Court, ibid.*, para. 124.
77) *Ibid.*, para. 125.
78) Opinion of Advocate General Kokott, (6 Oct. 2011) Case C-366/10, para. 150.
79) 航空EU-ETSは属地主義に基づくものであるとCJEUが判断していると指摘するものとして、高村ゆかり「EUの航空機二酸化炭素排出規制―『規制の普及』戦略とその国際法上の課題―」『法学セミナー』第693号（2012年10月号）12頁. R. M. Nagle, "Aviation Emissions: Equitable Measures under the EU ETS", *Environmental Law Reporter News & Analysis*, Vol. 43 (2013), p. 10048.

所ではなく、航空機が現に所在する場所、すなわち、実際に管轄権が行使される場所によって決定されるのである。

これは、本書の用法で言えば、事案関連地基準ではなく、権限行使地基準に基づいて属地主義と判断したものと考えられる。確かに、第1章で確認したように、権限行使地基準は、これまでのヴィンゲルト・ギョームの両説においても用いられてきた。しかしながら、域外で発生した事案に対し、その後、自国領域に来たことを理由に属地主義に基づき管轄権を行使することは、ヴィンゲルト・ギョームの両説も認めるところではない。したがって、このようなCJEUの判断が一般に受け入れられるとは考え難い。

(2) 排出に対する規制を入港条件とみなす理論

また、排出に対する規制を入港条件とみなす理論がある。殺人事件のように、問題となる事案の発生場所が特定可能である場合、自国水域外で発生した事案については属地主義に基づく正当化ができず、寄港国は管轄権を行使することができない。他方で、いわゆるCDEM基準等の違反を追及する場合のように、属地主義に基づく内水沿岸国の管轄権行使が、事実上、域外においても影響を与える場合がある。つまり、寄港国管轄権の行使が域外に影響を与えたとしても、それが直ちに旗国主義に反する管轄権の域外適用となるわけではなく、内水における管轄権の適法な行使の帰結にすぎない場合もあるのである。

そこで、寄港国管轄権の行使が属地主義に基づくとみなされるのか、それとも域外適用とみなされるのかを決定する基準が重要となる。この点、CDEM基準等のように、内水沿岸国によって入港条件として設定・強制される措置は、属地主義に基づき正当化されると考えられる[80]。なぜなら、第1節において確認したように、国際法上、沿岸国は入港条件を設定・強制する幅広い裁量を有するからである[81]。域外に影響を及ぼす寄港国管轄権の行使を国際法の観点から評価するにあたっては、当該行使が入港条件の設定・強制とみなされるか否かを

---

80) 類似の指摘を行うものとして、H. Ringbom, "Global Problem-Regional Solution? International Law Reflections on an EU CO_2 Emissions Trading Scheme for Ships", *International Journal of Marine and Coastal Law*, Vol. 26 (2011), p. 626.

81) 国家のこのような裁量を制限するものとして、WTOなどの通商条約も挙げられる。T. Keselj, "Port State Jurisdiction in Respect of Pollution from Ships: The 1982 United Nations Convention on the Law of the Sea and the Memoranda of Understanding", *Ocean Development & International Law*, Vol. 30 (1999), p. 134.

検討する必要があるのである。

　いかなる措置であれば入港条件の設定・強制とみなされるかに関し、保護する重要な利益を寄港国が特定する場合には、寄港国は自国水域外における行為に対する措置も、船舶の入港条件として課すことができるであろうと、ジョンソンは国家実行を挙げて主張する[82]。つまり、この見解によれば、EEZ外で殺人を行わないことを入港条件として課すことが場合によっては可能となる。そのため、公海上で殺人が発生した船舶が寄港した際に、寄港国が当該殺人事件に対し管轄権を行使することが許容され得るのである。このジョンソンの見解に対しモレナーは、CDEM基準以外の運航要件や航行実務（navigational practices）については、寄港国管轄権の行使として領域を越えた規制を課すことが可能か否かに関しては注意を要すると指摘する。この指摘によれば、仮にジョンソンの見解を認めるとなれば、UNCLOSにおいて革新的に挿入された第218条の趣旨が没却されることとなる[83]。また、Öko-Institutも、ジョンソンの見解に従って海運EU-ETSを正当化することは、「国際法の一般原則の不法な迂回」になると指摘している[84]。

　この点、少なくとも排出に関しては、自国水域外で行われた場合には寄港国の管轄権に服するわけではないとの認識を国家が共有していることは、MARPOL73/78やUNCLOSの起草過程からも明らかである。だからこそ、寄港国司法管轄権の導入をめぐり意見が対立し、その行使に際してのセーフガードが詳細に規定されたのである。また、ジョンソンが国家実行として挙げている事例も、自国水域外での事案に関してまで、内水沿岸国が入港条件として課すことが可能なことの根拠となるものではない[85]。以上より、排出に対する規制を入港条件とみなし、UNCLOS第218条で規定される排出行為に対する寄港国

---

[82] L. S. Johnson, *Coastal State Regulation of International Shipping*, (2004), pp. 41-42.
[83] E. J. Molenaar, "Book Review on Coastal State Regulation of International Shipping", *International Journal of Marine and Coastal Law*, Vol. 22 (2007), pp. 185-186.
[84] Öko-Institut, *supra* note 74, p. 85.
[85] Johnson, *supra* note 82, p. 42, footnote 141；例えば、ジョンソンはタンカーに二重船殻構造を義務付ける1990年米国油濁法を例として挙げているが、当該義務はCDEM基準に含まれるものである。そのため、当該義務の影響が米国水域外に及んだからといって、国家が一般に自国水域外での事案に対し規制することができることの根拠とはならない。1990年米国油濁法については、富岡仁「1990年アメリカ合衆国油濁法について」『名古屋大学法政論集』第149巻（1993年）397-417頁参照。

司法管轄権の適用基準を属地主義に求めることは説得的でないように思われる。

(3) 油記録簿の管理違反が自国水域において為されたとする理論

　排出に対する規制を権限行使基準の観点から正当化する動きが予見されるEUと異なり、米国は、2015年10月現在UNCLOSの締約国ではないが[86]、近年、排出と関係する油記録簿管理の違反が自国水域において為されたとすることで、属地主義に基づき寄港国管轄権を行使する。このように米国が管轄権を行使する際に主として適用されるのが、「船舶からの汚染防止法（Act to Prevent Pollution from Ships、以下「APPS」と略記）」である。同法はMARPOL73/78の担保法として1980年に制定され、合衆国法典第33編「航行及び可航水域（Navigable Waters）」の第1901条以下に位置づけられる。

　APPSによれば、MARPOL73/78附属書Ⅰの規則は、米国籍船及び米国の可航水域内、すなわち、内水並びに領海にある船舶に対して適用され（第1902条）[87]、MARPOL73/78の違反は米国法上も違法とされる（第1907条）。MARPOL73/78の違反は重罪（felony）Dに分類され（第1908条(a)）、刑事罰として5年以上10年未満の拘禁及び個人には25万ドル以下の、法人には50万ドル以下の罰金が科される[88]。また、民事罰として1回の違反につき2万5,000ドル以下の罰金が科される（第1908条(b)(1)）。MARPOL73/78附属書Ⅰ規則15は適切な排出に関して規定し、規則20は油記録簿管理に関して規定している。そのため、違法な排出や油記録簿管理を行った者は、前述の第1907条に基づき処罰される。また、第1912条によれば、APPSに基づきとられる措置は国際法に合致していなければならない。しかしながら、前記罰則は、USCGが所管する他の法令と調整する形で定められており[89]、APPSの起草に際し、罰則と国際法との整合性について十分な検討が行われたわけではない。このAPPSに加えて、以下で分析する米国の刑事訴訟においては、虚偽の事実を記入した油記録簿をUSCGへ提示することなどが合衆国法典第18編に反すると判示されている。とりわけ、第1001条

---

86) 米国のUNCLOS批准へと向けた動きに関しては、都留康子「アメリカと国連海洋法条約："神話"は乗り越えられるのか」『国際問題』第617号（2012年）42-53頁参照。
87) 河口水域の定義に関しては、第1901条(a)(7)参照。
88) 合衆国法典第18編第3559条(a)(4)及び第3571条(b)(3)参照。
89) "House Report (Merchant Marine and Fisheries Committee) No.96-1224, Aug. 18, 1990", *United States Code: Congressional and Administrative News, 96th Congress-Second Session, 1980*, Vol.5, p.4864.

に規定される「偽証（False Statement）」（以下「偽証罪」と称する）及び第1519条に規定される「連邦調査及び破産の記録の破壊、変造あるいは偽造」（以下「偽造・変造罪」と称する）に基づき刑罰が科される傾向にある。

MARPOL73/78及びAPPSが米国裁判所において初めて解釈されたのは、1997年のアペックス石油会社事件においてである。この事件において第9控訴裁は、APPSの運用にあたりUSCGが従う連邦規則集の規定が曖昧であるため、慈悲の原則（rule of lenity）に基づき、被告人に不利益を課することはできないと判示した[90]。この曖昧性の問題を回避する必要があったため[91]、リベリア籍船によるバハマ水域での違法な排出が問題となった翌年のロイアル・カリビアン・クルーズ社事件（以下「RCCL事件」と略記）においては、油記録簿管理に関する偽証罪違反のみが問われ、APPS違反が問われることはなかった[92]。このように偽証罪違反のみが問われた前提として、油の排出違反と油記録簿管理の違反とが米国法上峻別されていることが挙げられよう。この2つの違反の関係については、アブロガー事件において詳細に検討された。この事件の第2審となった第3巡回区連邦控訴裁判所は、排出違反と油記録簿管理違反との峻別を控訴裁レベルにおいて初めて認めただけでなく、前者は後者の関連行為にすらあたらないと判断したのである[93]。

このように2つの違反が峻別された帰結として、両違反の発生地も峻別されることとなった。排出違反に関してはその性質上、発生地の特定はあまり問題とはならないが、油記録簿管理違反については、それが公海上で行われたのか、

---

90) *United States v. Apex Oil Company, INC.*, 132 F.3d 1287, 1291 (1997).
91) 同様の指摘を行うものとして、R. H. Sparks, "The Fifth Circuit Finds that Criminal Sanctions for a Falsified Oil Record Book are Consistent with International Law in *United States v. Jho*", *Tulane Maritime Law Journal*, Vol. 33 (2009), p. 566.
92) *United States v. Royal Caribbean Cruises, Ltd.*, 11 F. Supp. 2d 1358 (1998); S. Gehan, "United States v. Royal Caribbean Cruises, Ltd.: Use of Federal 'False Statements Act' to Extend Jurisdiction over Polluting Incidents into Territorial Seas of Foreign States", *Ocean & Coastal Law Journal*, Vol. 7 (2000), p. 168; 同社に関しては6つの裁判所において21の訴因に基づき起訴が為され、最終的に、同社は1,800万ドルという巨額の罰金を支払うこととなった。Website of the Department of Justice, "Royal Caribbean to Pay Record $18 Million Criminal Fine for Dumping Oil and Hazardous Chemicals, Making False Statements", *available at* <http://www.justice.gov/opa/pr/1999/July/316enr.htm> (last visited 30th Oct. 2015).
93) *United States v. Abrogar*, 459 F.3d 430, 437 (2006).

それとも米国の港で行われたのかがジョ（Jho）事件において争点となった。この事件は、ニューヨークに本拠地を持つオーバーシーズ・シップホールディング・グループ（以下「OSG」と略記）が所有する、マーシャル諸島籍船舶パシフィック・ルビー号が、違法な排出を行ったことに端を発する。同船舶が違法な排出を行った後に寄港した米国の港において、USCGが取調べを行った結果、正確に記入された油記録簿が備え付けられていなかったため、機関長としてパシフィック・ルビー号の機関部について責任を負うジョ氏及びOSGはAPPS違反、偽証罪、偽造・変造罪等で起訴された[94]。

第1審となったテキサス州東部地区連邦地方裁判所（以下「テキサス東地裁」と略記）は、UNCLOSを慣習法として適用した上で、刑事罰を科すことはできないと判示した。そして、そのような判断を行った前提として、記録簿の管理違反は「米国の水域外（outside U.S. waters）」において行われたものであるとしている[95]。これに対し、第2審となった第5巡回区連邦控訴裁判所（以下「第5控訴裁」と略記）は、この「米国の水域外」で行われたとしたテキサス東地裁の判断が誤ったものであると指摘する。確かに、不正確な記入が公海上において行われたため、違反行為は米国の外で行われたとみなすことも可能かもしれない。実際、本件において被告人らはそのような主張を行っている。しかしながら、第5控訴裁によれば、仮にそのような被告人らの主張を認めると、米国の水域に入る直前に記録簿の情報が改竄された場合、米国は管轄権を行使することができなくなる。そのため第5控訴裁は、APPSが油記録簿の記入だけでなく、「正確な（accurate）」油記録簿を備え付けていることまでを要求しているとした。その上で、米国水域に入った時点で油記録簿が正確でなければ、不実表示（misrepresentation）という油記録簿管理の違反が、米国の港において行われたものとみなされると判示した[96]。

油記録簿管理の違反は米国の水域内で行われており、それ故、米国は属地主義に基づき管轄権を行使することができるとする論理構成は、その後の米国裁判所の判断においても支持されている。例えば、2009年にはイオニア社の責任をめぐる訴訟において第2巡回区連邦控訴裁判所（以下「第2控訴裁」と略記）

---

94) *United States v. Jho*, 2008 AMC 1746, 1747 (2008).
95) *United States v. Jho*, 465 F. Supp. 2d 618, 625 (2006).
96) *Supra* note 94, pp. 1750–1752.

が[97]、さらに、2012年にサンフォード社及び同社に雇用されていた機関長の刑事責任をめぐる訴訟においてコロンビア地区連邦地方裁判所が[98]、同様の論理構成を採用している。また、サンフォード会社事件のように、公海上での油排出が問題となったいくつかの事件において、船員に対して、拘禁刑を含む刑罰が科されている[99]。

しかしながら、国際法上、このような論理に基づいた管轄権の行使が許容されるかどうかに関しては疑問が残る。と言うのも、前記議論の前提となる、排出違反と油記録簿管理の違反とを峻別することが、MARPOL73/78に合致しているとは考えにくいからである。油記録簿の管理は、そもそも油の排出が適正に行われるよう作業者に注意を喚起するために規定されたものである[100]。現行のMARPOL73/78においても、油記録簿に対する寄港国の検査権限が明示されており、この権限は、排出違反についての訴訟手続の証拠を確保するためにコピーをとることを含んでいる。これらの事実に鑑みれば、排出違反と、それと密接にかかわる形で規定された油記録簿管理の違反とを峻別して訴追・処罰することは、MARPOL73/78起草者の意図に反するものと思われる。

UNCLOSの第218条等が慣習法化しているとみなされたり、あるいは、米国がUNCLOSを批准したりすれば、このような論理構成を取ることなく、米国は管轄権を行使することができることとなる。しかしながら、米国がUNCLOSの規定を尊重する形で管轄権を行使しなかった故に、セーフガードとして設けた、第230条1項の処罰を限定する機能が損なわれてしまっているのである。加えて、米国のAPPSはMARPOL条約と連動しているために深刻な問題とはなっていないが、仮に米国の論理構成が認められるとなると、排出に関しどのような基準を設けるかも、各国の裁量に委ねられてしまう。つまり、MARPOL条約に定められるよりも厳しい基準を一方的に課したとしても、最終的に属地主義に基づき管轄権が行使されるのであれば、それを規制する国際法は存在しなく

---

97) *United States v. Ionia Mgmt. S.A.*, F.3d 303, 308-309 (2009).
98) *United States v. Sanford, Ltd. and James Pague*, 880 F. Supp. 2d 9, 23 (2012).
99) このような事実を指摘するものとして、J. R. Crook (ed.), "U.S. Criminal Sanctions for High Seas Pollution by Foreign Vessels Entering U.S. Ports", *American Journal of International Law*, Vol.103 (2009), pp.755-758.
100) 海洋汚染・海上災害防止法研究会編『海洋汚染及び海上災害の防止に関する法律の解説』（成山堂書店、1996年）59頁。

なってしまうのである。MARPOL条約及びUNCLOSの起草過程において、属地主義等の通常では許容されない管轄権の行使を認めるために、セーフガードを含めどのような制度を設けるかが慎重に議論された事実に鑑みると、米国のこのような論理構成は可能な限り回避されるべきであると考えられる。

(4) 効果理論

効果理論に関しては、域外適用の適用基準として検討するものもあるが[101]、本書では、客観的属地主義から派生したものとして、属地主義の一種とみなす[102]。この理論が属地主義をその基礎とするものであることから、効果理論に基づく管轄権の行使は、慣習法上の原則たる属地主義に基づき正当化されることとなり、この理論を規定する特別な条約や慣習法がさらに必要とされるわけではない。この点において、本書が主題としている普遍主義とは大きく異なる。

特別な条約や慣習法を必要としないため、効果理論は管轄権の域外適用に際して援用されやすく、前述したEUや米国の実行においても、この理論に基づく正当化が見られる。CJEU及び法務官も、効果理論を想起させる論理構成に基づき航空EU-ETSを正当化しており[103]、Öko-Institutは海運EU-ETSを正当化するものとして効果理論を明示的に挙げている[104]。同様に、RCCL事件においてフロリダ州南部地区連邦地方裁判所は、偽証罪に対する管轄権の代替的な適用基準として、効果理論を挙げている[105]。さらに、ペトライア事件メイン州連

---

101) 属地主義とは一線を画した域外適用としての効果理論の側面を強調するものとして、酒井啓亘・寺谷広司・西村弓・濵本正太郎『国際法』(有斐閣、2011年) 91頁。
102) 例えば、杉原高嶺・水上千之他『現代国際法講義（第5版）』(有斐閣、2012年) 81頁。
103) CJEUは、「部分的に領域外で発生した出来事に由来する」EU域内での環境汚染に対してもEUは管轄権を行使することができるとし、その根拠として、効果理論や客観的属地主義に基づき管轄権を行使した先例を挙げている。Judgment of the Court, supra note 75, para.129.
104) Öko-Institutの報告書によれば、効果理論に基づく管轄権行使が正当化されるか否かは利益衡量によって決まる。具体的には、①管轄権を行使する国家に対する効果の重大性、②国際共同体の利益、③管轄権の域外行使により影響を受ける可能性のある第三国の利益、の3つを衡量する必要がある。この点、①気候変動はEU諸国にも重大な悪影響を及ぼし、②国際共同体は海運からのCO_2排出の削減に利益を有し、③これらを上回る第三国の利益が海運ETSの導入により影響を受けることは想定しにくいとする。このように、報告書は原則として効果理論に基づき海運EU-ETSを正当化する一方で、同制度がUNCLOS及びMARPOL73/78と合致せず、国際法上正当化されない可能性も指摘する。Öko-Institut, supra note 74, pp.85-91.
105) Supra note 92, 11 F. Supp. 2d 1358, 1364.

邦地方裁判所判決は、RCCL事件を引用し、効果理論に基づく正当化は、偽証罪違反だけでなく油記録簿を備え付けることを怠る犯罪にも関連するとしている[106]。

効果理論とは、1945年のアルコア事件判決以来、競争法の分野において米国裁判所により採用されてきた理論である。この理論は、対外関係法第2リステイトメントにおいて定式化され[107]、第3リステイトメントにおいても同様に規定されている。第3リステイトメントの第402条1項(c)によれば、「米国の領域外において行われる行為であって、米国の領域内において実質的な効果を与えた、あるいは与えることを意図したもの」に対しては、効果理論に基づき管轄権を行使することが認められる。ただし、この規定のコメンタリーも言及するように、効果を与える意図があるにもかかわらず実際に効果を与えていない場合はごく稀である[108]。一般的には、効果理論の援用に際しては、国内での効果の発生が求められよう。このことは、アルコア事件判決において、第2控訴裁が、「米国において結果 (consequence) を発生させていない行為」について処罰することを議会は意図していないと判断していることからも確認される[109]。

このように、国内での効果の発生を要件とするのであれば、領域内での結果の発生を基礎とする客観的属地主義と効果理論とがどのように異なるのかが問題となる。一口に効果理論といっても、アルコア事件以降その定義に関しても様々な修正を受けており、第3リステイトメントのように、国境を越えた狙撃といった一般的に客観的属地主義により説明される事案をも効果理論の中に含める見解もある[110]。しかしながら、アルコア事件判決に対し、欧州からの強い反対が為された事実を考慮すると、効果理論は、欧州においても当時から広く認められていた客観的属地主義とは区別される必要がある。客観的属地主義は刑法の文脈で論じられ、違法行為（構成要件）の一部が自国領域において発生する場合にのみ援用可能であるのに対し、効果理論は競争法の文脈で論じられた

---

106) *United States v. Petraia Maritime Ltd.*, 483 F.2d 34, 38 (2007).
107) American Law Institute, *Restatement of the Law Second, Foreign Relations Law of the United States*, (1965), p.47.
108) American Law Institute, *Restatement of the Law Third, Foreign Relations Law of the United States*, (1987), pp.238-239.
109) *United States v. Aluminum Co. of America et al.*, 148 F. 2d 416, 443 (1945).
110) American Law Institute, *supra* note 108, p.239.

ため、より抽象的な効果が自国領域において発生していれば援用が可能な点で、両者は区別される[111]。

以上のように説明される効果理論であるが、近年では競争法以外の分野へも拡張される傾向にある[112]。米国のテック・コミンコ社事件判決においては、環境法の域外適用を効果理論に基づき行うべきであったとの指摘が為され[113]、域外適用に消極的とされてきた環境法の文脈においても、域外適用を容認する学説は見られるようになっている。しかしながら、そのような学説でさえ、効果理論に基づく域外適用が認められるのは、自国国内において効果が発生している場合に限られるとしている[114]。したがって、公海上での排出が自国水域に影響を及ぼした、または及ぼすであろう場合でなければ、寄港国は効果理論に基づき管轄権を行使することはできない。

効果理論により正当化される範囲が前述のように限定されるのであれば、その範囲は、客観的属地主義により正当化される範囲と一致することとなる。そのため、環境法の文脈においては、客観的属地主義さえ援用すれば十分であり、効果理論を援用する必要はないかもしれない。また、GHGの排出のように、地球全体を通して自国にも影響を与え得る事案に対する管轄権の行使を、効果理論によって正当化することは適当でないと思われる。仮にこのような正当化が許容されるとなれば、属地主義に基礎を持つ効果理論により、域外適用が際限なく正当化されるという事態を招きかねないからである[115]。したがって、UNCLOS第218条1項において規定される排出に対する寄港国司法管轄権が、効果理論に基づいていると考えることも難しい。

---

111) R. Jennings, "Extraterritorial Jurisdiction and the United States Antitrust Laws", *British Year Book of International Law*, Vol. 33 (1957), pp. 158-159 and 175.

112) A. Parrish, "The Effects Test: Extraterritoriality's Fifth Business", *Vanderbilt Law Review*, Vol. 61 (2008), pp. 1456-1457.

113) J. S. Addis, "A Missed Opportunity: *How Pakootas v. Teck Cominco Metals, Ltd.* Could Have Clarified the Extraterritoriality Doctrine", *Seattle University Law Review*, Vol. 32 (2009), pp. 1046-1047.

114) *Ibid.*, p. 1025.

115) 同様の指摘を行うものとして、Jennings, *supra* note 111, p. 175.

第2款　適用基準を域外適用に求める理論

(1) 寄港国司法管轄権の適用基準を代理主義に求める理論

　寄港国管轄権が、代理主義に基づくものであるとの指摘もある[116]。寄港国管轄権の法構造が「引渡しか処罰か」と類似していることに鑑みれば、この見解は一定程度説得力を有するものと思われる。本来管轄権を有する旗国による適切な管轄権の行使が為されていない場合で[117]、かつ旗国がUNCLOSに批准している場合、この批准は、寄港国が代理して処罰することへの旗国からの同意と考えることができるのである。さらに、UNCLOSはその第228条において、旗国が6ヶ月以内に手続を開始する場合には、旗国の手続を優先しなければならない旨定められている。そのため、UNCLOSの制度においては、寄港国が手続を開始したにもかかわらず、旗国がいかなる手続も開始しない場合、UNCLOSにおける事前の一般的な同意とは別に、個別具体的な事件においても、旗国の黙示の同意があるものと推定することができよう。この点、林も「寄港地域は任意に入港した（移動中でない）船舶に対する管轄権行使の便宜性（forum conveniens）によるものであって、旗国手続の優先性を加味すると旗国管轄を補完する代理処罰とみることが適当である[118]」と指摘している。

　他方で、このような代理主義に基づくとするならば、第三国たる寄港国が管轄権を行使することができるのは、同意の確認される条約締約国の間に限定されることとなる。代理主義に依拠する以上、非締約国が寄港国管轄権を行使したり、非締約国を旗国とする船舶に対し管轄権を行使したりすることの説明は困難になる。しかしながら、寄港国管轄権については、MARPOL条約第5条4項のように[119]、「差別なき適用（No More Favourable Treatment）」の原則を規定するものも少なくない[120]。この差別なき適用の原則に基づき非締約国の船舶に対

---

116) 薬師寺「前掲論文」（注21）349頁。
117) B. F. Fitzgerald, "Port State Jurisdiction and Marine Pollution Under UNCLOS III", *Maritime Law Association of Australia and New Zealand Journal*, Vol.11 (1995), p.37.
118) 林久茂『海洋法研究』（日本評論社、1995年）208頁。
119) 第5条4項は、「締約国は、この条約の締約国でない国の船舶が一層有利な取扱いをうけることのないよう、必要な場合にはこの条約を準用する」と規定している。
120) IMOが作成した「寄港国管理のための手続（2011年版）」においても、そのパラグラフ1.2.2において、差別なき適用の原則が規定されている。*Procedure for Port State Control*, 2011, (A/Res.1052)(20 Dec. 2011), p.4.

しても管轄権を行使することは、条約法の「条約は第三国を益しも害しもしない」という原則と矛盾するように思われる。そのため、差別なき適用の原則が採用されている現状をより整合的に説明する観点からは、代理主義以外の適用基準が必要とされるのである。

(2) 寄港国司法管轄権の適用基準を普遍主義に求める理論

(i) **普遍的管轄権の定義からの分析**　UNCLOS第218条1項に規定される管轄権の対象は、自国水域外での排出とされているため、外国籍船舶からの排出であれば、当該排出と沿岸国との間にはいかなる連関も存在しない。そのため、本書の「事案といかなる連関も有しない国家が特定の事案に対して行使する管轄権（立法・執行・司法のいずれかまたはそれらの組合せ）」という普遍的管轄権の定義に鑑みれば、同項における寄港国管轄権は普遍的管轄権の一形態とも分類される。河西も、「公海上での基準違反の排出に関しては、属地的、属人的なリンクが一切ないにもかかわらず、入港国の執行を認めている点で、普遍主義的であることは否めない[121]。」と指摘する。また、岩間は、第218条1項が「引渡しか訴追か」の義務に類似した法構造であることを指摘し、同義務が普遍主義に基づくものであるから、寄港国管轄権も普遍主義により説明されるとする[122]。バンやヤンも、第218条1項の寄港国管轄権は普遍主義に基づくものであると主張している[123]。

このような普遍主義を適用基準とする見解に対しては、大きく2つの形での批判が展開されている。第1に、船舶起因汚染はその性質上、普遍的管轄権の対象となる行為とは異なるという批判がある。ムーラディアンは、普遍的管轄権の対象となるものは、国際共同体の公共政策（public policy）の事項として正当化される必要があるという前提に基づき、船舶起因汚染に関しては、現在の

---

[121] 河西「前掲論文」（注70）134頁、脚注58。同様の指摘を行うものとして、村上暦造「入港国管轄権と国内法の対応」『海洋関係国内法の比較研究（第1号）』（1995年）129頁。薬師寺公夫「国連海洋法条約と海洋環境保護：越境海洋汚染損害への対応」『国際問題』第617号（2012年）32頁。

[122] 岩間徹「入港国管轄権について」『一橋論叢』第92巻5号（1984年）656-657頁。これに対し栗林は、第218条1項の規定が、「引渡しか訴追か」のように義務を課すものではないこともあり、同項が普遍主義に基づくという見解を否定している。栗林忠男『注解国連海洋法条約（下巻）』（有斐閣、1994年）107頁。

[123] Bang, supra note 22, p. 298; Yang, *supra* note 7, p. 111.

ところそのような段階に至っていないと説明する[124]。確かに、船舶起因汚染がその性質上、ジェノサイドとは異なるという点については異論のないものと思われる。したがって、その理論的根拠は別途検討される必要がある。しかしながら、普遍的管轄権を条約に基づいて設定することが可能であることから、条約が、「事案といかなる連関も有しない国家が特定の事案に対して行使する管轄権」を定めるのであれば、その管轄権は、少なくとも形式的には普遍的管轄権とみなされ得るのである。

第2の形として、普遍主義の定義の相違に由来する批判が確認される。例えば、ボダンスキーは、船舶起因汚染に対する管轄権が普遍主義に基づくと主張するためには、公海上に位置する船舶への管轄権の行使が認められる必要があるとしている[125]。確かに、海上での事案に対する普遍的管轄権の定義如何によっては、海賊行為のように、海上警察権の普遍的な行使までが許容されるもののみを普遍的管轄権の対象とみなすことにもなろう。しかし、あくまでも第1章において示した形で普遍的管轄権を整理する以上、このような見解も、船舶起因汚染に対する寄港国管轄権が普遍主義に基づくことを批判するものとはならない。

(ii) **普遍的管轄権の理論的根拠**　公海上の船舶起因汚染に対する普遍的司法管轄権の理論的根拠については、これまで通り、犯罪の性質・処罰の効率性という2つの基準の観点からそれぞれ検討を加える。

犯罪の性質基準に関しては、第1章において示したように、ある行為が普遍的管轄権に服するためには、当該行為が何らかの形で国際共同体の利益を侵害する性質を有するものとみなされる必要がある。この点を考慮する上では、1975年にジュネーヴで開催された、第3次国連海洋法会議の第3会期におけるニュージーランドの意見が興味深い。同国によれば、「自国及び他国の利益を保護するためだけでなく、海洋環境を保護するという国際共同体の利益のために、寄港国は自由に行動することができるべきである[126]。」このように、海洋

---

124) C. P. Mooradian, "Protecting 'Sovereign Rights': the Case for Increased Coastal State Jurisdiction over Vessel-Source Pollution in the Exclusive Economic Zone", *Boston University Law Review*, Vol. 82 (2002), pp. 791-792.
125) Bodansky, *supra* note 20, pp. 762.
126) United Nations, Division for Ocean Affaires and the Law of the Sea, *supra* note 48, p. 15

環境を保護することが国際共同体の利益であるとする見解は、その後の学説にも支持される。例えば、ヴォルフルムは、海洋環境の保全のために規則を制定し、施行することは国家の共同体 (community of States) の利益であると主張する[127]。また、ビニュは寄港国について、自国の利益が侵害されているわけではないため、一般利益 (intérêt général) のために機能するものとみなされなければならないと指摘する[128]。近年では、ヤンも、海洋環境の保護は国際的な問題であり、排出違反は国際共同体全体 (international community as a whole) の利益に反するものであるとする[129]。

先述したように、普遍的司法管轄権に服する他の行為との比較から、排出行為をそのようにみなすことは困難との指摘も確認される[130]。確かに、ジェノサイドのようにその重大・残虐性から、排出行為が国際公序に反するものであるとみなすことは困難である。しかしながら、国際共同体の利益は、そのような国際公序に結びつく道徳的利益に限定されず、航行の自由のような、より実利的なものも含まれる[131]。改正SUA条約によれば、殺人のように通常犯罪と認識されるものであっても、航行の自由という実利的な利益を侵害する場合には、普遍的司法管轄権の下に服することは先述した通りである。このような観点からすれば、公海上の排出行為を、国際共同体の利益を侵害する行為とみなすことも可能であろう。

先に挙げたムーラディアンも、船舶起因汚染に対する普遍的管轄権を否定する一方で、経済的観点から、船舶起因汚染に対する普遍的管轄権が認められ得るとしている。この見解によれば、定常業務における油の国際的な排出は公共政策への違反とみなされ得る。なぜなら、結果として生じる環境損害や沿岸国

---

127) Wolfrum, *supra* note 66, p. 232.
128) D. Vignes, "La juridiction de l'Etat du port et le navire en droit international", in SFDI (ed.), *Le navire en droit international*, Colloque de Toulaon, (1992), pp. 149-150.
129) Yang, *supra* note 7, p. 111.
130) McDorman, *supra* note 13, pp. 318-319; 船舶起因汚染からの保護を国際共同体の利益とみなすことは否定しつつも、マクドルマンは、寄港国管轄権の根拠は、伝統的な旗国管轄権を補完するという「国際共同体の切望 (international community's desire)」と表現できるかもしれないとしている。
131) 海洋環境の保護だけでなく、海上安全や国際テロリズムの取締りといったように、寄港国管轄権の行使一般が、国際共同体の利益に資するという見解もある。Molenaar, *supra* note 15, p. 192.

がそれらに対応する費用と比較して、定常的な排出の費用対効果が低いためである[132]。このように、経済的観点からも普遍的管轄権が認められ得るという指摘は、今後、いかなる犯罪・行為を普遍的管轄権の対象とするかを検討する際に、重要な視点となる。

処罰の効率性基準を考える上では、2009年の段階で、世界の登録船舶の総トン数の約40％がいわゆる便宜置籍国に登録されているという事実に留意する必要がある[133]。このような船舶のほとんどは、母港に寄港することなく、当然、国籍国からの検査等を受けることもない[134]。そのため、国際的に定められた環境規制等を実施する上で、非旗国による取締りは必要不可欠である。他方で、航行の自由を保障する必要から、容疑船舶に対し、公海や領海において航行中の船舶に対する臨検を広範に認めることもまた困難である。この、非旗国による取締りの必要性と航行の自由を保障する必要性とのバランスをとった結果、航行の自由を可能な限り阻害することなく検査等を行うという点から、寄港国管轄権の枠組みが設けられたと言える[135]。

実際、公海にせよ領海にせよ、航行中の船舶を停止させ、乗船して検査するということは、航行の自由への直接的な侵害となり得るし、また、天候や地形によっては船員の生命への危険にさえなり得る[136]。これに対し、寄港国での検査は、航行への負担も小さくより安全である上に、検査を行う側の負担も小さくなる[137]。このように海上での執行と比較し、港での執行が好ましいだけでなく、唯一の選択肢であると指摘する者もいる[138]。また、海洋法に関する国際法協会（以下「ILA」と略記）の英国支部委員会が、ILAの1974年会期に提出した報告書によれば、証拠の確保が困難な船舶起因汚染に関しては、必要な証拠の入手や、その証拠を裁判所において受理可能な形で入手するといった訴訟上の

---

132) Mooradian, *supra* note 124, p.793.
133) International Transport Workers' Federation, *Seafarers Bulletin*, No.24 (2010), p.4.
134) Kasoulides, *supra* note 5, p.126.
135) Tan, *supra* note 27, p.218; Rothwell and Stephens, *supra* note 7, p.355; T. Zwinge, "Duties of Flag States to Implement and Enforce International Standards and Regulations – and Measures to Counter Their Failure to Do So", *Journal of International Business and Law*, Vol.10 (2011), p.313.
136) Bodansky, *supra* note 20, p.739.
137) *Ibid.*
138) Molenaar, *supra* note 15, p.192.

観点からも、寄港国管轄権は効率的である[139]。

このように、寄港国管轄権は旗国や沿岸国の管轄権のみでは不十分な船舶起因汚染の取締りを補完する役割を有する。換言すれば、実務上の処罰の効率性を高めるために、寄港国管轄権はまずMARPOL条約において、一部の執行管轄権に限り認められるようになったと言える。そして、その後の第3次国連海洋法会議において、国家間の妥協の結果、複数のセーフガードを設けつつも、司法管轄権が認められるようになったのは先述した通りである。

また、寄港国管轄権による取締りをより効果的なものとするためには、あらゆる国が、実際に寄港国管轄権を行使することが求められる。と言うのも、仮に、寄港国管轄権を行使しない国が存在する場合、船舶はその国家へ寄港し、規制を行う他の国家を避けるという、便宜寄港国 (port of convenience) の問題が生じるからである[140]。この点、港を有する寄港国は、原則として海洋に面していることから、環境規制を行うことに対して比較的積極的であることが期待される[141]。他方、港での規制を厳しくすることは、輸出入の経済的利益に関係し得るため、国家が厳格な措置をとることの難しさも指摘されるところである[142]。実際、寄港国管轄権を支持していた日本の代表団の一員であった小田ですら、自国領域から離れた場所で発生した汚染違反に対し手続を開始する動機を、入港国が有しない旨述べている[143]。

このように、国家が自国の利益を考慮して取締りを行うか否かを決定する現在の制度を越えた形で処罰の効率性を確保するためには、寄港国管轄権の行使を義務付ける必要がある。実際、そのような主張は第3次国連海洋法会議においても為されたものの[144]、最終的に支持を集めることはなかった。UNCLOS第

---

139) British Branch Committee on the Law of the Sea, "The Concept of Port State Jurisdiction" in International Law Association, *Report of the Fifty-Sixth Conference Held at New Delhi*, (1976), pp. 400-401.
140) Molenaar, *supra* note 15, p. 193.
141) 公海上の問題に関しては、自国水域に比べ消極的になる。このことを指摘するものとして、Bodansky, *supra* note 20, p. 739.
142) Kasoulides, *supra* note 5, p. 127
143) United Nations Conference on the Law of the Sea, *supra* note 45, p. 357, para. 44.
144) ジュネーヴ会期において、英国は、排出違反をしても自国に寄港しないが故に訴追できない船舶の存在を挙げ、そのような船舶への対応として、その後そのような船舶が寄港した国家に措置をとることを義務付けることの利点を強調している。United Nations Conference on the Law of the Sea, *supra* note 47, (A/CONF.62/C.3/SR.19), p. 83. para. 9.

218条においては、沿岸国や旗国からの要請があった場合に、「実行可能な限り」調査を行い（3項）、その情報を要請国に送付することのみ（4項）が寄港国に義務付けられているにすぎないのである。

また、船舶起因汚染に対する司法管轄権が取締り・抑止の効率性を高めることは、公海上の資源と密接に係るものの、寄港国司法管轄権が許容されていない、IUU漁業と比較することによっても確認されよう。IUU漁業寄港国協定は、その第13条において捜査について規定し、捜査の結果IUU漁業を行ったと信じる明確な根拠がある場合の措置を第18条において規定している。同条1項(b)は、そのような措置として、寄港国に対して自国の港における魚の水揚げや加工を禁止することを義務付けているものの、IUU漁業を行った者に対する処罰を行うことは許容していない。この協定の起草過程を参照すると、協定第18条に結実する草案第17条に関し、2009年の1月23日にECより見解が提示されている。この見解によれば、旗国が他国の通知等に関し対応せずその義務を果たさない場合には、寄港国が旗国に代わって適切な行為（appropriate action）を行えるようにすべきであり、その点についてECは話し合う用意があるとしていた[145]。しかしながら、その後の非公式会合を経て、同年5月の起草委員会に提出されたオーストラリア、カナダ、アイスランド、ニュージーランド、ノルウェー、米国の共同提案は、現行協定第18条と類似した規定ぶりとなっており、寄港国による司法管轄権の行使は許容されていなかったのである[146]。

このように、議論されながらも最終的に寄港国司法管轄権が規定されなかった背景には、FAOの担当職員が指摘するように、漁業の文脈においては、旗国の義務が重視されるようになったという側面があろう[147]。他方で、IUU漁業の取締りにおいては、寄港国における水揚げや加工の禁止といった措置だけで、十分

---

145) "EC Suggestions on Some Provisions of the Future Agreement on Port State Measures against IUU Fishing in View of the Second Round of the FAO Technical Consultation" (23 Jan. 2009), *available at* <ftp://ftp.fao.org/FI/DOCUMENT/tc-psm/2009/comments_draft_text/EC_2.pdf> (last visited 29th Oct. 2015).

146) "Port State Measures Agreement: Proposed Redraft of Article 17" (24 Apr. 2009), *available at* <ftp://ftp.fao.org/FI/DOCUMENT/tc-psm/2009/second_resumed/PSM_agreement_redraft_art17.pdf> (last visited 29th Oct. 2015).

147) D. J. Doulman and J. Swan, *A Guide to the Background and Implementation of the 2009 FAO Agreement on Port State Measures to Prevent, Deter and Eliminate Illegal, Unreported and Unregulated Fishing*, (2012), p.30.

な抑止効果を発揮するとみなされていたともまた考えられる。つまり、船舶起因汚染に関して寄港国の司法管轄権までもが認められた背景には、仮に検査をしても、それに基づき金銭罰等が科されない限り、寄港国管轄権が抑止効果を含めた形で実効的に機能することはないとの認識がある。これに対し、IUU漁業の場合、水揚げや加工の禁止は、そもそも漁業によって得られる予定であった利益を得ることを不可能とするため、処罰が存在しなくとも、抑止効果を含めた形で機能し得るのである。このように、寄港国に執行管轄権と司法管轄権をどのように配分するかに関しては、実務上の取締り・抑止の効率性を考慮した上で決定されているように思われる。

以上より、公海上の船舶起因汚染に対する普遍的司法管轄権は、犯罪の性質基準の観点からも、処罰の効率性基準の観点からも認められるものと言える。自国水域外での排出に対する寄港国管轄権を、属地主義に基づくとすることも、また、代理主義に基づくとすることもそれぞれ理論的な課題が残ることに鑑みれば、これを普遍主義に基づくものとみなすことが、最も適切であると考えられるのである。

第4節　海洋ガバナンスにおける船舶起因汚染に対する普遍的管轄権の意義

「海洋を一体のものとして統合的に管理する」という海洋ガバナンスの視点からすれば、船舶起因汚染に対する普遍的管轄権が認められることは、次の点で重要である。すなわち、第2・3章で検討してきた海賊行為や改正SUA条約上の犯罪といった暴力行為ではなく、海洋環境汚染という、人の身体や生命と直接関係しないものであっても、普遍的管轄権が認められるという点である。これは、前述したように、実利的なものまでを国際共同体の利益に含むことにより初めて認められるものと言えよう。この点の他にも、海洋ガバナンスの視点からは、以下に示す他国水域までを含む形で海洋を一体のものとして扱うこと及び管轄権を統合的に執行することの2点が重要と考えられる。

第1款　UNCLOS第218条2項による海洋の一体化

　海洋の一体化という観点からとりわけ重要となるのが、第2節でも言及したUNCLOS第218条2項である。同項は、「1に規定するいかなる手続も、他の国の内水、領海又は排他的経済水域における排出の違反については、開始してはならない。ただし、当該他の国、旗国若しくは排出の違反により損害若しくは脅威を受けた国が要請する場合又は排出の違反が手続を開始する国の内水、領海若しくは排他的経済水域において汚染をもたらし若しくはもたらすおそれがある場合は、この限りでない。」と規定している。

　第218条1項は、自国水域外ということで、公海と他国水域において格別の差を設けていない。このことは、海洋を一体のものとして捉える海洋ガバナンスの視点からは高く評価できよう。他方で、この2項は、他国水域において発生した排出に関しては、原則として手続の開始、すなわち、司法管轄権の行使はしてはならないとしている。しかしながら同項は、当該他国のほか、旗国や排出によって損害等を被る国の要請がある場合には、寄港国が司法管轄権を行使することができるとしている。このように、要請という形での司法管轄権行使への同意が大きな役割を果たしていることに鑑みれば、同項に基づく寄港国司法管轄権は、普遍主義というより、代理主義に基づくと評価することがより適切であろう。

　海洋の一体化の観点からは、ここでは、寄港国は沿岸国水域で発生した事案であるにもかかわらず、当該沿岸国の同意を得ずとも管轄権を行使することができるという点が強調されなければならない。沿岸国以外の、旗国等の要請（同意）さえあれば、沿岸国自身の同意は無くとも、寄港国は管轄権を行使することができるのである。このことは、その沿岸国の有する権限、とりわけ領海に対する領域主権を制限することになると思われる。そうであるにもかかわらずこのような制度が設けられた背景には、まさに海洋を一体のものとして捉え、海洋全体の環境の保護を国際共同体の利益と指定する視点があったからに他ならない。

第2款 「PSCの地域的了解覚書」による統合的管理

　海洋ガバナンスのもうひとつの側面である、統合的管理という観点からは、船舶起因汚染に対する寄港国司法管轄権を含む、寄港国管轄権を行使する方法が注目に値する。現在、寄港国管轄権に関しては、その効率性を高めるために、寄港国間で協力して調和が図られている。具体的には、9つの地域的な了解覚書（以下「MOU」と略記）が締結されており[148]、これらのMOUに基づき、寄港国管轄権が行使されることとなっているのである[149]。これらのMOUは、その名称が暗示するように、国際条約というわけではなく行政取極めにすぎない[150]。しかしながら、これらは、MARPOL73/78が排出についての実体的規則を定めているように、船舶の遵守する実体的規則を各条約が定めていることを前提に、それらの規則を遵守させるために寄港国が行う検査の手続を定めている。したがって、実体的規則の遵守を確保する枠組みの構築という本書の目的に則せば、その果たす役割は決して過小評価されるべきではない。

　いかなる条約と連動し、どのように検査を行うのかについては、覚書、地域ごとに異なり、9つ全てのMOUが同一の内容を規定しているわけではない。しかしながら、本章において検討してきたMARPOL73/78だけでなく、SOLAS条約やSTCW条約は、あらゆるMOUにおいて検査基準とされている[151]。したがって、普遍的司法管轄権の行使が認められるのがMARPOL73/78違反に限定されるとしても、同文書に規定される規則の違反があったか否かの検査等は、寄港国によって包括的に行われることとなる。このことは、統合的管理を志向

---

[148] 1982年に欧州・北大西洋においてパリMOUが締結されたのを契機に、1992年に南米地域でビニャデルマル協定（Acuerdo de Vina del Mar）、1993年にアジア・太平洋地域の東京MOU、1996年にカリブ海地域のカリビアンMOU、1997年には地中海地域の地中海MOU、1998年にはインド洋地域のインド洋MOU、1999年には西・中央アフリカ地域のアブジャ（Abuja）MOU、2000年には黒海地域の黒海MOU、そして、2004年にはペルシャ湾地域のリヤドMOUが締結されている。

[149] Tan, supra note 27, p.286.

[150] Z. O. Özçayir, "The Use of Port State Control in Maritime Industry and Application of the Paris MOU", *Ocean & Coastal Law Journal*, Vol.14 (2009), p.201.

[151] Z. O. Özçayir, *Port State Control*, 2nd ed. (2004), pp.127, 178, 186, 204, 209, 214 and 217-218参照。また、MARPLO73/78・SOLAS条約・STCW条約といったIMOで締結された諸条約に関する寄港国の検査については、IMOがガイドラインを作成している。*Supra* note 120.

する海洋ガバナンスの観点からは高く評価することができよう[152]。さらに、現在は発効していないIUU漁業寄港国協定についての違反をもこの地域的覚書に含むことができれば、統合的な規制のより一層の進展が期待されよう。

---

152) このような寄港国管轄権の拡張を受け、同管轄権が旗国・沿岸国の管轄権を補完するだけでなく、それらに代わるものとなってきていることを指摘するものとして、T. Stephens and D. R. Rothwell, "The LOSC Framework for Maritime Jurisdiction and Enforcement 30 Years On", in D. Freestone (ed.), *The 1982 Law of the Sea Convention at 30: Successes, Challenges and New Agendas*, (2013), p.34.

第5章

UNCLOS体制における普遍的管轄権の展開：海洋ガバナンスの視点から

　これまで見てきたように、海洋の管理を実現する上で、具体的には、海洋法の伝統的枠組みの問題である実体的規則の遵守を確保する上で、国家による普遍的管轄権の行使は有用な手段と考えられよう。その一方で、第2章から4章の各章において指摘してきたように、既存の海洋法において、「海洋を一体のものとして統合的に管理する」という海洋ガバナンスの視点から、普遍的管轄権が十全に規定されているとは言い難い。そのため、今後海洋ガバナンスを推し進めていく上で、このさらなる発展は必要不可欠と考えられる。

　しかしながら、第4次国連海洋法会議や[1]、UNCLOSの改正といった形で[2]、海洋法全体についての議論が一括して為され、海洋法が再構築される見込みは現在のところあまりない[3]。それ故、普遍的管轄権の発展に際しては、現行のUNCLOSを基盤として展望していく必要があろう。そこで本章では、第1節においてUNCLOS体制における普遍的管轄権の展開とその限界について検討し、その上で、第2節において、UNCLOS体制を超えた海洋ガバナンスについて試考する。

---

1) トレベスは、第4次国連海洋法会議の開催に多くを期待することに警鐘を鳴らしている。"Comment by Tullio Treves in Edited Transcript of Question and Answer Session", in M. Nordquist, R. Wolfrum, J. N. Moore and R. Long (eds.), *Legal Challenges in Maritime Security*, (2008), pp.154-155.
2) J. Harrison, *Making the Law of the Sea: A Study in the Development of International Law*, (2011), pp.68-70.
3) 国連総会決議69/292において、「国家管轄圏外の区域における海洋生物多様性の保全及び持続可能な利用」についての新条約を締結することが採択されたものの、このような新条約も、あくまでもUNCLOSに基づいて締結されることとなっている。

第1節　UNCLOS体制における
　　　　　普遍的管轄権の拡張とその限界

第1款　海洋法における普遍的管轄権の拡張

(1) 新たな条約・慣習法による拡張：旗国・沿岸国の権限との併存可能性

　今後の普遍的管轄権を展望する上で、この管轄権が、海洋法の伝統的枠組みにより権限を配分される旗国・沿岸国から、どの程度受容され得るか、つまり、旗国・沿岸国の権限と普遍的管轄権が併存し得る程度が重要となる。この点、旗国の権限は、UNCLOSの第92条1項において、「船舶は、一の国のみの旗を掲げて航行するものとし、国際条約又はこの条約に明文の規定がある特別の場合を除くほか、公海においてその国の排他的管轄権に服する。」と規定されている。序章でも確認したように、この規定は非旗国による海上警察権の行使を排除したものであり、海上以外での管轄権の行使を排除するものではない。そのため、この規定は、陸上で行使される普遍的司法管轄権や普遍的執行管轄権を排除するものではないと考えられよう。したがって、普遍的管轄権の陸上での行使を認める慣習法が新たに形成された場合、その新たな法に基づく管轄権は原則として、第92条1項における旗国の権限と併存することとなろう。

　また、非旗国による海上での管轄権行使に関しても、「国際条約」に「明文の規定がある特別の場合」の例外を認めているため、1度条約が締結されれば、海上での管轄権行使も許容されることとなる。第3章で検討した改正議定書や新麻薬条約は、まさにここで言う「国際条約」にあたる。したがって、これらの条約に規定される非旗国の海上警察権も、UNCLOS第92条上の旗国の権限と併存するのである。

　このように、UNCLOSにおける旗国主義は、陸上で行使される普遍的管轄権の発展を、黙示的にではあるが認め、また、海上での管轄権行使に関しては、条約によって発展することを明示的に認めている。この旗国主義を規律する類似の規定は公海条約第6条においても設けられており、UNCLOSにおいて新たに規定されたものではない[4]。そのため、公海条約を批准しUNCLOSを批准し

---

　4) UNCLOS第92条が、公海条約第6条を参考に起草されたことを指摘するものとして、M.

ない米国のような国家の存在を考慮しても、現行海洋法における旗国の権限は、他の適用基準に基づく管轄権と併存するものであると言えよう。

沿岸国の権限も、旗国の権限と同様に他の国家の普遍的管轄権と併存し得る。領海に対しては領域主権が認められているが、例えば、ジェノサイドを行った者に対する普遍的司法管轄権の行使が許容されるように、領域主権それ自体が、他の国家による普遍的管轄権の行使を全面的に排除するわけではない。領海に対する領域主権が、領土に対するものに比べ機能的な側面が強いことに鑑みれば、領海での事案に対し、他の国家が普遍的司法管轄権を行使することは受け入れられるものと考えられる。SUA条約が、まさにそのような、他国領海に対する非旗国の普遍的司法管轄権を規定するものであることは、第3章において示した通りである。EEZに対する主権的権利及び管轄権に関しても、これらの権利性が、領域主権そのものに劣位することを考慮すると、これらの権限が他国による普遍的司法管轄権と併存することを否定するものとは考えられない。

その一方で、領海内での非沿岸国による海上警察権の行使は、原則として許容されない。領海内での非沿岸国の警察活動に対し、例えば東南アジア諸国が嫌悪感を示していることは、序章において確認した通りである。領海において非沿岸国が権限を行使するためには、ソマリア沖の海賊問題への対処のように、沿岸国の同意や安保理決議によって、当該権限の行使が許容される必要がある。

このように、現行のUNCLOS体制において、普遍的司法管轄権や海上警察権の行使は、必ずしも旗国や沿岸国の権限を侵害するものとなるわけではない。新たな普遍的司法管轄権や海上警察権が慣習法や条約によって形成された場合、それらの権限は旗国や沿岸国の権限と併存し得るのである。

(2) 参照規則による拡張

第4章で見たように、船舶起因汚染に対する普遍的司法管轄権は、UNCLOS第218条1項において、「権限のある国際機関又は一般的な外交会議を通じて定められる適用のある国際的な規則及び基準」に違反する排出に対して認められると規定されている。条文それ自体において実体的規則を定めるわけではなく、他に存在するであろう規則に依拠する旨定めるこのような規則は、参照規則と

Nordquist (ed.), *United Nations Convention on the Law of the Sea 1982: a Commentary*, Vol.III (1995), p.122.

してUNCLOSにおいて多数規定されている[5]。この参照規則は、UNCLOSそれ自体の改正が為されなくとも、より簡易に採択・改正される他の規則を反映させることで、UNCLOSの実体的規則を発展させるものと言える。この点を捉え林は、同規則を「時代の要請とともに進展する仕組み」と高く評価している[6]。

先述したように、第218条1項における国際基準の意味するところに関しては意見の対立も見られる。しかしながら、同項における「権限のある国際機関」がIMOを意味するという理解は、国連海事海洋法課及び[7]、IMO事務局自身によっても認められるところである[8]。そのため、1項における国際基準はIMOを通じて発展していくことが期待されている条約、すなわち、MARPOL73/78を意味するとされている。したがって、MARPOL73/78やその附属書が採択・改正されれば、それに伴い普遍的司法管轄権の対象となる排出もまた変遷していくこととなるのである。

MARPOL73/78に関しては、油について規律した附属書Ⅰが1983年に発効したのを皮切りに、1987年には、ばら積み有害液体物資を規律した附属書Ⅱが、1988年には船舶からの廃物に関する附属書Ⅴが、1992年には容器等の収納の状態で海上運送される有害物質を規律した附属書Ⅲがそれぞれ発効している。UNCLOSが発効した1994年以降も、2003年に汚水について規律した附属書Ⅳ、そして、船舶からの大気汚染について規律した附属書Ⅵが2005年に発効しているように、第218条1項に基づく普遍的司法管轄権の対象は、参照規則の改正によって、拡張の一途を辿っていると言えよう。

---

5) 参照規則一般に関しては、J. A. Witt, *Obligations and Control of Flag States: Developments and Perspectives in International Law and EU Law*, (2007), pp.56-62; Harrison, *supra* note 2, pp.165-166.
6) 島田征夫・林司宣『国際海洋法』(有信堂、2010年) 98頁。
7) United Nations, Division for Ocean Affairs and the Law of the Sea, *Law of the Sea Bulletin*, No.31 (1996), p.89.
8) IMO, *Implications of the United Nations Convention on the Law of the Sea for the International Maritime Organization*, (LEG/MISC.7) (19 Jan. 2012), p.9.

第2款 海洋法における一方的行為による管轄権の拡張とその限界

(1) 一方的行為による拡張

　新たな条約を締結したり、慣習法を形成したり、あるいは参照規則を改正したりといった国家の合意を基礎とする拡張のほか、海洋法においては、国家による一方的行為が法を発展させ、国家の管轄権を拡張してきた側面が強い[9]。例えば、現在UNCLOSに規定される形とは異なるものの、大陸棚に対する沿岸国の権限は、UNCLOSが採択されるはるか前の1945年に米国が発した「大陸棚の地下及び海床の天然資源に関する合衆国政府の宣言（以下「トルーマン宣言」と略記）」に起源を有するとされる[10]。この宣言は、油をはじめとする海底資源を開発する自国の利益に則して為された米国1国の実行にすぎない[11]。しかしながら、この宣言に続く沿岸国の実行が複数存在し、大陸棚資源に対する管轄権を調整することが急務となったために、ILCによって大陸棚条約が起草されることとなったのである[12]。

　また、このような一方的行為による管轄権の拡張は、カナダがUNCLOSを批准する2003年11月以前に、海洋環境を保護するために行った、次の2つの実行からも確認される。第1の実行は、北極海の沿岸100海里に渡る海域に対するカナダの広範な管轄権を規定する1970年の「北極水域汚染防止法（以下「AWPPA」と略記）」の制定である。同法は、米国籍のオイルタンカーであるマンハッタン号が1969年に北西航路を航行したことを契機に、北極海の地位に対するカナダの立場を明確にするために制定された[13]。その後、1970年代にカナダが同法の

---

9) D. P. O'Connell, *The International Law of the Sea*, Vol.I (1982), pp.31-33; また、「宣言」に限定してではあるが、ロスウェル＆スティーブンスは、その著書において、慣習法、条約に続く「国際海洋法の法源」として一方的宣言を挙げている。D. R. Rothwell and T. Stephens, *The International Law of the Sea*, (2010), pp.23-24.
10) R. Churchill and A. V. Lowe, *The Law of the Sea*, 3rd ed., (1999), p.143.
11) 同宣言に至る米国国内の動きについて検討したものとして、深町公信「大陸棚の法的地位（一）―トルーマン宣言と大陸棚条約―」『九大法学』第57号（1989年）77-88頁。
12) 同様の指摘を行うものとして、田中則夫「大陸棚の定義と限界画定の課題―トルーマン宣言から国連海洋法条約へ―」栗林忠男・杉原高嶺編『海洋法の主要事例とその影響―現代海洋法の潮流（第2巻）』（有信堂高文社、2007年）216-217頁。
13) T. L. McDorman, "In the Wake of the Polar Sea: Canadian Jurisdiction and the Northwest Passage", *Marine Policy*, Vol.10 (1986), p.245.

正当性を国際共同体に認めさせることに注力したこともあり、UNCLOS第234条は、氷に覆われた水域に対しては、その航行の危険性と環境の脆弱性に鑑みて、沿岸国に特別の管轄権を付与している[14]。

第2の実行は、「北西大西洋漁業機関（以下「NAFO」と略記）」におけるスペイン・ポルトガルとの対立を受け、カナダ東部沿岸の公海において外国籍船舶に対し海上警察権を行使することを可能にした1994年の「沿岸漁業保護法（以下「CFPA」と略記）」の制定である。同法の運用にあたっては、後述するようにエスタイ号事件においてスペインとの間に紛争が生じるなど、同法の制定が直ちに沿岸国の管轄権の拡張につながったわけではない。しかしながら、同法の制定・運用が、後の国際交渉とその結果として、沿岸国の管轄権を拡張することになるUNFSAの締結につながったことは広く指摘されるところである[15]。

(2) UNCLOS体制における拡張の抑制

このように、一方的行為は、管轄権の法的な拡張の誘因となってきた[16]。そのため、例えば第4章において挙げた米国の司法管轄権の行使が、一方的行為として既存の法を発展させる力学として機能する可能性も考えられなくはない[17]。そこで、UNCLOS体制下においても、個別国家の一方的行為によって普遍的管轄権が発展し得るのか否かを考察するにあたり、本款では、前記米国の司法管轄権行使を素材として検討する。同行使に焦点をあてるのは、米国がUNCLOSを批准していないからこそ、その枠組みを外れた形での一方的行為が可能であり、実体的には現行法と抵触する一方的行為の代表例とみなされ得るためである。

(i) **UNCLOS上の規範の具体性による管轄権の拡張の抑制**　米国による管轄権

---

14) 西谷斉「北西航路の国際法上の地位―氷結区域と国際海峡制度の交錯―」『近畿大學法學』第54巻5号（2007年）219-221頁。

15) そのような指摘をするものとして、M. Byers, *Custom, Power and the Power of Rules*, (1999), p.99; 山田卓平「カナダによる公海漁業取締措置と緊急避難」『神戸学院法学』第40巻2号（2010年）72-73頁。

16) 西谷はカナダの2つの実行を分析し、国際法形成の文脈においては、「持続可能な開発」概念に留意して一方的行為を評価する必要があると指摘する。西谷「前掲論文」（注14）410-411頁。

17) 竹内は、一方的行為が法的効果を持つ背景には、既存の法の限界という国家の共通認識が存在すると指摘する。竹内真理「国際法における一方的行為の法的評価の再検討（二・完）―海洋法における沿岸国管轄権の『拡大』実行を素材として―」『法學論叢』第151巻4号（2002年）107-108頁。

の一方的な行使が法の発展に寄与するか否かを検討するにあたり、これまで、沿岸国の管轄権の拡張に寄与してきたカナダのAWPPA及びCFPAの事例と比較する。前述したようにAWPPAは、北極海の沿岸100海里に渡る海域に対するカナダの広範な管轄権を規定している。このような法の制定に対し明示的に異を唱えた米国は[18]、AWPPAが「海洋の自由」に違反する先例となり得ることを懸念して抗議したとされる[19]。AWPPAに関しては、法の執行を通じての具体的な紛争がカナダと米国との間に生じたわけではない。したがって、抗議を行うにあたり、AWPPAが抵触する規範を米国がどこまで具体的に示す必要があったかについては疑問も残る。しかしながら、外交声明として発出した抗議において、AWPPAが抵触する規範を「海洋の自由」の原則としたことは、少なくとも米国当局が一義的にはそのように考えていたことを示すものと言えよう。

　CFPAに関しては、制定された当時、既に北大西洋海域における漁業を規律するNAFO条約が締結されていた。したがって、CFPAと同一の事項についての規律を行う具体的な国際法規範が存在していたとも考えられる。しかしながら、実際に同法の適用が問題となったエスタイ号事件において、同船舶の旗国であるスペインは、カナダの措置が以下の違反を構成すると、その書面手続において主張した。すなわち、公海における航行及び漁業の自由の原則、武力の威嚇または使用の禁止原則、公海上の船舶に対する旗国の排他的管轄権の原則、公海不領有の原則、公海上の生物資源保存のための平和的協力義務、生命及び身体に対する個人の権利を保護する規範、紛争の平和的解決義務及び、「より具体的な他の規則（autres règles plus concrètes）」の違反である[20]。ICJでの手続が先決的抗弁の段階で終了したため、スペインがその後想定していた本案審理において、カナダの措置がどのような規範に抵触すると主張しようとしたのかについては不明な部分も少なくない。しかしながら、少なくとも書面段階においては、スペインの主張も、AWPPAに対する米国の主張と同様に、CFPAが極めて抽象的な規範に抵触することを挙げているにすぎないのである。

---

18) Byers, *supra* note 15, p. 94.
19) "U.S. Statement on Canada's Proposed Legislation", *International Legal Materials*, Vol. 9 (1970), p. 605.
20) *Compétence en matière de pêcheries (Espagne c. Canada), compétence de la Cour, arrêt, C.I.J. Recueil 1998*, Mémoire du royaume d'Espage, para. 23.

そして、このように抵触する規範が抽象的であったことが、AWPPA及びCFPAが法の発展に寄与したと評価される一因であると言える。西谷も、両法が国際法の発展に寄与した背景として、「明示的な禁止規範が存在しな」かったことを挙げている[21]。厳密に言えば、AWPPAにおいて米国が、CFPAにおいてスペインが主張したように、両法とも、抽象的な規範には抵触するものであったと考えられる。しかしながら、両法が抵触する規範が抽象的なものであったが故に、AWPPAに関しては、氷結地帯の特殊な環境という例外性[22]、CFPAに関しては、絶滅に瀕している漁業資源という例外性と[23]、具体的な例外を設ける新たな規則を既存の抽象的な規範の中に組み込む余地があったと考えられるのである。

　これに対し、米国の管轄権行使が抵触し得るUNCLOS上の規則は極めて具体的である。第4章において確認したように、米国の実行が抵触し得るのはUNCLOS第230条1項についてであって、普遍的司法管轄権の行使そのものではない。この第230条1項は、旗国主義原則の例外として寄港国司法管轄権を認めるにあたっての条件のひとつ、すなわち、船員を保護するためのセーフガードとして規定されたものである。同項は環境保護という船舶起因汚染を取り締まることの利益と人権保障というセーフガードのもたらす利益とを衡量した結果、後者を優先するために挿入されたのである。そのため、同項は極めて具体的な規則となっており、そこにさらなる例外を設ける余地はあまりないと考えられる。以上より、UNCLOSに規定される規範の具体性に鑑みれば、米国の管轄権行使が法を発展させ、管轄権の拡張に寄与するとは考えにくい。

(ii) **UNCLOS上の強制紛争解決手続による管轄権の拡張の抑制**　制度的側面からみても、米国の管轄権行使が法の発展に寄与するとは考えにくい。なぜなら、仮に米国がUNCLOSを批准したり、あるいは他のUNCLOSの締約国が米国と同様の実行を行ったりした場合には、国際的な司法機関によって、それらの実行が既存の国際法に違反すると判断される可能性が高いからである。仮に違法行為が行われたとしても、それが違法なものと国際的な司法機関によって認定されなければ、その違法行為が実際に違法であったのか否かは明らかにならず、

---

21) 西谷「前掲論文」(注14) 410頁。
22) AWPPA前文参照。
23) CFPA第5.1条参照。

そのような灰色の状況が国際法を発展させる要因となる可能性もあろう[24]。しかしながら、UNCLOS第286条によれば、UNCLOSの解釈または適用に関する紛争は強制的に裁判所に付託される。その結果、灰色の状況から黒か白かとなり、国際法が発展する可能性は低くなるのである。

国際的な司法機関、特にICJが国際法を明確化することによって法を発展させてきたことは歴代のICJ判事も指摘するところである[25]。しかしながら、既存の国際法にのみ依拠して法的な判断を下す司法機関は、既存の法が現実に即して発展するために必要な国家の管轄権行使をも、時に違法なものと結論づけることとなる。換言すれば、国際的な司法機関を用いることは、環境保護のために必要とされる一方的行為、延いては、関連する国際法の発展をも抑止する可能性があるのである[26]。

UNCLOSを批准する以前、カナダはこの点を十分に認識して、AWPPA及びCFPAを制定・運用してきたと言える。カナダは、当時の国際海洋法に抵触する可能性の高いAWPPAを制定する際、同法に関する問題がICJによって判断されることを回避するために、ICJの強制的管轄権受諾宣言に関する留保を変更した。そして、そのような留保の変更を正当化するにあたり、カナダのトルドー首相は、ICJがAWPPAは許容されないと判断することは、環境分野における法の発展を妨げる可能性があると主張している[27]。このように、自国の管轄権を行使する際に強制的管轄権受諾宣言の留保を変更するといった行動様式は、カナダがCFPAを制定する際にも踏襲された[28]。

---

24) 竹内も、一方的行為とそれに対する黙認により海洋法が発達してきた背景として、裁判例が蓄積していなかったことを指摘している。竹内真理「国際法における一方的行為の法的評価の再検討（一）―海洋法における沿岸国管轄権の『拡大』実行を素材として―」『法學論叢』第150巻6号（2002年）67頁。

25) H. Lauterpacht, *The Development of International Law by the International Court*, (1958), p.5 ; R. Higgins, *Problems and Process : International Law and How We Use It*, (1994), p.202.

26) 海洋法が発展するにつれ、ICJを中心とする司法機関による法の発展が見込めなくなってきていることを指摘するものとして、A. V. Lowe and A. Tzanakopoulos, "The Development of the Law of the Sea by the International Court of Justice", in C. J. Tams and J. Sloan (eds.), *The Development of International Law by the International Court of Justice*, (2013), p.169.

27) トルドー首相の発言に関しては、"Canadian Prime Minister's Remarks on the Proposed Legislation", *International Legal Materials*, Vol.9 (1970), pp.600-604 ; R. B. Bilder, "The Canadian Arctic Waters Pollution Prevention Act : New Stresses on the Law of the Sea", *Michigan Law Review*, Vol.69 (1970), p.18.

28) *Yearbook of the International Court of Justice 1994-1995*, p.85.

これに対し、UNCLOS体制においては、同条約の違反は原則として強制的に紛争解決手続に付され得るため、カナダのように、特定の問題に関してのみ司法機関による判断を避けるといった戦略をとることはできない。特に米国の実行は、船員の保護というセーフガードを蔑ろにするものであるため、必然的に船員供給国からの強い反対を招きやすい。フィリピンやインドといった特定の国家が船員供給国として船員の保護に強い関心を有する事実に鑑みれば[29]、UNCLOSに抵触する形での船員の処罰に関しては、そのような国から訴えが提起される可能性が高いと思われる[30]。そして、1度訴えが提起され、国際的な司法機関にUNCLOS違反を認定されたとなれば、そのような管轄権行使が法の発展に寄与する可能性は低くなると考えられるのである。

　本款で確認したのはあくまでも船舶起因汚染に対する米国の管轄権行使に限定したものにすぎない。他の場面における他の国家の管轄権行使が、管轄権の拡張に寄与することは、UNCLOS体制においてもないわけではなかろう。しかしながら、規範の具体化傾向については、程度の差こそあれUNCLOS一般に言えるものであるし、第297、298条に規定される例外を除き、強制紛争解決手続制度は、UNCLOSのあらゆる条文の解釈・適用に及ぶ。それ故、少なくとも、UNCLOS発効以前に比べれば、一方的行為によって法が発展する可能性は低くなっているという結論が導かれよう[31]。

---

29) 船舶職員の人数は、フィリピンが57,688人、インドが46,479人と、それぞれ世界第1位と2位を占める。BIMCO/ISF, *Manpower 2010 Update: The Worldwide Demand for and Supply of Seafarers*, (2011), pp. 104-105.

30) 第2章の脚注90でも言及したヘーベイ・スピリット号事件参照。また、フィリピンも、海上での事件の際の「船員の公正な取扱い」について、IMOにおいて作成されているガイドラインの共同起草者となるなど、船員の取扱いについて強い関心を示している。Legal Committee, "Fair Treatment of Seafarers", (LEG 88/12) (18 Mar. 2004).

31) UNCLOSの存在を前提に、古賀も「今日では力による秩序の形成に代わって一定の手続きが存在し、それによって国際社会の合意によって新しい秩序を形成する環境が成立している」と指摘する。古賀衞「海洋法における正義」『世界法年報』第34号（2015年）160頁。

第2節　UNCLOSを超えた海洋ガバナンスへ

　第1節で確認したように、UNCLOS体制においては、他の条約や参照規則といった、国家の合意によって形成されるものによって管轄権が拡張される一方で、一方的行為による管轄権の拡張は抑制されることとなる。したがって、UNCLOS体制における今後の普遍的管轄権を展望する上では、これまで以上に国家の合意が重要となる。そこで本節では、普遍的管轄権を拡張する場合に、どのような合意が為されるべきかについて考察する。

第1款　海洋ガバナンスを志向する普遍的管轄権における効率性の追求

　第2章から4章において確認したように、現在、海洋法における普遍的管轄権は基本的に条約において規定されており、それらの条約では、海洋を管理する上での取締り・抑止の効率性を考慮に入れた制度が構築されてきた。海賊行為がまさにそうであるように、海上での問題は、現代の科学技術を用いて各国が協働しても解決が困難な難問である。それ故、各国が有するリソースを効率的に用いることが海洋ガバナンスにとって重要であることは論を俟たない[32]。国際共同体の道徳的利益だけでなく、経済的観点と結びつきやすい実利的利益までもが普遍的管轄権を行使することで保護するに資する利益となっていることを考慮すると、今後のUNCLOSを超えた海洋ガバナンスを展望する上でも、この効率性の追求は一層重要になると考えられる。そこで本款では、これまで検討してきた普遍的管轄権の規定における効率性の位置づけを明らかにした上で、今後、効率性をどのように追求していくかを、海洋ガバナンスの視点から検討する。

(1) 普遍的管轄権を規定する既存の国際法制度における効率性
(i)　**効率性を考慮しての権限と義務**　既存の条約において、普遍的管轄権は次

---

[32] 「良き海洋ガバナンス」を模索するチェンは、実効性（effectiveness）と並べて、効率性（efficiency）も良きガバナンスの重要な要素であるとしている。Y. Chang, *Ocean Governance: A Way Forward*, (2012), p.12.

の2つの形で規定されている。第1に、海賊行為のように権限のみを規定し、その行使は締約国の裁量に全面的に委ねる形であり、第2に、改正SUA条約のように、当該権限の行使を義務付ける形である。権限と義務のどちらの形で規定するかに際しては、どちらの形で規定することが海洋の管理、具体的には、問題となる事案の取締り・抑止の効率性をより高めるかという点が考慮されていると思われる。ただし、ここで考慮される効率性とは、単に取締り・抑止の効果を高めることだけを意味するのではなく、条約の普遍性を高めることをも含むことに留意する必要があろう。と言うのも、仮に条約によって取締り・抑止の効果が高まったとしても、実際に当該条約に拘束される国家が少数に限定されてしまうとなれば、海洋の管理という観点からは、その効率性が高いとは評価できなくなるためである[33]。

これまで海上での事案について、実際に義務の形で規定が設けられた条約を参照すると、「引渡しか訴追か」原則を規定したSUA条約及び新麻薬条約、並びにIUU漁業寄港国協定に限られる。義務の形で規定した方が、取締り・抑止の効果が高まるにもかかわらず、義務の形で規定される条約が少数に留まる背景には、自国との連関を有しない事件に関して管轄権を行使することに、国家が積極的ではないという実情があろう。実際、海賊行為の訴追・処罰に関しても、先進国が自ら行うのは自国民・自国籍船舶が関与している場合が圧倒的に多い。例えば、米国[34]、韓国[35]、フランス、ドイツ、スペインはそのような場合に集中して海賊の訴追・処罰を行っている[36]。したがって、普遍的管轄権の行使

---

33) この点は、多数国間条約の留保における普遍性と一体性の議論と類似するものと考えられよう。多数国間条約の留保については、一又正雄「多數國間條約に對する留保」『早稲田法学』第31巻（1955年）183-243頁。

34) 米国は、自国籍船舶であるマースク・アラバマ号に対する海賊行為に対して訴追を行っている；H. Saddique, "Accused Somali Pirate Arraigned in U.S. Court", *CNN.com*, (21 May 2009), *available at* <http://edition.cnn.com/2009/CRIME/05/21/ny.somali.pirate.arraigned/> (last visited 30th Oct. 2015).

35) S. Lee and Y. K. Park, "Korea's Trial of Somali Pirates" in C. Schofield, S. Lee and M. S. Kwon (eds.), *The Limits of Maritime Jurisdiction*, (2014), p.382.

36) M. Kuebler, "Somali piracy suspects challenge extradition to Germany", *available at* <http://www.dw-world.de/dw/article/0,,5597024,00.html> (last visited 30th Oct. 2015); A. Goodman, "Somali Pirate Suspects Face Spanish Court", *CNN.com*, (13 Oct. 2009), *available at* <http://edition.cnn.com/2009/WORLD/europe/10/13/spain.somalia.pirates/> (last visited 30th Oct. 2015)；日本では例外的に、自国民・自国籍船舶が関与していないにもかかわらず、商船三井が所有するバハマ籍のグアナバラ号を襲撃した海賊に関

を義務付ける規定を設けることが受容されるのは、理論的には次の2つのような、限定された場合のみとなろう。第1に、事案の重大・残虐性故に、いかなる連関も有しない国家に対してまでも管轄権行使を義務付ける場合であり、第2に、義務を課したとしても、国家にとっては過度な負担とはならないような方式で義務付ける場合である。

　この点、これまでの条約における義務規定が、改正SUA条約上の犯罪、不法な麻薬の輸送、IUU漁業のような、およそ重大・残虐とはみなされない通常犯罪に対してのものであることに鑑みれば、第1の場合ではなく、第2の場合として、これまでの条約は締結されてきたと考えられる。仮に海賊を公海上で逮捕することを条約が厳しく義務付けた場合、この義務を履行することは困難であり、延いては、そのような条約への批准も進まなくなる。そして、全体的にみれば、取締り・抑止の効率性は低下することとなるのである。場所をソマリア沖に、期間を1年と著しく限定をかけた一連の安保理決議においてさえ、海上警察権の行使が義務付けられることはなかったことを想起しなければならない[37]。

　船舶起因汚染に対する寄港国管轄権に関しても、義務の形式で規定しない限り、そのような寄港国管轄権が実際に行使されず、取締りが実効的でなくなると指摘する見解もあった[38]。しかしながら、実際にそのような義務の形での規定が設けられなかった背景には、寄港国管轄権を行使する義務が締約国に対して過度な負担となり得たことが挙げられる。したがって、義務として課される場合であっても、課されるのは執行管轄権の行使までであり、国家にとってより負担となる司法管轄権の行使は、義務とはなりにくいと言えよう。IUU漁業に

　　する刑事手続が行われた。同事件について記したものとして、城祐一郎「アラビア海におけるソマリア沖海賊によるグアナバラ号襲撃事件に関する国際法上及び国内法上の諸問題（上）（下）」『警察学論集』第67巻3号（2014年）67-96頁、第67巻4号（2014年）101-128頁。北川佳世子「海賊対処法の適用をめぐる刑事法上の法的問題」井田良・高橋則夫・只木誠・中空壽雅・山口厚編『川端博先生古稀記念論文集【下巻】』（成文堂、2014年）551-577頁。鶴田順「ソマリア海賊事件―海賊対処法の適用」『平成25年度重要判例解説』（有斐閣、2014年）286-287頁。坂元茂樹「普遍的管轄権の陥穽―ソマリア沖海賊の処罰をめぐって―」松田竹男・田中則夫・薬師寺公夫・坂元茂樹編『現代国際法の思想と構造II―環境、海洋、刑事、紛争、展望』（東信堂、2012年）188-190頁。

37) 例えば、安保理決議1846第10項参照。
38) United Nations Conference on the Law of the Sea, *Official Records of the Third United Nations Conference on the Law of the Sea*, Vol. IV (A/CONF.62/C.3/SR.19), para. 9.

対する寄港国による措置を義務化することができたのは、司法管轄権の行使という多大なコストがかかるものを、条約上義務付けられる措置から除外した結果と見ることができる。

　この点、「引渡しか訴追か」においては、負担となる司法管轄権の行使までもが義務付けられることとなるが、改正SUA条約において、寄港国にはそのような義務が課されなかったことは、第3章で説明した通りである。確かに、SUA条約第8条に基づき、船長は容疑者を寄港国に引き渡すことができるが、容疑者にはSUA条約は適用されないと受取国が考える場合には受入れを拒否することができる。または、受け入れた後に旗国へと引渡しを行うこともできる。そのため、シー事件における米国のように、自ら積極的に犯人を海上に捕えに行く場合でもなければ、改正SUA条約の締約国が訴追する義務を負う機会は、犯人が自発的に自国を訪れた場合のみに限定される。また、「引渡しか訴追か」に基づけば、容疑者所在国は引渡しを行えば、訴追を行う必要はない。旗国を含む関係国全てが引渡しの受入れを拒絶するといった場合も想定されなくはないが、引渡しか訴追かのどちらかの選択が可能ということは、容疑者所在国の負担を過度なものとしないための配慮と言えよう。この改正SUA条約がそうであるように、ある条約において普遍的司法管轄権の行使が義務の形式で規定されたとしても、そのような条約は、必ずしも締約国に過度な負担を課すとは限らないのである。

(ii)　**効率性を確保するための同意とその形式**　また、容疑者所在国の司法管轄権のように、第三国の管轄権は、ときに普遍主義と代理主義のいずれに基づくかの判断が困難となる。そのため、現行国際法においては、第三国が海洋を管理することを目的として管轄権を行使する際には、代理主義を支える同意が重要な役割を果たしている。海上（特に公海上）においてある国家の軍艦・政府公船が、問題となる事案に関係した自国籍船舶と遭遇することを期待することは現実的でない。そのため、海上での取締りに関しては、同意が一層重要となる。つまり、取締りを行うことが期待されている旗国による取締りが現実的でないために、第三国による管轄権行使を認める必要があり、その行使を支える同意が重要となるのである。

　第三国による管轄権行使を容認する旗国・沿岸国の同意は、既存の国際法制度においては3つの形で確認される。第1に、条約への批准（合意）を同意と

みなす形式がある。この形式は、とりわけ司法管轄権に関して多く見られる。例えば、「引渡しか訴追か」を規定する条約などは、締約国同士で互いに司法管轄権を行使し合うことに同意したものと言えよう。そのため、仮に自国民がSUA条約上の犯罪を行った場合、連関を有しない容疑者所在国による管轄権の行使に国籍国が反対であったとしても、国籍国がSUA条約を批准している場合には、そのような管轄権行使を受忍せざるを得ない。

　第2に、条約において旗国や沿岸国の同意を条件に、第三国による管轄権行使を許容する規定を設ける形式がある。例えば、第3章で検討した改正SUA条約上の海上警察権に関する規定がその具体例として挙げられよう。同条約は停船・乗船・捜索・拿捕・没収・逮捕・訴追といった措置に対し、旗国が同意を与えれば、連関を有しない国家であっても管轄権を行使することができる旨規定している。さらに、同条約第8条の2第5項に規定する停船・乗船・捜索に関しては、前もって同意を行っておくことにより、具体的な個々の措置に同意をしなくとも、「4時間ルール」により黙示の同意が導かれ、連関を有しない国家の執行管轄権行使を認めることとなる。この4時間ルールは、同意というその存在の有無の判断が困難なものを、どのように判断するかを定めた規則と言えよう。このような4時間ルールやそれと類似した規則は、改正SUA条約だけでなく、いくつかの漁業協定や拡散防止構想（Proliferation Security Initiative）、さらには複数の2国間協定においても規定されるところである[39]。また、UNCLOS第218条2項に基づけば、他国のEEZや領海での排出について寄港国司法管轄権を行使するに際し、当該沿岸国の同意が必要となることは、第4章において確認した通りである。

　第3に、条約から離れたアド・ホックな同意という形式がある。これは、国家責任条文第20条が想定する同意そのものと言える。そもそも条約が締結されていない事案に関してであったり、条約の非当事国に対してであっても、外交ルートなどを通じて同意を得ることで、同意国を旗国とする船舶に対して管轄権を行使することができる。先述したように、海上警察権に関しては、不審船と遭遇したその場において管轄権を行使する必要がある。そのため、効率性の

---

39) 米国との間の2国間協定を列挙したものとして、吉田靖之「公海上における大量破壊兵器の拡散対抗のための海上阻止活動（2・完）—安保理事会決議1540・PSI二国間乗船合意・2005年SUA条約議定書—」『国際公共政策研究』第18巻2号（2014年）64-65頁。

観点からは、このようなアド・ホックな同意に基づく管轄権行使が積極的に為されるべきものとされる[40]。実際、USCGは、自国以外を旗国とする船舶に対し海上警察権を行使する際には、旗国の同意を得るようにしている[41]。このような同意のための国内担保法として、フランス海賊対処法が参照に値することは、第3章において記した通りである。

このように、旗国・沿岸国の同意には3つの形があり、それぞれ、第三国による海上警察権や司法管轄権の行使を許容するために用いられている。そして、これらの運用にあたっては、取締り・抑止の効率性の追求も考慮に入れられていると言えるのである。

(2) 普遍的管轄権の展開における効率性：経済的視点の導入

(1)で確認したように、既存の国際法制度においても、普遍的管轄権は犯罪の性質のみならず、効率性を考慮した上で配分・行使されている。限られたリソースを効率的に用いることが重要となる海洋ガバナンスを目指す中でこの効率性を徹底的に追求するのであれば、普遍的管轄権はどのように展開されていくべきか。この点を検討するにあたり、効率性と密接にかかわり、近年、国際法一般において導入されつつある法と経済学の観点から、UNCLOS体制及びその中での普遍的管轄権について再評価を行う。

国際法を「法と経済学」における法として分析した先駆的なものとして、サイクス&バンダリが編集し、1998年に出版された『国際法における経済的側面：比較的・経験的観点から』が挙げられる[42]。この研究を端緒に、米国において国際経済法を中心に国際法を経済学の観点から分析するようになり、現在では、日本においても同様の手法での研究が行われるようになっている[43]。また、

---

40) 非旗国が海上警察権を行使する際に、旗国がアド・ホックに与える同意が、国家責任条文第20条でいうところの「同意」にあたると指摘するものとして、E. Papastavridis, *The Interception of Vessels on the High Seas: Contemporary Challenges to the Legal Order of the Oceans*, (2013), pp.240-241.

41) C. E. Sorensen, "Drug Trafficking on the High Seas: A Move Toward Universal Jurisdiction Under International Law", *Emory International Law Review*, Vol.4 (1990), p. 223参照.

42) J. S. Bhandari and A. O. Sykes, *Economic Dimensions in International Law: Comparative and Empirical Perspectives*, (1998).

43) 国際経済法学会の2005年の研究大会において、「法と経済学の『諸相』」がテーマとされ、「国際法における法と経済学」の報告が為された。同報告をまとめたものとして、阿部克則「国際法における法と経済学」『日本国際経済法学会年報』第15号（2006年）119-

対象も国際経済法に留まらず国際法の他の分野を包含するようになり[44]、現在では「法と経済学」からの研究は、管轄権や海洋法といった本書が主題とする分野においても見られる。

例えば、管轄権に関しては、域外での執行管轄権の行使、具体的にはテロリストの他国領域からの強制拉致に関し、カリカは「効率的違反 (efficient breach)」の観点から正当化を行う。アイヒマン事件において確認されるように、外国において警察が活動することは、国際法上禁止されている。しかしながら、カリカによれば、違反を犯した国家及び国際共同体の利益がその損失を上回るために、テロリストの強制拉致は場合によっては正当化されるのである[45]。この効率的違反に関しては、「法と経済学」の観点からの国際法の研究を精力的に行うポズナー&サイクスも別の論稿において議論しており、そこでは、本章で言及したトルーマン宣言が大陸棚制度の形成に寄与した点について、米国の実行は効率的違反であったが故に、国際法を変更したとの指摘が為されている[46]。

効率的違反による国際違法行為の正当化は、契約法上の概念を慣習法に援用したものである。しかしながら、このような援用に関しては、阿部が鋭く指摘するように、大きく2つの問題が挙げられよう[47]。第1に、慣習法においては、違反から生じた損害を補填するための制度が欠缺しているという問題である。契約法における効率的違反については、不履行の場合に相手方に生ずる損害が賠償され、契約当事者双方にとって不利益が生じないことが前提となっている。しかしながら、慣習法の場合、その違反から生じた損害を強制的に補填させる制

144頁。また、国際法を経済学の観点から行った著書も出版されている。森大輔『ゲーム理論で読み解く国際法―国際慣習法の機能』（勁草書房、2010年）。

44) 例えば、人道法や国家責任の文脈においても、経済学の観点からの分析が行われている。J. L. Dunoff and J. P. Trachtman, "The Law and Economics of Humanitarian Law Violations in Internal Conflict", *American Journal of International Law*, Vol. 93 (1999), pp. 394-409; 森大輔「国家責任法の経済学的分析（一）（二）（三）（四）（五・完）」『國家學會雑誌』第125巻3号（2012年）154-209頁、5・6号（2012年）210-266頁、7・8号（2012年）337-400頁、9・10号（2012年）477-536頁、11・12号（2012年）610-670頁。

45) A. J. Calica, "Self-Help is the Best Kind: The Efficient Breach Justification for Forcible Abduction of Terrorists", *Cornell Journal of International Law*, Vol. 37 (2004), p. 414.

46) E. A. Posner and A. O. Sykes, "Efficient Breach of International Law: Optimal Remedies, 'Legalized Noncompliance', and Related Issues", *Michigan Law Journal*, Vol. 110 (2011), pp. 287-288.

47) 阿部「前掲論文」（注43）135頁。

度は存在しない。そして第2に、領域主権の侵害やテロリストの訴追を金銭的に評価することが困難であることから生じる「共約不可能性 (incommensurability)」の問題である。契約の場合には、金銭的評価という同一の尺度によって双方の不利益を衡ることができるのに対し、そのような尺度を欠く国際法においては、何を持って効率的とするのかが明確とはならない[48]。以上より、効率的違反を、既存の国際法違反を正当化する根拠とすることには無理があるように思われる。

　他方で、効率的違反の考え方は、新たに採択する条約や安保理決議の内容を検討する際には有用と考えられる。例えば、ソマリア沖の海賊問題に関する一連の安保理決議が、TFGの同意を根拠に、加盟国に対しソマリア領海内での海上警察活動を授権したことは、第2章で確認した通りである。しかし、国連憲章が規定する安保理の権限に鑑みれば、安保理はTFGの同意が存在しなくとも、同内容の決議の合法性を担保することは可能であったと思われる。したがって、安保理は合法か違法かといった観点ではなく、自身の正統性を高めるために[49]、ソマリア及び国際共同体の利益ではなく、TFGの同意を強調して、ソマリア領海での海上警察権を加盟国に授権したと考えられるのである。このように、同意に基づき正統性を高めるにせよ、あるいは決議で強制するにせよ、領域主権を侵害されるソマリアの損失を金銭的に評価することは困難である。しかしながら、いずれの形であれ、領域主権の制限が国際法に違反するものではないとなるのであらば、そのような侵害を金銭的に評価する必要はなくなる。ソマリア沖の海賊問題による国際共同体の被った損失及びその対応にかかった費用についての金銭的な評価が可能であることに鑑みれば[50]、今後もそれらの金銭的な評価を行い、条約や決議を作成していくべきと考えられる。

　海洋法に関する「法と経済学」からの研究としては、ポズナー&サイクスが

---

48) 国際法を法と経済学の視点から分析する際、この共約不可能性が問題となり得ることを指摘するものとして、J. L. Dunoff and J. P. Trachtman, "Economic Analysis of International Law", *Yale Journal of International Law*, Vol. 24 (1999), pp. 48-49.

49) 山田は、安保理決議によって「各国によるソマリア『海賊』対策に一定の正統性」が付与されていると指摘する。山田哲也「ソマリア『海賊』問題と国連—『安保理の機能変化』論との関わりで—」『国際法外交雑誌』第112巻1号（2013年）52頁。

50) 実際にそのような評価を行うものとして、P. Hallwood and T. J. Miceli, "The Economics of International Cooperation in Apprehension and Prosecution of Maritime Pirates", *Ocean Development & International Law*, Vol. 43 (2012), pp. 188-200.

「海洋法の経済的基礎」と題する論稿を発表している[51]。この論稿は、現在の海洋法の基盤たるUNCLOSを支える経済的論理を分析したものである。ポズナー＆サイクスは、この論稿において、例えばEEZの配分について、内陸国を含むあらゆる国家に対し均一面積の水域を配分する方法や、人口に応じた水域を配分する方法といった、国際法の他の分野において採用されている他の選択肢があったことを指摘している。その上で、自国の内水から領海、EEZ、公海へと、沿岸からの距離が開けば開くほど、沿岸国が行使することができる権限が弱まるという現在の海洋法の枠組みは、「法と経済学」の観点からは高く評価できるとしている。なぜなら、国家は水域が近ければ近いほどその水域の価値を高く評価し、また、その水域を管理するコストも低くなるからである[52]。

　他方で、ポズナー＆サイクスは、より能力のある国家がより広範な水域に対して管轄権を行使することができるとした方が公共の利益となることを認めている。そして、このような認識を前提にすれば、現在の枠組みにおける水域配分が、経済学の観点からは必ずしも理にかなうものではないとしている。海洋を管理する上での効率性を経済学の観点に基づいた形でより徹底的に追求するのであれば、現行海洋法における水域配分に囚われず、より能力のある国家が管轄権をより広範に行使する枠組みが必要とされよう。また、この考えをさらに敷衍するのであれば、水域配分だけでなく旗国に関しても、例えば、より能力のある国家がより多くの船舶を自国籍船舶することを認めるといった、現行海洋法とは異なる枠組みが要求されよう。

　しかしながら、普遍的管轄権について言えば、これが効率性の観点から際限なくあらゆる事案に対しあらゆる形で認められるべきかについては疑問も残る。と言うのも、仮に海洋の管理の効率性のみを重視し、普遍的管轄権が際限なく認められることになれば、管理可能国の介入が容易に許容されることとなり、その結果、旗国・沿岸国の平等を毀損することとなりかねないからである。UNCLOSの起草過程において強調されたように、現行海洋法が国家平等原則に根ざしていることに鑑みれば、この原則を毀損するほどにまで、管理可能国による普遍的管轄権の行使が許容されるようになるとも、また、なるべきとも思

---

51) E. A. Posner and A. O. Sykes, "Economic Foundations of the Law of the Sea", *American Journal of International Law*, Vol. 104 (2010), pp. 569-596.
52) *Ibid.*, p. 594.

われないのである。そのため、国家の平等を制限することが正当化できる範囲で管理可能国の能力を活かすことが可能な枠組みが、UNCLOS体制において海洋ガバナンスの国際法を展望する上での現実的な在り方と言えよう。管轄権一般について共同体の観点から説明するアディスも、管轄権の配分においては、経済的側面だけでなく主権平等との関係が重要となることを指摘している[53]。そこで次に、管理可能国による普遍的管轄権の行使という形での介入によって為される国家の平等の制限が、なぜ理論的に正当化されるのか、またどの程度まで許容されるのかについて検討する。

第2款　UNCLOSの存立基盤を超えた普遍的管轄権へ

(1) 国家中心主義から人間中心主義へ

(i) **海洋法における国家平等原則**　国家の平等が制限される理由を検討する前提として、まずは同平等が海洋法上どのように位置づけられているかを確認する[54]。現行海洋法は国家の平等を原則としており、能力の如何にかかわらず、あらゆる旗国・沿岸国に対して同一の権限が付与され、義務が課されている[55]。つまり、国家平等原則は旗国・沿岸国に対する権限・義務の配分という海洋法の伝統的枠組みの存立基盤となっているのである。

順に具体的にみると、旗国については、現行海洋法上、あらゆる国家はその能力に関係なく旗国として同一の権限を有し義務を負う。つまり、国家は旗国として質的には平等に扱われると言える。他方で、自国籍船舶の数やトン数についての国際法上の制限はなく、形式的には、国家は自らの裁量によって自国

---

53) A. Addis, "Community and Jurisdictional Authority" in G. Handl, J. Zekoll and P. Zumbanse (eds.), *Beyond Territoriality: Transnational Legal Authority in an Age of Globalization*, (2012), pp.16-17.

54) 国家平等原則は、主権平等原則と同様の意味で用いられることもあるが、本書では、国家という主体の平等に焦点をあてることから、両者を同義のものとした上で前者を用いる。例えば小寺は、「国家平等原則は、現在では主権概念と結合し、主権平等原則として現代国際法の基礎をなしている。」と指摘する。小寺智史「国家平等原則の概念枠組み―日本国際法学における展開―」『法学新報』第116巻3・4号（2009年）222頁。

55) 旗国・沿岸国の権限・義務の同一性は、国家平等原則、中でも法の規定内容の平等に由来するものである。国家平等の原則においては、厳密には、法の定立・法の規定内容・法の適用の3つの平等があるとされる。大谷良雄「国際法における国家の絶対的平等と相対的平等の範囲」『一橋論叢』第60巻1号（1968年）62頁。

籍船舶の数を増加したり、減少させたりすることができる。それ故、量的には必ずしも平等が厳格に求められているわけではない。この量的側面に関しては、国家は「真正の関係」を有する船舶に対してのみ船籍を付与することができるとUNCLOS第91条が規定している点に留意しなければならない。と言うのも、同条の解釈如何によっては、国家は自らが「真正の関係」を保持できる船舶に対してのみ船籍を付与することができるのであって、この関係の保持が困難な場合には船籍を付与することはできなくなるからである[56]。したがって、量的側面に焦点をあてれば、旗国主義は、船籍付与の程度が国家の能力によって異なる相対的平等に基づくものであり、自国の能力に関係なく船籍を付与できるといった絶対的平等に基づくものではないとも考えられる[57]。それ故、便宜置籍船国のような「真正の関係」の保持が期待できない国家の主張する旗国主義を、国家平等原則の観点から保障する必要性はさほど高くないと言えるかもしれない。しかしながら、「真正の関係」の要件は特段意味を有するものではないとされ[58]、旗国主義は事実上、国家の能力に関係なく運用されているのが現状である。

　沿岸国に関しても、あらゆる沿岸国が同一の権限を有し義務を負うため、質的には絶対的平等が確保されていると言える。他方で、量的側面に関しては、地理的属性によって自国の領海、EEZの面積が変化するため、相対的平等に根差したものと考えられよう。この点、全海洋を全国家で等分するといったような他の配分方法があったにもかかわらず、地理的属性に応じて沿岸国に水域が配分された背景には、先述したポズナー＆サイクスも指摘するように、効率性の観点からの説明が挙げられる。その一方で、例えば歴史的水域のように、人

---

[56] ソーレンセンは、「真正の関係」が存在しない場合、非旗国は問題となる船舶を無国籍船とみなすことができると指摘する。M. Sorensen, "Law of the Sea", *International Conciliation*, No. 50 (1958), p. 203.

[57] 絶対的平等とは、「国家間の事実上の差異を考慮せず、すべての国家を一律平均的に扱う」平等を意味し、相対的平等とは、「国家をその差異に応じて序列的に扱う」平等を意味する。大谷「前掲論文」（注55）63-64, 66頁。

[58] 「真正の関係」の基準が確立されておらず、国家が広範な裁量を有することを指摘するものとして、R. Churchill and C. Hedley, *The Meaning of the "Genuine Link" Requirement in Relation to the Nationality of Ships*, (2000), p. 70, *available at* <http://seafarersrights.org/wp/wp-content/uploads/2014/11/INTERNATIONAL_ARTICLE_GENUINE-LINK-REQUIREMENT-IN-NATIONALITY-OF-SHIPS_2000_ENG.pdf> (last visited 29th Oct. 2015).

と海との結びつきがあるからこそ、沿岸国が隣接する水域に対して権限を有するようになったこともまた事実である[59]。実際、領海に関しては漁業や安全保障の観点から機能的に行使された管轄権を正当化するために、領域主権が認められたという歴史的経緯が指摘される[60]。EEZも、先祖伝来の海（patrimonial sea）という人の活動と密接にかかわりがある水域に由来するものであり[61]、その水域の沿岸部に住む人間の利用がその水域の沿岸国への帰属を認める理由の一端であるとも言えよう。このような人と海との結びつきに鑑みれば、もしも仮に領海・EEZに対する非沿岸国の権限を強めたところで、沿岸部に居住する者や海運の恩恵を受ける者に対しての水域の平等な利用が確保されるのであれば、そのような権限の強化は認められやすくなると考えられよう。

(ii) **国家平等原則の制限を正当化する人間中心主義**　海洋法上、このように位置づけられる国家平等原則であるが、この平等を制限するにあたっては、人（すなわち、人類という種と可能な範囲でその中の個人）を中心に考えるという人間中心主義が理論的な基礎となり得よう[62]。確かに、人間中心主義の考え方は現行海洋法と親和的とは言い難い。海の憲法とされるUNCLOSは[63]、まさに人間中心主義とは対概念とも言うべき、国家中心主義に根差すものである。序章において、UNCLOSは先進国と途上国との妥協の成功例との評価もあれば、そうでは

---

59) ICJはノルウェーの主張する基線を認めるにあたり、漁業権が沿岸部の住民にとって死活的に必要（besoins vitaux）とされてきた点を考慮している。*Affaire des pêcheries, Arrêt du 18 décembre 1951 : C. I. J. Recueil 1951*, p.142.

60) 西本健太郎「海洋管轄権の歴史的展開（六・完）」『国家学会雑誌』第126巻3・4号（2013年）287頁。

61) F. O. Vicuña, *The Exclusive Economic Zone: Regime and Legal Nature under International Law*, (1989), pp.11-12.

62) 文脈は若干異なるが、古谷は、「形式的には平等に適用される『協力の国際法』は、内実においては、人権・法の支配を基本価値として安定した国内制度を有する先進国が、これらの価値を十分に実現できない途上国の法制度・社会制度に立ち入るための法的根拠となり、『介入の国際法』へと容易に転換する。」と指摘している。古谷修一「国際刑事裁判システムの国際法秩序像—『介入の国際法』の顕在化」『法律時報』第1065号（2013年）36頁。

63) 「海の憲法（A Constitution for the Oceans）」という表現は、トミー・コーが初めて用いたとされているが、実際には、ボルゲーゼがUNCLOS採択以前に用いている。T. Koh, "A Constitution for the Oceans", *available at* <http://www.un.org/depts/los/convention_agreements/texts/koh_english.pdf> (last visited 8th Jul. 2014); E. M. Borgese, "A Constitution for the Oceans" in E. M. Borgese and D. Krieger (eds.), *Tides of Change: Peace, Pollution, and Potential of the Oceans*, (1975), p.340.

ないとの評価もあるとの紹介を行った。どちらの評価が適切かはさておき、このような評価の相違自体が、UNCLOSが国家を中心に措定していることを暗に示している。第3次国連海洋法会議という国家が一堂に会する場で、国家が批准することで「法」としての命を与えられたUNCLOSの成立過程に鑑みれば、UNCLOSにおいて国家が中心となるのは当然の帰結と言えよう。

　このような国家中心主義、序章での言葉を用いるならば、陸からの視点を克服するためにこそ、海からの視点に根ざす海洋ガバナンスが、普遍的管轄権を許容し、管理可能国の介入を正当化するために必要とされるのである。しかしながら、陸地に領土を有する「国家のために」形成されてきた陸からの視点と異なり、海からの視点については、「何のために」海からの視点に根差して、海洋ガバナンスを展開するのかが必ずしも自明ではない。例えば、海そのもの、すなわち海洋環境のために海洋を管理するといったことも考えられる[64]。実際、第4章で扱った船舶起因汚染に対する普遍的管轄権は、海洋環境を保護するために海洋ガバナンスが展開された帰結と評価することもできる。その一方、そのような海洋環境の保護は、海洋を利用する（具体的には、漁業や海運に従事する）「人のため」、すなわち、人間中心主義の考え方に根差すものと評価することもまた可能である。

　この点、少なくとも現行国際法においては、海洋環境のような漠たる自然それ自体の保護・保全を目的として法が形成されてきたとすること、あるいは形成されていくべきだとすることは難しい。と言うのも、国際法の形成においては依然として主要な役割を担う国家の間で、自然それ自体の認識に大きな隔たりが存在するからである。2014年3月に判決が下されたICJ捕鯨事件は、まさに鯨という海洋生物をどのようにみなすかが日豪間で異なることに紛争の本質があったと言える[65]。さらに、自然環境を法益と設定し、人間存在を超えた環境

---

64) 人間中心主義という用語は、従来は環境倫理学の分野において用いられてきたものである。その文脈では、人間 vs. 自然という構図が想定されていた。そのため、国家が人間によって構築されるものであることに鑑みれば、自然中心主義に根差し、海洋環境のために海洋を管理することも、国家中心主義に代わるものとなろう。自然中心主義と人間中心主義との関係については、南有哲「自然中心主義と人間中心主義の対立について」『地研年報』第13号（2008年）79-86頁。

65) 国際捕鯨取締条約はそもそも鯨類を資源としていたものの、反捕鯨国にとって「鯨類はもはや『資源』ではな」くなったと奥脇は指摘している。奥脇直也「捕鯨裁判の教訓─協力義務との関係において」『日本海洋政策学会誌』第4号（2014年）7-8頁。

の保護のために刑罰を科すことは、現状では多くの国家にとって困難であると考えられる[66]。そのため、より国家間の同意が得られやすく、現実的に機能することが期待されるのが、海そのもののためにではなく「人のため」に海からの視点を確保し、海洋ガバナンスを展開していくことであろう[67]。換言すれば、人間中心主義に基づく海洋ガバナンスの展開である。

このような人間中心主義の考えは、近年では、国際法一般においても確認される。現代国際法が伝統的な国家間関係の規律を離れ、国家のみならず企業や個人といった私人に対しても直接的に権利を付与し、義務を課すようになって来たことについては、もはや異論はないものと思われる。とりわけ、国際人権法の分野の発展は著しく、この分野の発展が国際法全体に影響を与え、国際法の人間化の現象が確認されるとメロンは指摘する[68]。また、最上やペータースの唱える国際立憲主義は国際社会における個人の役割を重視するものであり[69]、寺

---

66) 例えば甲斐は、「海洋環境それ自体を刑法上の保護法益とするにはなお漠然としている。」と指摘する。甲斐克則「海洋環境の保護と刑法―三菱石油水島製油所重油流出事故判決を契機として―」『刑法雑誌』第30巻2号（1989年）156-194頁。また、嘉門は、「日本国憲法からは、人間存在、ないしは、個人の優位性が当然の要請として導出されることとなるため、人間存在と関連性のない環境そのものを法益とすることは認められないといわざるをえない。」と指摘している。嘉門優「法益論の現代的意義」『刑法雑誌』第50巻2号（2011年）126頁。さらに、高山は、より敷衍した形で直截的に、「法制度は、人々の平和的共存を実現するために存在しているのであるから、人類を消滅させてしまう事態が生じないように規制を及ぼす必要がある。」と指摘している。高山佳奈子「将来世代の法益と人間の尊厳」岩瀬徹・中森喜彦・西田典之編『刑事法・医事法の新たな展開（上巻）』（信山社、2014年）6頁。

67) 同様に、海洋ガバナンスという用語が人の活動に焦点をあてるものとして、Y. Takei, "A Sketch of the Concept of Ocean Governance and its Relationship with the Law of the Sea", in C. Ryngaert, E. J. Molenaar and S. Nouwen (eds.), *What's Wrong with International Law*, (2015), p.48, footnote 2; また、羽田らは、「海から見た歴史」において、「人・モノ・情報の交流が海に生みだす海域という歴史空間で生きる人びとの目線に立った叙述」と説明するなど、人を中心に据える。羽田正編『東アジア海域に漕ぎだす1：海から見た歴史』（東京大学出版会、2013年）7頁。海洋ガバナンスの文脈ではないが、坂元も、漁業と海洋環境の均衡を図る上で、「人類益（interest of humanity）」が重要であることを示唆している。坂元茂樹「地域漁業管理機関の機能拡大が映す国際法の発展―漁業規制から海洋の管理へ―」柳井俊二・村瀬信也編『国際法の実践―小松一郎大使追悼』（信山社、2015年）482頁。

68) T. Meron, *The Humanization of International Law*, (2006), p.xv (Introduction); また、阿部浩己はこのような現象を「国際法の人権化」として捉える。阿部浩己『国際法の人権化』（信山社、2014年）6-7頁。

69) 最上敏樹「国連の≪二〇〇年≫：国際立憲主義についての覚え書き」『法律時報』第67巻

谷は、「個人」を起点に考えていく立憲主義を個人基底的立憲主義として提唱する[70]。したがって、「人のため」に海洋ガバナンスを展開していくこと、そのために海洋ガバナンスの国際法が人間化することは、このような国際法の潮流に沿うものと考えられる[71]。実際、第3章におけるメドヴェージェフ事件が示唆するように、国際人権法の影響は海洋法においても現れつつある[72]。

また、個人の利益を保護することを理由に他国への介入を正当化することは、普遍的管轄権一般に通ずるものである。ジェノサイドに対する普遍的管轄権が認められる背景として、ジェノサイドを防ぐことができず、それがいざ発生した場合に関与者を処罰する意思または能力を持たない国家に関しては、そのような国家の管轄権を尊重する必要性がなくなるといった指摘も見られる[73]。ジェノサイドに関しては、海上での事案にもまして、人間だけでなく平和や安全といった周辺国家の利益に係るものであり、必ずしも、人間の利益のみを理由として普遍的管轄権が許容されるようになったわけではない。しかしながら、犯罪の不処罰によって権利が侵害される個人を救済するために、普遍的管轄権の行使が許容されるといった側面があることもまた確かである。したがって、普遍的管轄権の存立基盤からしても、人間中心主義こそが、管理可能国による普遍的管轄権の行使という形での介入によって為される国家平等原則の制限を正当化する根拠と考えられるのである。

(2) 普遍的管轄権の形成と運用における人間中心主義

(i) 普遍的管轄権の形成における人間中心主義の機能：個人の平等の確保　では、人間中心主義に基づき「人のため」に海洋ガバナンスが展開されるとして、

6号（1995年）48頁参照。ペータースは、共著者の1人として執筆した『国際法の立憲化』の「グローバルな立憲共同体の構成員」という章において、個人を主要な国際法の法人格としている。J. Klabbers, A. Peters and G. Ulfstein, *The Constitutionalization of International Law*, (2009), pp. 157-158.

70) 寺谷広司「断片化問題の応答としての個人基底的立憲主義―国際人権法と国際人道法の関係を中心に―」『世界法年報』第28号（2009年）58頁。

71) 「人のため」の国際法の展開は、「保護する責任」の議論のように、「陸の規則」においても現れている。ただし、このような事実があるからといって、海に対する「陸からの視点」が、国家中心主義であったことが否定されるわけではない。

72) 同様の指摘を行うものとして、Papastavridis, *supra* note 40, p. 245.

73) 類似の指摘を行うものとして、W. Lee, "International Crimes and Universal Jurisdiction", in L. May and Z. Hoskins (eds.), *International Criminal Law and Philosophy*, (2009), pp. 31-33.

管理可能国による普遍的管轄権の行使とそれに伴う国家平等原則の制限とはどの程度許容され得るのであろうか。この点、国家の中に生きる人間に焦点をあてるのであれば、個人の平等が確保される場合にのみ、国家の不平等は許容されるようになると思われる。換言すれば、個人の国際的な平等の確保を根拠としてこそ、普遍的管轄権の行使による管理可能国の介入が正当化されると考えられる。そもそも、海洋法の伝統的な枠組みを支える国家平等原則は、個人の平等の延長線上に成立したという側面を有する[74]。そのため、仮に個人の平等が確保されるのであれば、国家の平等に固執する必要性も低くなると考えられるのである[75]。

したがって、仮に現行法制において個人の平等が確保されているのであれば、普遍的管轄権の行使が正当化される必要性はなくなり、逆に、個人の平等が確保されていない場合には、その行使が正当化される必要性は高まることとなる。この点、現在、旗国・沿岸国が一定程度負っている海洋を管理する義務を十分に遵守することができていないことは序章において確認した通りである。その結果、管理義務を果たしている旗国・沿岸国の下で活動する個人と、義務を果たしていない旗国・沿岸国の下で活動する個人との間での不平等が生じることとなる[76]。そのため、義務を果たしていない旗国・沿岸国の下で活動する個人に対し普遍的管轄権を行使することは、個人の平等の確保につながることから正当化され得るのである。

このような前提に立つことから、普遍的管轄権を新たに形成するに際しては、可能な限り個人の平等を確保する形で行う必要がある。したがって、各国が個別独立に制定する実体的規則について普遍的管轄権が許容されるわけではなく、あくまでも前節第１款で示した条約や参照規則のように、国家間での合意により形成された実体的規則の遵守確保のために、普遍的管轄権は認められるべき

---

74) E. Vattel, *Le droit des gens : ou Principes de la loi naturelle, appliqués à la conduite et aux affaires des nations et des souverains*, Liv I (Nouv. éd., 1820), p. 11.

75) この国家の平等と人間の平等の２つは、現在では国際法に根付いており、非欧米圏において法的規制を展開する上で重要な役割を果たしたと評価される。阿部浩己『国際法の暴力を超えて』（岩波書店、2010年）7-8頁。

76) そもそも便宜置籍船が増加したのは、国際的な義務の遵守に厳格でない便宜置籍国の旗を掲げた方が海運市場において有利な立場に立つという、不平等な状況が存在したためである。国際海運における便宜置籍船の増加について検討したものとして、武城正長『便宜置籍船と国家』（御茶の水書房、2013年）49-53頁。

である。そうでなければ、統一されていない各国の法がそれぞれ適用されることで個人の平等が損なわれるばかりでなく、法的安定性を著しく欠くこととなるからである。

　また、この個人の平等の確保にあたっては、実体的規則だけでなく、その手続や課される刑罰についても留意する必要があろう。と言うのも、これらの点においてこそ、現行の普遍的管轄権は国際的な平等を確保できているとは言い難いからである[77]。個人の平等それ自体については、多数の現行人権条約において規定されており、それらの内容如何によっては、同平等を損なう形での普遍的管轄権の行使は認められないはずである。しかしながら、人権条約においては、国家は「自国の管轄下」という同一の事情にある者同士の平等を確保すればよく[78]、「自国の管轄下」にない者との平等を考慮する必要はない[79]。したがって、海賊に管轄権を行使する場合、国家は自国で訴追・処罰する海賊の間の平等さえ確保すればよく、他の国家において訴追・処罰される海賊との国際的な平等を確保する必要は一切ないのである。このことは、海賊の視点からすれば、同じパナマ船籍の船舶を用いて海賊行為という同一の罪を犯し、その過程で意図的に人を2人殺害しても30年の懲役しか科されない者がいる一方、偶発的に1人を殺害した者が死刑に処され得ることを意味する。科される刑罰の内容や程度が国家ごとに異なることは、実際、ソマリア沖の海賊問題への対応に際し指摘されるところである[80]。

　このように、現行国際法上の普遍的管轄権において確保できていない、刑事

---

77) 自国とはいかなる連関も有しないが故に、普遍的司法管轄権は恣意的に用いられやすく、そのことによって不平等が引き起こされると指摘されている。A. Zemach, "Reconciling Universal Jurisdiction with Equality Before the Law", *Texas International Law Journal*, Vol. 47 (2011), p. 153.

78) 例えば、自由権規約第2条、欧州人権条約第1条、米州人権条約第1条参照。この文脈での「管轄」についての詳細な検討を行ったものとして、杉木志帆「欧州人権条約の領域外適用：バンコビッチ事件受理可能性決定の再検討」『研究紀要』第20号（2015年）27-106頁。

79) 平等原則は異なる事情にある者に対し異なった取扱いをすることを妨げるものではないことを指摘するものとして、D. Dechenaud, *L'Égalité en matière pénale*, (2008), p. 23.

80) この不平等について実証的に研究したものとして、E. Kontorovich, "The Penalties for Piracy: An Empirical Study of National Prosecution of International Crime", *Faculty Working Papers*, (2012), p. 10, *available at* <http://scholarlycommons.law.northwestern.edu/cgi/viewcontent.cgi?article=1210&context=facultyworkingpapers> (last visited 28th Oct. 2015).

手続における個人の国際的な平等の確保を徹底してこそ、現行海洋法の枠組みを変質することの正統性も増すと考えられる。この点、船舶起因汚染の違反についてはUNCLOS第230条１項において金銭罰のみに限定され、SUA条約上の犯罪については、同条約第５条において「重大性を考慮した適当な刑罰」が科されることが規定されるなど、科される刑罰についても一定程度の調和は見られる。実体的規則だけでなく、このような手続や刑罰を含めて統一した規則を形成していくことが、今後、普遍的管轄権を形成していく際には必要となるのである。

(ii) **普遍的管轄権の運用における人間中心主義の機能：補完性原則の強化**　個人の国際的な平等を確保していく上では、普遍的管轄権をいかに運用していくかについても留意しなければならない。この点についてはさらなる検討を要するが、例えば、安保理がガイドライン等を提示して一律に刑罰を定めるといった垂直的な方法での確保もあれば、各国当局がそれぞれこの国際的な法の下の平等を配慮するといった水平的な方法での確保もあると思われる。

しかしながら、これらの普遍的管轄権の運用における平等の確保にしても(i)の形成における確保にしても、各国の国内法制度との兼ね合いもあることから限界があるものと考えられる。また、処罰される個人からすれば、連関を有しない国による訴追・処罰は、言語の違いや家族のアクセス等、通常の裁判以上に負担がかかるものである。加えて被害者にとっても、連関を有しない国による訴追・処罰は、負担及び満足の観点からあまり望ましくない。したがって、人間中心主義の観点からすれば、普遍的管轄権の行使はあくまでも最終手段として許容されるものであり、可能な限り抑制されなければならない。そのため、普遍的管轄権の行使は、あくまでも他の連関国による遵守の確保が為されない場合にのみ、補完的に許容されるべきと考えられよう[81]。

普遍的管轄権が旗国・沿岸国の管轄権を補完する性質であることは、これまでも指摘・確認されるところである。例えば、第３章でも確認したようにSUA条約第11条５項は、引渡国が旗国の利益及び責任に対して妥当な考慮を払う必

---

81) アディスも、管轄権の重複が日常となった今日においては、より実質的な連関を持つ共同体が優先的に管轄権を行使するべきであり、国際共同体という、構成員間の関係が希薄な共同体の存在に由来する普遍的管轄権の行使は、補完的な形に限定されるべきであると指摘する。Addis, *supra* note 53, pp. 24-25.

要があるとしている。これは、普遍的管轄権の補完性を直截的に規定するものではないが、SUA条約上の犯罪において、旗国の管轄権には考慮が払われるべきとの締約国の認識を表すものである。また、UNCLOS第218条2項においては、他国の水域内での排出の場合は、旗国や沿岸国の同意がない限り、第三国たる寄港国は普遍的司法管轄権を行使することができないとされている。さらに、第228条1項は、旗国が手続を開始する場合には、寄港国は普遍的司法管轄権の行使を停止する必要がある。これらの規定も、連関を有しない寄港国の管轄権は補完的に行使されなければならないという、UNCLOS締約国の意図を反映したものとみなされよう[82]。さらに、近年のソマリア沖の海賊問題に対する安保理決議おいても、決議1851以降、海賊や海上武装強盗に対処するTFGの役割を「主要な (primary)」と評するなど、沿岸国の役割を強調している。文脈は異なるが、リビアから欧州への人身取引・密入国への対策として2015年に採択された安保理決議2240第7項も、旗国の同意を得る努力を誠実に行うことを条件とした上で、公海上での非旗国による検査を認めている。

　このように、第三国の普遍的管轄権は、慣習法や条約上の原則となっているわけではないが、現状においても旗国・沿岸国の管轄権を補完するものと位置づけられつつあることが分かる。その一方で、管轄権の他の適用基準、すなわち、国籍主義や保護主義に関しては、必ずしも普遍主義との関係が明確にされているわけではない。この点、人間中心主義の立場からすれば、少なくとも国籍主義のひとつである積極的属人主義に基づく司法管轄権の行使は、普遍的司法管轄権よりも優先的に認められるべきと思われる。UNCLOS上、ごく一部の例外を除き、積極的属人主義に基づく管轄権は規定されていない[83]。しかしながら、これに基づく管轄権が否定されているわけでもない以上[84]、国家は一般国際法上の積極的属人主義に基づき、船上の自国民に対しても司法管轄権を行使す

---

82) 第4章でも確認したように、ギリシャは、寄港国の管轄権を旗国の管轄権を補完するものと位置づけている。United Nations Conference on the Law of the Sea, *Official Records of the Third United Nations Conference on the Law of the Sea*, Vol. II, p. 327, para. 51.
83) 類似の指摘を行うものとして、I. Papanicolopulu, "A Missing Part of the Law of the Sea Convention: Addressing Issues of State Jurisdiction over Persons at Sea" in C. Schofield, S. Lee and M. S. Kwon (eds.), *The Limits of Maritime Jurisdiction*, (2014), p. 402.
84) 排出違反に限定してではあるが、同様の指摘を行うものとして、A. Pozdnakova, *Criminal Jurisdiction over Perpetrators of Ship-Source Pollution: International Law, State Practice and EU Harmonisation*, (2013), p. 73.

ることができると考えられる。そうであるならば、言語の違いや家族のアクセスの観点からは容疑者の国籍国による訴追・処罰が最も適していることに鑑み、積極的属人主義に基づく司法管轄権も、普遍的司法管轄権よりも優先的に行使されるべきと考えられるのである[85]。

　以上より、海洋法における普遍的司法管轄権は、旗国・沿岸国・容疑者国籍国の管轄権を補完する形で行使される必要がある。そのように運用されることによってこそ、個人の平等や人間の利益の確保といった人間中心主義の観点からの正統性が増すこととなるのである。

---

[85] この犯人の国籍国の優位性は、SUA条約第6条1項において、国籍国の義務的管轄権が旗国・沿岸国と並列する形で規定されていることからも窺える。

終 章

海から陸を視る

　　君はどこかある海岸へ行って眼を上げてみさえすればいい。そうすれ
ばもう海の圧倒的な平面が君の視界に入ってくるだろう。注目すべき
ことだが、人間は海岸に立つと自然に陸から海を眺めることになるが、
逆に海から陸の方向へ眼を向けることにはならないわけだ[1]*。*

　現在普遍的司法管轄権が認められている、海賊行為・SUA条約上の犯罪・船舶起因汚染の3つのいずれもが、その性質上、国際共同体の利益を侵害するものである。そして、同管轄権を許容したほうが、旗国・沿岸国のみが管轄権を行使する場合に比べ、取締り・抑止が効率的に行われることとなるために、当該管轄権は認められるようになったと考えられる。ただし、これら3つの事案が侵害する国際共同体の利益とは、ジェノサイドが侵害するような道徳的な利益ではなく、海上航行や海洋環境といった国際共同体の実利的利益であることに留意する必要がある。海上を一体的に捉えるからこそ、公海だけでなく他国水域での事案に対してまで、また、統合的な管理を志向するからこそ、広範な事案を普遍的司法管轄権の対象とすることができたのである。このように、現行海洋法における普遍的司法管轄権においても、海洋ガバナンスの視点を確認することができるのである。

　第1章で確認したように、犯罪の性質基準と処罰を含む取締り・抑止の効率性基準の関係は、理論的にはまず、対象となる事案が国際共同体の利益を侵害

---

　1) カール・シュミット著、生松敬三・前野光弘（訳）『陸と海と―世界史的一考察―』（福村出版、1971年）5頁。

するものと措定され、その後、取締り・抑止の効率性が検討されるはずである。しかし実際には、取締り・抑止の効率性を高めるために国際的な合意が為された場合、そのような合意によって取り締まり・抑止しようとする事案は国際共同体の利益を侵害するものであると認識されるようになる。既存のSUA条約上の犯罪や船舶起因汚染に関しても、まず取締り・抑止の必要性があり、その取締り・抑止を正当化するために、国際共同体の利益が実利的利益を包含するようになったものと考えられる。換言すれば、道徳的利益を侵害するとはみなされない事案に対する普遍的管轄権を正当化するために、国際共同体の利益はより拡張した概念へとなっていったのである[2]。

　以上より、海洋法の普遍的司法管轄権に関しては、犯罪の性質基準よりも海洋を管理するための取締り・抑止の効率性基準を重視する形で展開されていると言えよう。このように効率性が重視される傾向に鑑みれば、犯罪の性質基準は、海上の事案に対する普遍的司法管轄権の濫用を防止し拡張を制限する理論としては有用ではなくなりつつあると言え、今後、その意義はさらに縮減していくものと考えられる。

　また、本書で検討した3つの事案に対する普遍的司法管轄権は、いずれも海洋ガバナンスの視点から海洋を管理していく上で有用と言える。その一方で、これら3つの事案によって海上でのあらゆる事案が包含されるわけではないことから、これらのみでは海洋を統合的に管理することには限界がある。換言すれば、海洋ガバナンスの国際法における普遍的管轄権として、現行制度が十全なものとは言い難いのが現状である。そのため、新たな条約や参照規則といった国家の合意を通して、普遍的司法管轄権の対象となる事案をさらに拡張し、同管轄権を発展させていく必要がある。とりわけ、限られたリソースを有効活用するために海洋の管理の効率化を経済学の観点から追求するとなれば、国家の軛を離れた「人のため」の海洋ガバナンスを志向する必要があり、普遍的管轄権の発展はその中で検討されなければならない。

　この発展を具体的に推し進める上では、既存の実体的規則が注目に値しよう。

---

2) 筆者のこのような見解と類似するものとして、アディスはより抽象的に、普遍的管轄権には国際共同体を形成する作用があると指摘する。A. Addis, "Imaging the International Community: The Constitutive Dimension of Universa Jurisdiction", *Human Rights Quarterly*, Vol. 31 (2009), p. 145.

序章において示したように、海洋において遵守が求められる実体的規則は極めて多岐に及んでいる。それ故、これらについての普遍的司法管轄権の行使を認めるだけで、海洋ガバナンスは著しく進展するものと考えられる。また、IMOはMEPCをはじめとする複数の委員会を設け定期的に活動しており、今後のさらなる規則の拡充についても期待ができる[3]。しかしながら、普遍的管轄権の行使については国家の裁量が認められる範囲が少なくない。そのため、統一された国際基準の遵守確保が普遍的に為されることとなれば、個人の平等の観点からは問題も生じ得る。そこで新たな普遍的管轄権を形成・運用するにあたっては、可能な限り個人の平等、とりわけ、個人の国際的な平等に配慮する必要がある。この個人の国際的な平等を確保する観点には、犯罪の性質基準に代わって、海上での事案に対する普遍的司法管轄権の濫用を防止し拡張を制限する役割が期待されよう。また、個人の利益に鑑みれば、いかなる連関も有しない国家による普遍的司法管轄権の行使は望ましいものではない。それ故普遍的司法管轄権は、旗国・沿岸国・個人（容疑者・被害者等）の国籍国の管轄権を補完する形で運用されなければならない。

　海上でのあらゆる事案に対する普遍的司法管轄権が補完的に認められるようになった場合であっても、お互いを旗国とする船舶に関しては国際基準の違反がないと相互に信頼しあうことが可能であれば、例外的に、そのような補完性を除外する合意（条約）を結ぶこともできよう。現在は、普遍的司法管轄権を認める規定が存在しない事案については、旗国のアド・ホックな同意がある場合にのみ、第三国は司法管轄権を行使することができる。しかし、海洋ガバナンスの観点から普遍的司法管轄権を敷衍すれば、その行使は原則として認められ、その例外を設けるためには、別途条約が必要とされることとなるのである。

　また、序章でも確認したように、現代国際法において規則の遵守を確保するメカニズムは、国際機関によるものと国家によるものとの2つに大別される。現在、ISAが深海底に対して有するような広範な裁量を、海洋全体に対して有する国際機関は存在しない。それ故、本書においては実体的規則の遵守の確保が現実的に期待される国家、特に国家の行使する普遍的管轄権に焦点をあてた

　3）同様に、UNCLOS体制の発展においてIMOが重要な役割を担うことを指摘するものとして、西本健太郎「国際海事機関（IMO）を通じた国連海洋法条約体制の発展」『国際問題』第642号（2015年）34頁。

検討を行ってきた。確かに、普遍的管轄権についても、その形成において個人の平等を確保し、運用において補完的なものと位置づけることで、普遍的管轄権が内包する不平等や濫用といった問題を防止することは一定程度ならば可能であろう。しかしながら、この不平等を是正し濫用を防止するためにより望ましいのは、国際機関による一元的な遵守確保であると考えられる。このような観点からすれば、国家による普遍的管轄権の行使は、旗国・沿岸国といった個別国家による排他的な遵守確保から、国際機関による遵守確保に至る道程にあるものと位置づけられよう。

では、国際機関を設立するとして、具体的にはどのような機関が展望されるのであろうか。この点、海洋ガバナンスの国際法を構築するために本書で焦点をあてた司法管轄権に着目すれば、求められるのは実体的規則に違反した個人を訴追・処罰する司法機関となる。このような機関の究極的なあるべき姿を海洋ガバナンスの視点から描くのであれば、あらゆる水域のあらゆる事案について管轄権を行使する国際海事裁判所となろう。あらゆる水域に対して同一の規則に基づいて同一の機関が判断を行ってこそ、個人の平等を保護しつつ、海洋を一体のものとして捉えた統合的な管理が実現するのである。

このような国際海事裁判所の構想は、これまでにも為されなかったわけではない。例えば、海底平和利用委員会においてマルタが提案した「海洋空間条約草案 (Draft Ocean Space Treaty)」は、国際海事裁判所の設立を想定していた。あらゆる水域と言うわけではないが、いかなる国の管轄権にも服さない国際海洋空間を航行中の船舶が実体的規則に違反した場合に、国際海事裁判所が管轄権を有するとされていたのである（海洋空間条約草案第8条7項）[4]。また、2010年7月に提出されたソマリア沖の海賊を処罰する枠組みに関する国連事務総長の報告書は、処罰を行うための7つの選択肢のうちのひとつとして、地域を限定してではあるが、多数国間条約によって対海賊刑事裁判所を設立することを挙げている[5]。

---

4) Republic of Malta, "Draft Ocean Space Treaty: Working Paper/ Submitted by Malta", (A/AC.138/53) (23 Aug. 1971), p.15.
5) *Report of the Secretary-General on possible options to further the aim of prosecuting and imprisoning persons responsible for acts of piracy and armed robbery at sea off the coast of Somalia, including, in particular, options for creating special domestic chambers possibly with international components, a regional tribunal or an international tribunal and*

しかしながら既存のICC等が費用面において課題を抱えているように[6]、国際海事裁判所が設立されたとしても、この裁判所があらゆる事案について管轄権を行使することを期待するのは現実的ではないかもしれない。実際、前述の報告書においても、多数国間条約によって設立される裁判所が、費用対効果の点から他の候補に劣位することが指摘されている[7]。現実的には、普遍的司法管轄権のように、旗国・沿岸国あるいは国籍国が訴追・処罰を行わない場合にのみ補完的に機能することが、国際海事裁判所にも期待されよう。

また、本書でも言及した海上警察権を行使する国際機関、言うなれば世界規模での海上保安庁を設立することができれば、それは海のみならず、陸の国家間関係における安全保障の観点からも有益となり得る。国連が創設されて以来、常設の国連軍の設置が試みられながらも実現していないことは周知の事実である。そして、その背景には、国連軍の任務が多様かつ大量であることや、軍事力は、個別国家や同盟によって管理されるべきとの考えがあるとされる[8]。

海軍と海上警察機関とでは、両者の峻別が為されていない国家も多く、海上警察機関であれば軍事力とならないと言うわけではない。重武装化する海賊に対応するためには、警察機関も相応の火力を有する必要があるし、ガイアナにとっての海上警察活動が、仲裁裁判所によって国連憲章第2条4項の禁止する武力による威嚇とみなされたことは記憶に新しい[9]。しかしながら、例えば、内戦への介入において国連軍が特定の国家（あるいは準国家）の軍隊と相対する可能性があるのに対し、海上警察機関がそのような可能性を有するケースは想定

corresponding imprisonment arrangements, taking into account the work of the Contact Group on Piracy off the Coast of Somalia, the existing practice in establishing international and mixed tribunals, and the time and resources necessary to achieve and sustain substantive results, (S/2010/394)(26 Jul. 2010), paras. 80-89.

6）ICCの財政状況については、ICC Assembly of States Parties, "Report of the Committee on Budget and Finance on the Work of its Twentieth Session", (ICC-ASP/12/5/Rev.1)(7 Jun. 2013), paras. 9-26参照。

7）*Supra* note 5, para. 86.

8）このような指摘を行うものとして、佐藤哲夫「見果てぬ夢、国連常設軍―国際公共目的に向けた軍事的強制の現代的諸相―」『世界法年報』第30号（2011年）16-17頁。

9）*Guyana and Suriname, Award of the Arbitral Tribunal*, 17 Sep. 2007, *International Legal Materials*, Vol. 47 (2008), p. 231, para. 445; 他方で、仲裁裁判所のこのような判決を批判するものとして、中谷和弘「境界未画定海域における一方的資源開発と武力による威嚇―ガイアナ・スリナム仲裁判決を参考として―」柳井俊二・村瀬信也編『国際法の実践―小松一郎大使追悼』（信山社、2015年）524-526頁。

し難い。また、国連軍がジェノサイドの防止のように、ケースごとに柔軟に対応を迫られるのに対し、海上警察機関の任務は増加する実体的規則の遵守の確保に限定され、軍隊よりは警察に近い役割が期待されることとなる。

確かに、海上での警察活動といっても、国家ごとに重視する水域も異なれば、銃の使用に至るまでの手続も大きく異なる。しかしながら、近年では、海事関係者との連携もあり、ソマリア沖のように特定の水域に対しての安保理決議が採択される傾向にある[10]。さらに、先例の積み重ねや[11]、条約やいわゆるソフト・ロー文書の規定もあり[12]、銃器の使用基準を中心とした国際海上法執行活動法が形成されつつある[13]。これらの事実に鑑みれば、少なくとも国連軍の設置に比べれば、常設的な国際海上警察機関の設立の方が現実的と考えられる。実際、常設の機関と言うわけではないが、テロリストや海賊に対応するために、各国海軍から派遣された人員・装備によって連合海上部隊（Combined Maritime Force）が構成されている[14]。

そして、そのような機関の設立によって、そこに派遣される各国海軍や海上警察機関の人員の相互理解が深まり、国家間の信頼が醸成され、例えば陸の警察活動に関する国際法が形成されるなどとなれば、それはまさに、海からの視

---

10) ソマリア沖に続き、海賊・海上武装強盗が多発したギニア湾に関しては、2011年に安保理決議2018が、そして、2012年には安保理決議2039が採択されている。また、先述の安保理決議2240も、リビア沖の公海に限定して非旗国による検査を認めるものである。

11) 先例としては、アイム・アローン号事件（S.S. *I'm Alone* (Canada/United States), *Reports of International Arbitral Award*, Vol. III, pp. 1609-1618）、レッド・クルセーダー号事件（Investigation of Certain Incidents Affecting the British Trawler Red Crusader, *Reports of International Arbitral Award*, Vol. XXIX, pp. 521-539）、サイガ号事件（第2判決）（*The M/V "SAIGA" (No.2) Case (Saint Vincent and the Grenadines v. Guinea), Judgment of 1 Jul. 1999, ITLOS*）などが挙げられる。

12) 条約規定として、UNFSA第22条1項(f)や改正SUA条約第8条の2第9項が、また、ソフト・ロー文書として、法執行官の行動規範（Code of Conduct for Law Enforcement Officials）や法執行官による実力及び火器の使用に関する基本原則（Basic Principles on the Use of Force and Firearms by Law Enforcement Officials）が挙げられる。

13) この国際海上法執行活動法について検討したものとして、P. J. Kwast, "Maritime Law Enforcement and the Use of Force: Reflections on the Categorisation of Forcible Action at Sea in the Light of the Guyana/Suriname Award", *Journal of Conflict & Security Law*, Vol. 13 (2008), pp. 72-89；森川幸一「国際平和協力外交の一断面—『海上阻止活動』への参加・協力をめぐる法的諸問題—」『日本外交と国際関係』（内外出版、2009年）275-276頁。

14) 連合海上部隊については、以下のウェブページを参照。<http://combinedmaritimeforces.com/about/x> (last visited 19th Aug. 2014).

点が陸に資することになる。換言すれば、これまでの検討してきた海からの視点が、海洋ガバナンスのような「海から海を視る」視点だけでなく、陸に対しても影響を及ぼす、「海から陸を視る」視点として意義を有するようになるのである[15]。かつて、北海大陸棚事件において、ICJは「陸は海を支配する」の原則について触れ[16]、この原則は現在でも境界に関する紛争においては頻繁に援用されている[17]。しかしながらエヴァンズが、自身が編著する基本書において繰り返し指摘しているように、「海は陸を支配する」ようになっていくのかもしれない[18]。

　本書は、海洋国際法観と言うべき海からの視点を導入し、海洋ガバナンスの国際法についての考察を行ってきた。しかしながら、このような海からの視点が、海洋法に留まらず、陸の国際法にまで影響を及ぼす可能性がある。本書で焦点をあてた海洋法の普遍的管轄権には、陸の国際法におけるそれとは異なる性質が確認された。しかしながら、海から陸を視ることで、本書での海洋法の普遍的管轄権についての研究が、陸の国際法における普遍的管轄権の研究に資することも考えられるのである。国家として欠くべからざる要素たる大地を離れ、周縁の海に光をあてることで、異なる景色が見えるようになる。海の国際法を豊かにし、海から陸を視ることで、陸の国際法も豊かなものとなっていく

---

15) このような、本書における「海から陸を視る」視点は、陸の国際法にまで影響を及ぼすことを期待する点で、「海から海を見る」ことと「海それ自体を見る」ことを並列した奥脇の提示した視点とは、若干異なるものと思われる。奥脇直也「海洋秩序の憲法化と現代国際法の機能―『海を護る』（"Securing the Ocean"）の概念について―」秋山昌廣・栗林忠男編著『海の国際秩序と海洋政策』（東信堂、2006年）23, 34頁参照。

16) *North Sea Continental Shelf, Judgment, I.C.J. Reports 1969*, p.3, para.96.

17) 例えば、南シナ海の境界紛争についても、「海は陸を支配する」の原則は複数の関係国によって援用されている。同紛争については、西本健太郎「南シナ海における中国の主張と国際法上の評価」『法学』第78巻3号（2014年）225-259頁、また、J. Kraska and R. Pedrozo, *International Maritime Security Law*, (2013), pp.313-354参照。

18) 2003年に出版された初版については、M. Evans, "The Law of the Sea" in M. Evans (ed.), *International Law*, 1st ed., (2003), p.654、最新の第4版については、M. Evans, "The Law of the Sea" in M. Evans (ed.), *International Law*, 4th ed., (2014), p.684参照。実際、このようなエヴァンズの指摘は、2009年に採択された、日本の「海洋管理のための離島の保全・管理のあり方に関する基本方針」にも見てとれる。同方針が海洋管理を推進する観点から離島についての政策を策定する旨規定しているため、加々美は、同方針が「海から見た視点で、もうひとつの『島の制度』を模索する」ものであると評している。加々美康彦「海洋基本法制定以後の離島管理関連法制の展開とその意義」『貿易風―中部大学国際関係学部論集―』第8号（2013年）39頁。

ことが期待される。本書がその一端を担うことを願って、結びに代えたい

あとがき

　本書は、2014年度に早稲田大学に提出した、筆者の博士論文を加筆修正したものである。早稲田大学大学院法学研究科に入学した2007年より、およそ10年を費やして本書は完成した。本書のテーマである海洋法上の普遍的管轄権に興味を持つきっかけとなったのは、自身が参加したJessup国際法模擬裁判大会の問題が海賊に関係するからでもなければ、今でも愛読するマンガ『ONE PIECE』に影響されたからでもない。単に、興味のあった国際海洋法と国際刑事法の接合点にあると思われたからである。これら2つの分野に興味を持つきっかけとなったのは、何よりも、早稲田大学国際法研究会（現WILC）というサークルでの活動である。WILCでの活動を通じ、国際法に興味を持った私は、国際法を幅広く学ぶようになった。当時、ひたすら基本書を読んだのは、サークルの先輩である現神戸大学の中島啓さんのアドバイスによるところが大きい。その中で、私が特に興味を持ったのが国際海洋法と国際刑事法であった。

　このように、興味のある2つの法の接合点という浅慮で題材を選んだ私の研究が、すぐに行き詰まりを見せるのは、ある意味当然の帰結であった。ただ、行き詰まりながらも、この問題を手放すことなく研究し続けてこられたのは、大学院の先輩の皆川誠さんのお陰である。皆川さんが村瀬信也先生の授業を受けた際、「研究テーマにはしがみつけ」、と言われたという話を聞いた。後に村瀬先生ご本人に伺ったところ、そんなことを言った記憶はないと、かわされてしまったが、この教えがあったからこそ、自分は同一のテーマを研究し続けることができたように思う。

　行き詰まりながらもこだわり、同一のテーマに取り組んできた今、国際海洋法の壮大さと国際刑事法の緻密さを改めて感じる。国際海洋法は、国際法の中でも伝統を有する分野であり、その歴史的研究などは、とても私の手に負えるものではない。ただ、私としては、自身の研究が少しでもこの海洋法の発展に資することがあれば、という思いで研究を続けてきた。この海洋法については、既に早稲田大学を退職された林司宣先生や島田征夫先生、学部2年生の法学演習以来長くお世話になっている河野真理子先生をはじめ、所属していた早稲田

大学で多くの先生からご指導を賜ることができた。また、日本海事センターにおいて専門調査員として海運実務に触れたことで、海洋法のあるべき姿や海洋ガバナンスについて、より巨視的な観点から考えることができるようになった。この巨視的な観点については、明治大学の奥脇直也先生の影響も大きい。私自身、奥脇先生の教えを直接受けたことはないが、そのご論稿から多くを学びつつも正確に理解しているか不安が残る私に対し、誤解を伴う引用も悪いモノではない、と背中を押して下さったのが先生であった。海洋法については、加々美康彦先生、鶴田順先生、中田達也先生、下山憲二先生、西本健太郎先生といった若手の先生方からも多くを学ばせて頂いている。

　壮大な海洋法を、可能な限り緻密に分析する。その緻密さの基盤として自身が選択したのが国際刑事法における管轄権の概念を用いることである。国際刑事法については、早稲田大学の古谷修一先生の影響がなによりも大きい。本書の国家管轄権論の概念整理は、古谷先生との日々の議論がなければとても形にはならなかった。また、河野先生のお力添えのお蔭で実現した、国際刑事裁判所でのインターンにより、国際刑事法の実務的側面についても学ぶことができた。さらに、博士論文の執筆の山場を迎え、海にどっぷり漬かる自分が、国際刑事法の最先端の議論に触れ続けることができたのは、大阪大学の真山全先生が主催して下さった侵略犯罪研究会のお陰である。同研究会において、洪恵子先生、新井京先生、田中利幸先生、森川幸一先生といった業界を代表する先生方の議論に参加させてもらうだけでなく、海外からのゲストや同世代の研究者と交流したことで、自身の見識が広がったように思う。さらに、甲斐克則先生や北川佳世子先生にお声がけ頂いた、海事刑法研究会において刑事法の先生方と議論を交わせたことも、大きな財産となっている。

　他にも多くの先生のお世話になった。学部卒業直後に留学が可能な英語力を身につけることができていたのは、清水章雄先生の薫陶を受けたからに他ならない。また、萬歳寛之先生には、条文解釈や判例評釈といった、研究の基礎力の部分からご指導を頂いた。さらに、前述の行き詰まりに苦しむ中、法実証主義に拘泥するだけでは見えない世界への扉を開いてくださったのが、最上敏樹先生である。先生には本書を出版するにあたり、出版社のご紹介も頂いた。また、比較法研究所の助手として勤務したことで、所長の楜澤能生先生や菊池馨実先生、幹事の若林泰伸先生だけでなく、EU法の中村民雄先生など、法学の

他分野の先生方とお話しをする機会も増えた。法学部を離れた今、その重みをより一層感じる。

　大学院の先輩・同期・後輩にもお世話になった。レジュメの作成方法から懇切丁寧に指導してくれた尋木真也さん、先輩として敬うことはなくも研究には的確なコメントをくれた平見健太君や根岸陽太君、比較法研究所の同室で議論を重ねた広見正行さん。同世代の研究者と日ごろ意見を交わせたことも、本書の執筆に必要不可欠なものであった。

　そして、博士論文の研究をもとに、新天地の1年目で本書の出版ができたのも、自由に研究をさせてくれる、横浜市立大学の文化があってこそである。横浜学術教育振興財団からの出版助成がなければ、本書を世に出すことはかなわなかった。また、三省堂の井澤俊明さんは、出版を引き受けて下さるだけでなく、著作を出版するのが初めての私に、内容・表現の両面にわたり企画段階からご助言を下さった。

　ここまで名前を挙げさせて頂いたすべての方々・団体の皆様に、心より感謝を申し上げる。ほかにも、早稲田大学国際法研究会の先生方、国際判例事例研究会の先生方、80研の皆様、国際法模擬裁判大会の開催に尽力して下さる先生方など、感謝を申し上げたい方を挙げればキリはないが、紙幅の都合というありがちな言い訳で、ご海容を乞いたい。

　最後になるが、本書を執筆することができたのは、いつも慈愛をもって見守ってくれる両親のおかげである。2人に感謝の言葉を表し、本書を捧ぐ。

波音を聴きながら
瀬田　真

主要文献・資料目録

I. 二次文献

I-1. 学術著書・論文・記事（欧文、アルファベット順）

Abelson, A., "The Prosecute/Extradite Dilemma: Concurrent Criminal Jurisdiction and Global Governance", *University of California, Davis Journal of International Law & Policy*, Vol. 16 (2009)

Abramobsky, A., "Multilateral Conventions for the Suppression of Unlawful Seizure and Interference with Aircraft Part 1: The Hague Convention", *Columbia Journal of Transnational Law*, Vol. 13 (1974)

Addis, A., "Imaging the International Community: The Constitutive Dimension of Universa Jurisdiction", *Human Rights Quarterly*, Vol. 31 (2009)

Addis, A., "Community and Jurisdictional Authority" in Handl, G., Zekoll, J. and Zumbanse, P. (eds.), *Beyond Territoriality: Transnational Legal Authority in an Age of Globalization*, (2012)

Addis, J. S., "A Missed Opportunity: How *Pakootas v. Teck Cominco Metals, Ltd.* Could Have Clarified the Extraterritoriality Doctrine", *Seattle University Law Review*, Vol. 32 (2009)

Akehurst, M., "Jurisdiction in International Law", *British Year Book of International Law*, Vol. 46 (1972)

Anand, R. P., *Origin and Development of the Law of the Sea: History of International Law Revisited*, (1983)

――, "Changing Concept of Freedom of the Seas: A Historical Perspective", in Van Dyke, J. M., Zaelke, D. and Hewison, G. (eds.), *Freedom for the Seas in the 21st Century: Ocean Governance and Environmental Harmony*, (1993)

Anderson, D., *Modern Law of the Sea*, (2008)

Aust, A., "Lockerbie: the Other Case", *International and Comparative Law Quarterly*, Vol. 49 (2000)

Bang, H., "Is Port State Control an Effective Means to Combat Vessel-Source Pollution? An Empirical Survey of the Practical Exercise by Port States of Their Powers of Control", *International Journal of Marine and Coastal Law*, Vol. 23 (2008)

――, "Port State Jurisdiction and Article 218 of the UN Convention on the Law of Sea", *Journal of Maritime Law & Commerce*, Vol. 40 (2009)

Bassiouni, M., "Enslavement as An International Crime", *New York University Journal of International Law and Politics*, Vol. 23 (1991)

―――, "International Crimes: *Jus Cogens* and Obligation *Erga Omnes*", *Law and Contemporary Problems*, Vol. 59 (1996)

―――, "Universal Jurisdiction for International Crimes: Historical Perspectives and Contemporary Practice", *Virginia Journal of International Law*, Vol. 42 (2001)

Bassiouni, M. and Wise, E. M., *Aut Dedere Aut Judicare: The Duty to Extradite or Prosecute in International Law*, (1995)

Beesley, A., "The Negotiating Strategy of UNCLOS III: Developing and Developed Countries as Partners - A Pattern for Future Multilateral International Conferences", *Law and Contemporary Problems*, Vol. 46 (1983)

Bellish, J., "Breaking News from 1932: Pirate Facilitators Must Be Physically Present on the High Seas", *EJIL:Talk!* (19 Sep. 2012), available at <http://www.ejiltalk.org/breaking-news-from-1932-pirate-facilitators-must-be-physically-present-on-the-high-seas/#more-5662>

Bhandari, J. S. and Sykes, A. O., *Economic Dimensions in International Law: Comparative and Empirical Perspectives*, (1998)

Bilder, R. B., "The Canadian Arctic Waters Pollution Prevention Act: New Stresses on the Law of the Sea", *Michigan Law Review*, Vol. 69 (1970)

Birnie, P., "Piracy-Past, Present and Future", *Marine Policy*, Vol. 11 (1987)

Blanck Jr., J. I., "Reflections on the Negotiation of the Maritime Labor Convention 2006 at the International Labor Organization", *Tulane Maritime Law Journal*, Vol. 31 (2006)

Blanco-Bazán, A., "IMO interface with the Law of the Sea Convention", (2000), available at <http://www.imo.org/blast/mainframe.asp?topic_id=406&doc_id=1077>

Bodansky, D., "Protecting the Marine Environment from Vessel-Source Pollution: UNCLOS III and Beyond", *Ecology Law Quarterly*, Vol. 18 (1991)

Borchard, E. M., "The United States-Panama Claims Arbitration", *American Journal of International Law*, Vol. 29 (1935)

Borgese, E. M., "A Constitution for the Oceans" in Borgese, E. M. and Krieger, D. (eds.), *Tides of Change: Peace, Pollution, and Potential of the Oceans*, (1975)

Bos, M., "La Compétence extraterritoriale des Etats", *Annuaire de l'institut de droit international*, Vol. 65-I (1993)

Bowett, D. W., "Jurisdiction: Changing Patterns of Authority over Activities and Resources", *British Year Book of International Law*, Vol. 53, (1982)

Braudel, F., *La Méditerranée et le monde méditerranéen à l'époque de Philippe II*, 2nd éd.,

(1966)

Bridge, J. W., "The Case for an International Court of Criminal Justice and the Formulation of International Criminal Law", *International and Comparative Law Quarterly*, Vol. 13 (1964)

Broomhall, B., "Towards the Development of an Effective System of Universal Jurisdiction for Crimes Under International Law", *New England Law Review*, Vol. 35 (2001)

Brown, B. S., "The Evolving Concept of Universal Jurisdiction", *New England Law Review*, Vol. 35 (2001)

Burke, W. T., *The New International Law of Fisheries: UNCLOS 1982 and Beyond*, (1994)

Butterworth, M. M. and Forbes, T. D., "Maritime Catastrophe Response - Civil and Criminal Counsel Investigation; Illustrative Recent Collision and Platform Case Law; Criminalization of Marine Negligence", *Tulane Law Review*, Vol. 85 (2011)

Byers, M., *Custom, Power and the Power of Rules*, (1999)

――, "Policing the High Seas: The Proliferation Security Initiative," *American Journal of International Law*, Vol. 98 (2004)

Bynkershoek, C., *Questionum juris publici*, Vol. 2 (1758), T. Frank (tr.), *Classics of International Law*, No. 14 (1930)

Calica, A. J., "Self-Help is the Best Kind: The Efficient Breach Justification for Forcible Abduction of Terrorists", *Cornell Journal of International Law*, Vol. 37 (2004)

Cameron, I., *The Protective Principle of International Criminal Jurisdiction*, (1994)

Cassese, A., *Terrorism, Politics and Law: The Achille Lauro Affair*, (1989)

Chang, Y., *Ocean Governance: A Way Forward*, (2012)

Churchill, R. and Hedley, C., *The Meaning of the "Genuine Link" Requirement in Relation to the Nationality of Ships*, (2000), available at <http://www.itfglobal.org/seafarers/icons-site/images/ITF-Oct2000.pdf>

Churchill, R. and Lowe, A. V., *The Law of the Sea*, 3rd ed., (1999)

Clark, R. S., "Some Aspects of the Concept of International Criminal Law: Suppression Conventions, Jurisdiction, Submarine Cables and *the Lotus*", *Criminal Law Forum*, Vol. 22 (2011)

Colangelo, A. J., "The New Universal Jurisdiction: In Absentia Signaling over Clearly Defined Crimes", *Georgetown Journal of International Law*, Vol. 36 (2005)

Colombos, C. J., *The International Law of the Sea*, 6th ed., (1967)

Crook, J. R. (ed.), "U.S. Criminal Sanctions for High Seas Pollution by Foreign Vessels Entering U.S. Ports", *American Journal of International Law*, Vol. 103 (2009)

Cutting, P. D., "The Technique of Controlled Delivery as a Weapon in Dealing with Illicit Traffic in Narcotic Drugs and Psychotropic Substances", *Bulletin on Narcotics*, Vol. 35, No. 4 (1983)

D'Aspremont, J., "Multilateral Versus Unilateral Exercises of Universal Criminal Jurisdiction", *Israel Law Review*, Vol. 43, (2010)

David, E., *Éléments de droit pénal international et europeén*, (2009)

Dechenaud, D., *L'Égalité en matière pénale*, (2008)

Dellapenna, J. W., "The Restatement of Foreign Relations Law of the United States, Revised: How were the Controversies Resolved?", *American Society of International Law Proceedings*, Vol. 81 (1987)

Dickinson, E., "Is the Crime of Piracy Obsolete?", *Harvard Law Review*, Vol. 38 (1925)

Doulman, D. J. and Swan, J., *A Guide to the Background and Implementation of the 2009 FAO Agreement on Port State Measures to Prevent, Deter and Eliminate Illegal, Unreported and Unregulated Fishing*, (2012)

Drescher, S., "Whose Abolition? Popular Pressure and the Ending of the British Slave Trade", *Past and Present*, No. 143 (1994)

Dubner, B., *The Law of International Sea Piracy*, (1980)

Dunoff, J. L. and Trachtman, J. P., "Economic Analysis of International Law", *Yale Journal of International Law*, Vol. 24 (1999)

———, "The Law and Economics of Humanitarian Law Violations in Internal Conflict", *American Journal of International Law*, Vol. 93 (1999)

Dupuy, R. J., "The Sea under National Competence", in Dupuy, R. J. and Vignes, D. (eds.), *A Handbook on the New Law of the Sea*, Vol. 1 (1991)

Dutton, Y. M., "Maritime Piracy and the Impunity Gap: Domestic Implementation of International Treaty Provisions" in Struett, M. J., Carlson, J. D. and Nance, M. T. (eds.), *Maritime Piracy and the Construction of Global Governance*, (2013)

Ellis, N. and Sampson, H., *The Global Labour Market for Seafarers Working Aboard Merchant Cargo Ships 2003*, (2008), available at <http://www.sirc.cf.ac.uk/uploads/publications/GLM%20for%20Seafarers.pdf>

Evans, M., "The Law of the Sea" in Evans, M. (ed.), *International Law*, 1st ed., (2003)

Evans, M., "The Law of the Sea" in Evans, M. (ed.), *International Law*, 4th ed., (2014)

Evensen, J., "Three Procedural Cornerstones of the Law of the Sea Conference: The Consensus Principle, The Package Deal and The Gentleman's Agreement" in Kaufmann, J. (ed.) *Effective Negotiation*, (1989)

Fisher, H., "Suppression of Slavery in International Law", *International Law Quarterly*, Vol. 3 (1950)

Fitzgerald, B. F., "Port State Jurisdiction and Marine Pollution Under UNCLOS III", *Maritime Law Association of Australia and New Zealand Journal*, Vol. 11 (1995)

Francioni, F., "Maritime Terrorism and International Law: The Rome Convention of 1988", *German Yearbook of International Law*, Vol. 31 (1988)

Freestone, D., "International Cooperation against Terrorism and the Development of International Law Principles of Jurisdiction" in Higgins, R. and Flory M. (eds.), *Terrorism and International Law*, (1997)

———, "Principles Applicable to Modern Oceans Governance", *International Journal of Marine and Coastal Law*, Vol. 23 (2008)

Gable, K. A., "Cyber-Apocalypse Now: Securing the Internet Against Cyberterrorism and Using Universal Jurisdiction as a Deterrent", *Vanderbilt Journal of Transnational Law*, Vol. 43 (2010)

Gardner, M., "Piracy Prosecutions in National Courts", *Journal of International Criminal Justice*, Vol. 10 (2012)

Gehan, S., "United States v. Royal Caribbean Cruises, Ltd.: Use of Federal 'False Statements Act' to Extend Jurisdiction over Polluting Incidents into Territorial Seas of Foreign States", *Ocean & Coastal Law Journal*, Vol. 7 (2000)

Geiß, R. and Petrig, A., *Piracy and Armed Robbery at Sea: The Legal Framework for Counter-Piracy Operations in Somalia and the Gulf of Aden*, (2011)

Geneuss, J., "Fostering a Better Understanding of Universal Jurisdiction: A Comment on the AU-EU Expert Report on the Principle of Universal Jurisdiction", *Journal of International Criminal Justice*, Vol. 7 (2009)

Geraghty, A., "Universal Jurisdiction and Drug Trafficking: A Tool for Fighting One of the World's Most Pervasive Problems", *Florida Journal of International Law*, Vol. 16 (2004)

Gidel, G., *Le droit international public de la mer: le temps de paix*, Tome I, introduction- la haute mer, (Reprinted, 1981)

———, *Le droit international public de la mer: le temps de paix*, Tome II, *les eaux intérieures*, (Reprinted, 1981)

Gilbert, G., *Transnational Fugitive Offenders in International Law: Extradition and Other Mechanisms*, (1998)

———, *Responding to International Crime*, (2006)

Goodwin, J., "Universal Jurisdiction and the Pirate: Time for an Old Couple to Part", *Vanderbilt Journal of Transnational Law*, Vol. 39 (2006)

Great Britain, Board of Trade (ed.), *Committee of Inquiry into Shipping Report*, (1970)

Green, M. P. and Burnett, D. R., "Security of International Submarine Cable

Infrastructure: Time to Rethink?", in Nordquist, M., Wolfrum, R., Moore, J. N. and Long, R. (eds.), *Legal Challenges in Maritime Security*, (2008)

Grotius, H., *De Jure Belli ac Pacis*, Vol. 2 (1625), Kelsey, F. W. (tr.), *Classics of International Law*, No. 3 (1925)

Grotius, H., *De Jure Belli ac Pacis*, (1631)

Guilfoyle, D., *Shipping Interdiction and the Law of the Sea*, (2009)

———, "Human Rights Issues and Non-Flag State Boarding of Suspect Ships in International Waters", in Symmons, C. R. (ed.), *Selected Contemporary Issues in the Law of the Sea*, (2011)

———, "Prosecuting Somali Pirates: A Critical Evaluation of the Options", *Journal of International Criminal Justice*, Vol. 10 (2012)

———, "Shooting Fishermen Mistaken for Pirates: Jurisdiction, Immunity and State Responsibility", *EJIL:Talk!* (2nd Mar. 2012), *available at* <http://www.ejiltalk.org/shooting-fishermen-mistaken-for-pirates-jurisdiction-immunity-and-state-responsibility/>

Halberstam, M., "Terrorism on the High Seas: The Achille Lauro, Piracy and the IMO Convention on Maritime Safety", *American Journal of International Law*, Vol. 82 (1988)

Hallwood, P. and Miceli, T. J., "The Economics of International Cooperation in Apprehension and Prosecution of Maritime Pirates", *Ocean Development & International Law*, Vol. 43 (2012)

Hanphaiboon, K., "Maritime Cooperation in Asean Regional: Cooperation in Combating Piracy", *Waseda University Journal of the Graduate School of Asia-Pacific Studies*, Vol. 16 (2008)

Harrington, J., "The Absent Dialogue: Extradition and the International Covenant on Civil and Political Rights", *Queen's Law Journal*, Vol. 32 (2006)

Harrison, J., *Making the Law of the Sea: A Study in the Development of International Law*, (2011)

Havel, B. F. and Mulligan, J. Q., "The Triumph of Politics: Reflections on the Judgment of the Court of Justice of the European Union Validating the Inclusion of Non-EU Airlines in the Emissions Trading Scheme", *Air and Space Law*, Vol. 37 (2012)

Haward, M. and Vince, J., *Oceans Governance in the Twenty-first Century: Managing the Blue Planet*, (2008)

Helfman, T., "The Court of Vice Admiralty at Sierra Leone and the Abolition of the West African Slave Trade", *Yale Law Journal*, Vol. 115 (2006)

Henkin, L., *How Nations Behave: Law and Foreign Policy*, 2nd ed., (1979)

Henzelin, M., *Le principe de l'universalité en droit pénal international*, (2000)
Herdegen, M., *Völkerrecht*, 14th ed., (2015)
Higgins, R., *Problems and Process: International Law and How We Use It*, (1994)
Horowitz, J., "Regina v. Bartle and the Commissioner of Police for the Metropolis and Others Ex Parte Pinochet: Universal Jurisdiction and Sovereign Immunity for Jus Cogens Violations", *Fordham International Law Journal*, Vol. 23 (1999)
Inazumi, M., *Universal Jurisdiction in Modern International Law: Expansion of National Jurisdiction for Prosecuting Serious Crimes under International Law*, (2005)
Isanga, J. M., "Countering Persistent Contemporary Sea Piracy: Expanding Jurisdictional Regimes", *American University Law Review*, Vol. 59 (2010)
Jennings, R., "Extraterritorial Jurisdiction and the United States Antitrust Laws", *British Year Book of International Law*, Vol. 33 (1957)
Jennings, R. and Watts, A. (eds.), *Oppenheim's International Law*, 9th ed., (1992)
Jessup, P. C., "Civil Jurisdiction over Ships in Innocent Passage", *American Journal of International Law*, Vol. 27 (1933)
――, *The Law of Territorial Waters and Maritime Jurisdiction*, (1970)
Jia, B. B., "The Principle of the Domination of the Land over the Sea: A Historical Perspective on the Adaptability of the Law of the Sea to New Challenges", *German Yearbook of International Law*, Vol. 57 (2014)
Johnson, L. S., *Coastal State Regulation of International Shipping*, (2004)
Jordan, J. B., "Universal Jurisdiction in a Dangerous World: A Weapon for All Nations Against International Crimes", *Michigan State University-DCL Journal of International Law*, Vol. 9, (2000)
Kalaidjian, W., "Fishing Solutions: The European Union's Fisheries Partnership Agreements with West African Coastal States and the Call for Effective Regional Oversight in an Exploited Ocean", *Emory International Law Review*, Vol. 24 (2010)
Kanehara, A., "Challenging the Fundamental Principle of the Freedom of the High Seas and the Flag State Principle Expressed by Recent Non-Flag State Measures on the High Seas", *Japanese Yearbook of International Law*, Vol. 51 (2008)
Karim, M. S., "The Rise and Fall of the International Law of Maritime Terrorism: The Ghost of Piracy is Still Hunting!", *New Zealand Universities Law Review*, Vol. 26 (2014)
Kasoulides, G. C., *Port State Control and Jurisdiction: Evolution of the Port State Regime*, (1993)
Keselj, T., "Port State Jurisdiction in Respect of Pollution from Ships: The 1982 United Nations Convention on the Law of the Sea and the Memoranda of Understanding",

Ocean Development & International Law, Vol. 30 (1999)

Keyuan, Z., "Seeking Effectiveness for the Crackdown of Piracy at Sea", *Journal of International Affairs*, Vol. 59 (2005)

——, "New Development in the International Law of Piracy", *Chinese Journal of International Law*, Vol. 8 (2009)

Klabbers, J., Peters, A. and Ulfstein, G., *The Constitutionalization of International Law*, (2009)

Klein, N., *Maritime Security and the Law of the Sea*, (2011)

Kontorovich, E., "Implementing SOSA v. Alvarez-Machain: What Piracy Reveals about the Limits of the Alien Tort Statute", *Notre Dame Law Review*, Vol. 80 (2004)

——, "The Piracy Analogy: Modern Universal Jurisdiction's Hollow Foundation", *Harvard International Law Journal*, Vol. 45 (2004)

——, "International Decisions-*United States v. Shi*", *American Journal of International Law*, Vol. 103 (2009)

——, "The Penalties for Piracy: An Empirical Study of National Prosecution of International Crime", *Faculty Working Papers*, (2012), available at <http://scholarlycommons.law.northwestern.edu/cgi/viewcontent.cgi?article=1210&context=facultyworkingpapers>

Kraska, J., "Developing Piracy Policy for the National Strategy for Maritime Security", in Nordquist, M., Wolfrum, R., Moore, J. N. and Long, R. (eds.), *Legal Challenges in Maritime Security*, (2008)

Kraska, J. and Pedrozo, R., *International Maritime Security Law*, (2013)

Kraska, J. and Wilson, B., "Piracy Repression, Partnering and the Law", *Journal of Maritime Law & Commerce*, Vol. 40 (2009)

Kreß, C., "Universal Jurisdiction over International Crimes and the *Institut de Droit international*", *Journal of International Criminal Justice*, Vol. 4 (2006)

Kunkle, N., "The Internal Affairs Rule and the Applicability of U.S. Law to Visiting Foreign Ships", *Brooklyn Journal of International Law*, Vol. 32 (2007)

Kwast, P. J., "Maritime Law Enforcement and the Use of Force: Reflections on the Categorisation of Forcible Action at Sea in the Light of the Guyana/Suriname Award", *Journal of Conflict & Security Law*, Vol. 13 (2008)

Lapidoth, R., "Freedom of Navigation: Its Legal History and Its Normative Basis", *Journal of Maritime Law & Commerce*, Vol. 6 (1975)

Lauterpacht, H., *The Development of International Law by the International Court*, (1958)

Lee, S. and Park, Y. K., "International Decisions-Republic of Korea v. Araye", *American*

Journal of International Law, Vol. 106 (2012)
―――, "Korea's Trial of Somali Pirates" in Schofield, C., Lee, S. and Kwon, M. S. (eds.), *The Limits of Maritime Jurisdiction*, (2014)
Lee, W., "International Crimes and Universal Jurisdiction", in May, L. and Hoskins, Z. (eds.), *International Criminal Law and Philosophy*, (2009)
Lieblich, E., "Quasi-Hostile Acts: The Limits on Forcible Disruption Operations under International Law", *Boston University International Law Journal*, Vol. 32 (2014)
Lowe, A. V., "The Enforcement of Marine Pollution Regulations", *San Diego Law Review*, Vol. 12 (1975)
―――, *International Law*, (2007)
Staker, C., "Jurisdiction" in Evans, M. (ed.), *International Law*, 4th ed., (2014)
Lowe, A. V. and Tzanakopoulos, A., "The Development of the Law of the Sea by the International Court of Justice", in Tams, C. J. and Sloan, J. (eds.), *The Development of International Law by the International Court of Justice*, (2013)
Lowenfeld, A., "Public Law in International Arena: Conflict of Laws, International Law, and Some Suggestions for Their Interaction", *Recueils des cours*, Tome 163 (1979)
Maierhöfer, C., *"Aut dedere - aut iudicare": Herkunft, Rechtsgrundlagen und Inhalt des völkerrechtlichen Gebotes zur Strafverfolgung oder Auslieferung*, (2006)
Malloy, M. P., "Extraterritoriality: Conflict and Overlap in National and International Regulation", *American Society of International Law Proceedings*, Vol. 74 (1980)
Mann, F. A., "The Doctrine of Jurisdiction in International Law", *Recueils des cours*, Tome 111 (1964)
Mansell, J. N. K., *Flag State Responsibility: Historical Development and Contemporary Issues*, (2009)
Marks, J. H., "Mending the Web: Universal Jurisdiction, Humanitarian Intervention and the Abrogation of Immunity by the Security Council", *Columbia Journal of Transnational Law*, Vol. 42 (2003)
Marten, B., *Port State Jurisdiction and the Regulation of International Merchant Shipping*, (2014)
Mertens, T., "Memory, Politics and Law-The Eichmann Trial: Hannah Arendt's View on the Jerusalem Court's Competence", *German Law Journal*, Vol. 6 (2005)
Martinez, J. S., *The Slave Trade and the Origins of International Human Rights Law*, (2012)
Mayer, B., "Case Law: Case C-366/10", *Common Market Law Journal*, Vol. 49 (2012)
McDorman, T. L., "In the Wake of the Polar Sea: Canadian Jurisdiction and the Northwest Passage", *Marine Policy*, Vol. 10 (1986)

―――, "Port State Enforcement: A Comment on Article 218 of the 1982 Law of the Sea Convention", *Journal of Maritime Law & Commerce*, Vol. 28 (1997)

McDougal M. S. and Burke, W. T., *The Public Order of the Oceans: A Contemporary International Law of the Sea*, (1962)

McGinley, G., "The Achille Lauro Case: A Case Study in Crisis Law, Policy and Management", in Bassiouni, M. (ed.), *Legal Responses to International Terrorism, U.S. Procedural Aspects*, (1988)

Meessen, K. M. (ed.), *Extraterritorial Jurisdiction in Theory and Practice*, (1996)

Meyer, J., "The Vicarious Administration of Justice: An Overlooked Basis of Jurisdiction", *Harvard International Law Journal*, Vol. 31 (1991)

M'Gonigle, R. M. and Zacher, M. W., *Pollution, Politics and International Law: Tankers at Sea*, (1979)

Miles, E. L., "The Concept of Ocean Governance: Evolution toward the 21st Century and the Principle of Sustainable Ocean Use", *Coastal Management*, Vol. 27 (1999)

Molenaar, E. J., "Port State Jurisdiction: Towards Mandatory and Comprehensive Use" in Freestone, D., Barnes, R. and Ong, D. (eds.) *The Law of the Sea: Progress and Prospects*, (2006)

―――, "Book Review on Coastal State Regulation of *International Shipping*", *International Journal of Marine and Coastal Law*, Vol. 22 (2007)

Mooradian, C. P., "Protecting 'Sovereign Rights': the Case for Increased Coastal State Jurisdiction over Vessel-Source Pollution in the Exclusive Economic Zone", *Boston University Law Review*, Vol. 82 (2002)

Morris, M. H., "Universal Jurisdiction in a Divided World: Conference Remarks", *New England Law Review*, Vol. 35 (2001)

Morrison, W. (ed.), *Blackstone's Commentaries on the Laws of England*, Vol. IV (2001)

Nagle, R. M., "Aviation Emissions: Equitable Measures under the EU ETS", *Environmental Law Reporter News & Analysis*, Vol. 43 (2013)

Ngantcha, F., *The Right of Innocent Passage and the Evoluation of the Internaitonal Law of the Sea: The Current Regime of 'Free' Naviation in Coastal Waters of Third States*, (1990)

Nordquist, M. (ed.), *United Nations Convention on the Law of the Sea 1982: a Commentary*, Vol. II (1993), Vol. III, Vol. IV (1995)

O'Connell, D. P., *The International Law of the Sea*, Vol. I (1982)

Olmstead, C. J., "Jurisdiction", *Yale Journal of International Law*, Vol. 14 (1989)

O'Keefe, R., "Universal Jurisdiction: Clarifying the Basic Concept", *Journal of International Criminal Justice*, Vol. 2 (2004)

Orakhelashvili, A., *Peremptory Norms in International Law*, (2006)
Orentlicher, D. F., "Universal Jurisdiction: A Pragmatic Strategy in Pursuit of a Moralist's Vision" in Sadat, L. N. and Scharf, M. P., (eds.), *The Theory and Practice of International Criminal Law*, (2008)
Özçayir, Z. O., *Port State Control*, 2nd ed. (2004)
―――, "The Use of Port State Control in Maritime Industry and Application of the Paris MOU", *Ocean & Coastal Law Journal*, Vol. 14 (2009)
Pancracio, J. P., *Droit de la mer*, (2010)
Panossian, A., "L'affaire du Ponant et le renouveau de la lutte internationale contre la piraterie", *Revue générale de droit international public*, Tome 112 (2008)
Papanicolopulu, I., "A Missing Part of the Law of the Sea Convention: Addressing Issues of State Jurisdiction over Persons at Sea" in Schofield, C., Lee, S. and Kwon, M. S. (eds.), *The Limits of Maritime Jurisdiction*, (2014)
Papastavridis, E., *The Interception of Vessels on the High Seas: Contemporary Challenges to the Legal Order of the Oceans*, (2013)
Pardo, A., "Perspectives on Ocean Governance", in Van Dyke, J. M., Zaelke, D. and Hewison, G. (eds.), *Freedom for the Seas in the 21st Century: Ocean Governance and Environmental Harmony*, (1993)
Parrish, A., "The Effects Test: Extraterritoriality's Fifth Business", *Vanderbilt Law Review*, Vol. 61 (2008)
Pella, V., "La répression de la piraterie", *Recueil des Cours*, Tome 15 (1926)
Peters, R. (ed.), *The Public Statutes at Large of the United States of America*, Vol. 3 (1850)
Phillips, R. L., "Pirate Accessory Liability: Developing a Modern Legal Regime Governing Incitement and International Facilitation of Maritime Piracy", *Florida Journal of International Law*, Vol. 25 (2013)
Plant, G., "The Convention for the Suppression of Unlawful Acts against the Safety of Maritime Navigation", *International and Comparative Law Quarterly*, Vol. 39 (1990)
―――, "Legal Aspects of Terrorism at Sea", Higgins, R. and Flory M. (eds.), *Terrorism and International Law*, (1997)
Posner, E. A. and Sykes, A. O., "Economic Foundations of the Law of the Sea", *American Journal of International Law*, Vol. 104 (2010)
―――, "Efficient Breach of International Law: Optimal Remedies. 'Legalized Noncompliance,' and Related Issues", *Michigan Law Journal*, Vol. 110 (2011)
Potter, P. B., *The Freedom of the Seas in History, Law, and Politics*, (1924)

Pozdnakova, A., *Criminal Jurisdiction over Perpetrators of Ship-Source Pollution: International Law, State Practice and EU Harmonisation*, (2013)

Putter, A., "Extraterritorial Application of Criminal Law: Jurisdiction to Prosecute Drug Traffic Conducted by Aliens Abroad", in K. M. Meessen (ed.), *Extraterritorial Jurisdiction in Theory and Practice*, (1996)

Randall, K. C., "Universal Jurisdiction under International Law", *Texas Law Review*, Vol. 66 (1988)

Raymond, C. Z., "Piracy and Armed Robbery in the Malacca Strait", *Naval War College Review*, Vol. 62 (2009)

Rayfuse, R. G., *Non-Flag State Enforcement in High Seas Fisheries*, (2004)

Reed, M. W., "Port and Coastal State Control of Atmospheric Pollution From Merchant Vessels", *San Diego Journal of Climate & Energy Law*, Vol. 3 (2012)

Reynolds, J. "Universal Jurisdiction to Prosecute Human Trafficking: Analyzing the Practical Impact of a Jurisdictional Change in Federal Law", *Hastings International & Comparative Law Review*, Vol. 34 (2011)

Ringbom, H., "Global Problem-Regional Solution? International Law Reflections on an EU CO_2 Emissions Trading Scheme for Ships", *International Journal of Marine and Coastal Law*, Vol. 26 (2011)

Roach, J. A., "Initiative to Enhance Maritime Security at Sea", *Marine Policy*, Vol. 28 (2004)

———, "Countering Piracy off Somalia: International Law and International Institutions", *American Journal of International Law*, Vol. 104 (2010)

Ronzitti, N., "The Enrica Lexie Incident: Law of the Sea and Immunity of State Officials Issues", *The Italian Yearbook of International Law*, Vol. 22 (2012)

Rosand, E., "The Security Council as 'Global Legislator': Ultra Vires or Innovative?", *Fordham International Law Journal*, Vol. 28 (2005)

Rothwell, D. R. and Stephens, T., *The International Law of the Sea*, (2010)

Rubin, A. P., *The Law of Piracy*, (Reprinted, 2006)

Ruby, J., "An Evolutionary Theory of Universal Jurisdiction", *UCLA Journal of International Affairs*, Vol. 14 (2009)

Ryngaert, C., *Jurisdiction in International Law*, 2nd ed., (2015)

Sadat, L. N., "Redefining Universal Jurisdiction", *New England Law Review*, Vol. 35 (2001)

Sands, P. and others, *Principles of International Environmental Law*, 3rd ed., (2012)

Schachter, O., *International Law in Theory and Practice*, (1991)

Scharf, M. P., "Application of Treaty-Based Universal Jurisdiction to Nationals of Non-

Party States", *New England Law Review*, Vol. 35 (2001)

Schwarzenberger, G., "The Problem of an International Criminal Law", *Current Legal Problems*, Vol. 3 (1950)

Scovazzi, T., "The Evolution of International Law of the Sea: New Issues, New Challenges", *Recueil Des Cours*, Tome 286 (2000)

Shaw, M. N., *International Law*, 7th ed., (2014)

Sorensen, C. E., "Drug Trafficking on the High Seas: A Move Toward Universal Jurisdiction Under International Law", *Emory International Law Review*, Vol. 4 (1990)

Sorensen, M., "Law of the Sea", *International Conciliation*, No. 50 (1958)

Sparks, R. H., "The Fifth Circuit Finds that Criminal Sanctions for a Falsified Oil Record Book are Consistent with International Law in *United States v. Jho*", *Tulane Maritime Law Journal*, Vol. 33 (2009)

Steenberghe, R. V., "The Obligation to Extradite or Prosecute: Clarifying its Nature", *Journal of International Criminal Justice*, Vol. 9 (2011)

Steiner, H. J., "Three Cheers for Universal Jurisdiction - Or Is It Only Two?", *Theoretical Inquiries in Law*, Vol. 5 (2004)

Stephens, T. and Rothwell, D. R., "The LOSC Framework for Maritime Jurisdiction and Enforcement 30 Years On", in Freestone, D. (ed.), *The 1982 Law of the Sea Convention at 30: Successes, Challenges and New Agendas*, (2013), p. 34.

Strapatsas, N., "Universal Jurisdiction and the International Criminal Court", *Manitoba Law Journal*, Vol. 29 (2003)

Swart, B., "La place des critères traditionnels de compétence dans la poursuite des crimes internationaux", Cassese, A. et Delmas-Marty, M. (eds.), *Juridictions nationales et crimes internationaux*, (2002)

Takei, Y., "Law and Policy for International Submarine Cables: An Asia-Pacific Perspective", *Asian Journal of International Law*, Vol. 2 (2012)

Takei, Y., "A Sketch of the Concept of Ocean Governance and its Relationship with the Law of the Sea", in Ryngaert, C., Molenaar, E. J. and Nouwen, S. (eds.), *What's Wrong with International Law*, (2015)

Tams, C. J., "Individual States as Guardians of Community Interests", in Fastenrath, U. and others (eds.) *From Bilateralism to Community Interest*, (2011)

Tan, A. K., *Vessel-Source Marine Pollution: The Law and Politics of International Regulation*, (2005)

Tanaka, Y., *A Dual Approach to Ocean Governance: The Case of Zonal and Integrated Management in International Law of the Sea*, (2008)

———, *The International Law of the Sea*, 2nd ed., (2015)

Tomuschat, M. C., "La competence universelle en matiere penale à l'egard du crime de genocide, des crimes contre l'humanite et des crimes de guerre", *Institut de droit international: Annuaire*, Vol. 71-II (2005)

Tsuruta, J., "The Japanese Act on the Punishment of and Measures against Piracy", *Aegean Review of the Law of the Sea and Maritime Law*, Vol. 1 (2011)

Tuerk, H., "Combating Terrorism at Sea: The Suppression of Unlawful Acts Against the Safety of Maritime Navigation", in Nordquist, M., Wolfrum, R., Moore, J. N. and Long, R. (eds.), *Legal Challenges in Maritime Security*, (2008)

———, *Reflections on the Contemporary Law of the Sea*, (2012)

Vabres, D., "The System of Universal Jurisdiction", *Journal of International Criminal Justice*, Vol. 9 (2011)

Valin, R. J., *Nouveau commentaire sur l'ordonnance de la marine, du mois d'août 1681*, Vol. 2 (1790)

Vattel, E., *Le droit des gens : ou Principes de la loi naturelle, appliqués à la conduite et aux affaires des nations et des souverains*, Liv I (Nouv. éd., 1820)

Vicuña, F. O., *The Exclusive Economic Zone: Regime and Legal Nature under International Law*, (1989)

Vignes, D., "La juridiction de l'Etat du port et le navire en droit international", in SFDI (ed.), *Le navire en droit international*, Colloque de Toulaon, (1992)

Wang, C. P., "A Review of the Enforcement Regime for Vessel-Source Oil Pollution Control", *Ocean Development & International Law*, Vol. 16 (1986)

Weckel, P., "Affaire du Ponant : la tolérance d'une situation contraire à son droit", *Sentinelle du 20 avril 2008*, available at <http://www.sfdi.org/actualites/a2008/Sentinelle%20145.htm#securitemer4>

Wheaton, H., *Enquiry into the Validity of the British Claim to a Right of Visitation and Search of American Vessels Suspected to be Engaged in the African Slave-Trade*, (1842)

Wise, E. M., "The Obligation to Extradite or Prosecute", *Israel Law Review*, Vol. 27 (1993)

Witt, J. A., *Obligations and Control of Flag States: Developments and Perspectives in International Law and EU Law*, (2007)

Wolfrum, R., "IMO Interface with the Law of the Sea Convention", in Nordquist, M. and Moore, J. N. (eds.), *Current Maritime Issues and the International Maritime Organization*, (1999)

———, "Fighting Terrorism at Sea: Options and Limitations under International Law", available at <http://www.virginia.edu/colp/pdf/Wolfrum-Doherty-Lecture-Terrorism-at-Sea.pdf>

Woolsey, T. S., *International Law: Designed as an Aid in Teaching and in Historical Studies*, 6th ed., (1892)

Yang, H., *Jurisdiction of the Coastal State over Foreign Merchant Ships in Internal Waters and Territorial Sea*, (2006)

Zemach, A., "Reconciling Universal Jurisdiction with Equality Before the Law", *Texas International Law Journal*, Vol. 47 (2011)

Zwinge, T., "Duties of Flag States to Implement and Enforce International Standards and Regulations – and Measures to Counter Their Failure to Do So", *Journal of International Business and Law*, Vol. 10 (2011)

Ⅰ-2. 学術著書・論文・記事（邦文、五十音順）

阿部浩己『国際法の暴力を超えて』（岩波書店、2010年）

阿部浩己『国際法の人権化』（信山社、2014年）

阿部克則「国際法における法と経済学」『日本国際経済法学会年報』第15号（2006年）

安藤貴世「海賊行為に対する普遍的管轄権——その理論的根拠に関する学説整理を中心に——」『国際関係論研究』第30巻2号（2010年）

——「国際テロリズムに対する法的規制の構造—— "aut dedere aut judicare" 原則の解釈をめぐる学説整理を中心に——」『国際関係研究』第31巻2号（2011年）

——「テロリズム防止関連条約における『引き渡すか訴追するか』原則の成立——『航空機の不法奪取の防止に関するハーグ条約』の管轄権規定の起草過程をめぐって——」『国際関係研究』第32巻1号（2011年）

——「『国家代表等に対する犯罪防止処罰条約』における裁判管轄権規定（1）（2・完）——絶対的普遍的管轄権の設定をめぐる起草過程の検討——」『国際関係研究』第33巻1号（2012年）2号（2013年）

飯田忠雄『海賊行為の法律的研究』（有信堂、1967年）

一又正雄「多数國間條約に對する留保」『早稲田法学』第31巻（1955年）

伊藤不二男『グロティウスの自由海論』（有斐閣、1984年）

稲角光恵「ジェノサイド罪に対する普遍的管轄権について（一）（二）（三・完）」『金沢法学』第42巻2号、第43巻2号（2000年）3号（2001年）

岩間徹「入港国管轄権について」『一橋論叢』第92巻5号（1984年）

大内和臣「海洋法改正における開発途上国の役割——マクドゥガル理論に照して——」山本草二・杉原高嶺編『海洋法の歴史と展望』（有斐閣、1986年）

大嶋孝友「MARPOL73/78議定書」『らん』第44号（1999年）

大谷良雄「国際法における国家の絶対的平等と相対的平等の範囲」『一橋論叢』第60巻

1号（1968年）

大塚直「地球温暖化に対する政策手法についての意見」、*available at* <http://www.kantei.go.jp/jp/singi/tikyuu/kaisai/dai01shuhou/01siryou3_3.pdf>

奥脇直也「国家管轄権概念の形成と変容」村瀬信也・奥脇直也編『国家管轄権 ―国際法と国内法―』（勁草書房、1998年）

――「海洋汚染防止と沿岸国」『海上保安国際紛争事例の研究（第1号）』（2000年）

――「海洋秩序の憲法化と現代国際法の機能―『海を護る』（"Securing the Ocean"）の概念について―」秋山昌廣・栗林忠男編著『海の国際秩序と海洋政策』（東信堂、2006年）

――「海上テロリズムと海賊」『国際問題』第583号（2009年）

――「捕鯨裁判の教訓―協力義務との関係において」『日本海洋政策学会誌』第4号（2014年）

長有紀枝『スレブレニツァ―あるジェノサイドをめぐる考察』（東信堂、2009年）

カール・シュミット著、生松敬三・前野光弘（訳）『陸と海と―世界史的一考察―』（福村出版、1971年）

甲斐克則「海洋環境の保護と刑法―三菱石油水島製油所重油流出事故判決を契機として―」『刑法雑誌』第30巻2号（1989年）

――「刑事立法と法益概念の機能」『法律時報』第75巻2号（2003年）

加々美康彦「海洋基本法制定以後の離島管理関連法制の展開とその意義」『貿易風―中部大学国際関係学部論集―』第8号（2013年）

河西直也「国際基準と国家の立法管轄―船舶起因汚染をめぐる法令の適用関係に関する一考察―」『新海洋法制と国内法の対応（第1号）』（1986年）

兼原敦子「公海制度の現代的意義」『法学教室』第281号（2004年）

――「現代公海漁業規制における旗国主義の存立根拠」『立教法学』第75号（2008年）

嘉門優「法益論の現代的意義」『刑法雑誌』第50巻2号（2011）

川勝平太編『海からみた歴史：ブローデル「地中海」を読む』（藤原書店、1996年）

河野真理子「船舶と旗国の関係の希薄化と旗国の役割に関する一考察」『早稲田大学社会安全政策研究所紀要』第3号（2011年）

北川佳世子「海賊対処法の適用をめぐる刑事法上の法的問題」井田良・髙橋則夫・只木誠・中空壽雅・山口厚編『川端博先生古稀記念論文集【下巻】』（成文堂、2014年）

木原正樹「ソマリア沖海賊対策としての『あらゆる必要な手段』の授権決議―『対テロ戦争』時代の'use of force'授権による海賊対策―」『神戸学院法学』第40巻3・4号（2011年）

熊谷卓「国際テロリズムと条約の役割―引渡しまたは訴追の規定を中心に―」『新潟国際情報大学情報文化学部紀要』第17号（2013年）

栗林忠男『航空犯罪と国際法』（三一書房、1978年）

──「海上航行の安全に対する不法な行為の防止に関する条約案について」『新海洋法制と国内法の対応（第3号）』（1988年）
　　──『注解国連海洋法条約（下巻）』（有斐閣、1994年）
　　──『現代国際法』（慶應義塾大学出版会、1999年）
　　──「アジアにおける海上交通の安全確保のための国際協力について」『海事交通研究』第53集（2003年）
古賀衞「旗国主義の周辺的問題─船舶に対する介入権と船籍登録─」『西南学院大学法学論集』第21巻（1989年）
　　──「『人類の共同遺産』概念再考」『西南学院大学法学論集』第35巻3・4号（2003年）
　　──「海洋法における正義」『世界法年報』第34号（2015年）
小寺彰「国家管轄権の域外適用の概念分類」村瀬信也・奥脇直也編『国家管轄権 ─国際法と国内法─』（勁草書房、1998年）
　　──「国家管轄権の構造─立法管轄権の重複とその調整」『法学教室』第254号（2001年）
　　──「独禁法の域外適用・域外執行をめぐる最近の動向─国際法の観点からの分析と評価」『ジュリスト』第1254号（2003年）
　　──『パラダイム国際法』（有斐閣、2004年）
小寺彰・岩沢雄司・森田章夫編『講義国際法（第2版）』（有斐閣、2010年）
小寺智史「国家平等原則の概念枠組み─日本国際法学における展開─」『法学新報』第116巻3・4号（2009年）
小中さつき「海賊行為抑止のための国際法の発展の可能性」『早稲田法学』第87巻3号（2012年）
酒井啓亘「アキレ・ラウロ号事件と海上テロ行為の規制」栗林忠男・杉原高嶺編『海洋法の主要事例とその影響─現代海洋法の潮流（第2巻）』（有信堂高文社、2007年）
　　──「ソマリア沖における『海賊』の取締りと国連安保理決議」坂元茂樹編『国際立法の最前線』（有信堂高文社、2009年）
酒井啓亘・寺谷広司・西村弓・濱本正太郎『国際法』（有斐閣、2011年）
阪田裕一・池山明義「Tajima号事件が惹起した法的諸問題─公海上の外国籍船上でのある外国人犯罪に対する法的対応及び立法的措置」『海事法研究会誌』第171号（2002年）
坂元茂樹「臨検・捜索─SUA条約改正案を素材に」海上保安協会『各国における海上保安法制の比較研究』（2005年） *available at* <http://nippon.zaidan.info/seikabutsu/2004/00503/contents/0009.htm>
　　──「死刑廃止国に対する新たな義務─ジャッジ対カナダ事件（通報番号829/1998）をめぐって」『研究紀要』第11号（2006年）

──「普遍的管轄権の陥穽―ソマリア沖海賊の処罰をめぐって―」松田竹男・田中則夫・薬師寺公夫・坂元茂樹編『現代国際法の思想と構造Ⅱ ―環境、海洋、刑事、紛争、展望』(東信堂、2012年)

──「地域漁業管理機関の機能拡大が映す国際法の発展―漁業規制から海洋の管理へ―」柳井俊二・村瀬信也編『国際法の実践―小松一郎大使追悼』(信山社、2015年)

坂本まゆみ「条約上のテロリズム対処システムに関する一考察―aut dedere aut judicare 原則の構造とその限界―」『法学新報』第110巻9・10号（2004年)

──『テロリズム対処システムの再構成』(国際書院、2004年)

笹本浩・高藤奈央子「ソマリア沖・アデン湾における海賊対策としての法整備〜海賊対処法案の概要と国会論議〜」『立法と調査』第296号（2009年)

佐藤哲夫「見果てぬ夢、国連常設軍―国際公共目的に向けた軍事的強制の現代的諸相―」『世界法年報』第30号（2011年)

佐藤教人「領海における外国公船に対する執行措置の限界」『同志社法学』第66巻4号（2014年)

佐藤好明「公海における衝突その他の事故に対する刑事管轄権―ローテュス号事件とその後―」『一橋論叢』第92巻（1984年)

信夫淳平『海上國際法論』(有斐閣、1957年)

島田征夫・林司宣『国際海洋法』(有信堂、2010年)

杉木志帆「欧州人権条約の領域外適用：バンコビッチ事件受理可能性決定の再検討」『研究紀要』第20号（2015年)

杉原高嶺「奴隷輸送の防止と条約制度の史的展開―公海上の臨検制度を中心として―」『新海洋法制と国内法の対応（第3号)』(1988年)

──『海洋法と通航権』(日本海洋協会、1991年)

──「海洋法の発展の軌跡と展望―mare liberum から mare communue へ」栗林忠男・杉原高嶺編『海洋法の歴史的展開―現代海洋法の潮流（第1巻)』(有信堂高文社、2004年)

杉原高嶺・水上千之他『現代国際法講義（第5版)』(有斐閣、2012年)

瀬田真「民間海上警備会社（PMSC）に対する規制とその課題―海賊対策における銃器の使用の検討を中心に―」『海事交通研究』第61集（2012年)

高島忠義「ローチュス号事件判決の再検討（一)(二・完)―『陸の規則』の視点から―」『法学研究』第71巻4号、5号（1998年)

高村ゆかり「EUの航空機二酸化炭素排出規制―『規制の普及』戦略とその国際法上の課題―」『法学セミナー』第693号（2012年10月号)

高山佳奈子「将来世代の法益と人間の尊厳」岩瀬徹・中森喜彦・西田典之編『刑事法・医事法の新たな展開（上巻)』(信山社、2014年)

――「腐敗防止に関する管轄権の競合と二重処罰の危険」『法律時報』第86巻2号（2014年）
竹内真理「国際法における一方的行為の法的評価の再検討（一）（二・完）―海洋法における沿岸国管轄権の『拡大』実行を素材として―」『法學論叢』第150巻6号、第151巻4号（2002年）
――「域外行為に対する刑事管轄権行使の国際法上の位置づけ―重大な人権侵害に関する分野の普遍管轄権行使を中心に―」『国際法外交雑誌』第110巻2号（2011年）
――「国家管轄権の適用基準：ローチュス号事件」小寺彰・森川幸一・西村弓編『国際法判例百選（第2版）』（有斐閣、2011年）
竹村仁美「国際刑事裁判所と普遍的管轄権」『九州国際大学法学論集』第17巻1号（2010年）
城祐一郎「アラビア海におけるソマリア沖海賊によるグアナバラ号襲撃事件に関する国際法上及国内法上の諸問題（上）（下）」『警察学論集』第67巻3号、4号（2014年）
田中清久「公海上の外国船舶に対する干渉行為をめぐる海洋法と国際人権法の交錯―Medvedyev事件欧州人権裁判所判決を素材として―」『愛知大学法学法経論集』第197号（2013年）
田中利幸「公海における執行に係るわが国刑事訴訟法の課題―海賊への対処策とともに―」『海洋権益の確保に係る国際紛争事例研究（第1号）』（2009年）
田中則夫「大陸棚の定義と限界画定の課題―トルーマン宣言から国連海洋法条約へ―」栗林忠男・杉原高嶺編『海洋法の主要事例とその影響―現代海洋法の潮流（第2巻）』（有信堂高文社、2007年）
田中祐美子「テロリズムの国際規制における海洋の役割と機能―9.11事件による対テロ政策の変化と海上規制―」栗林忠男・秋山昌廣編『海の国際秩序と海洋政策』（東信堂、2006年）
都留康子「『海洋の自由』から『海洋の管理』の時代へ―環境問題との連関による国際海洋漁業資源の規範変化の過程―」『国際政治』第143号（『規範と国際政治理論』）（2005年）
――「海洋漁業資源ガバナンスの現状と課題―重層化する制度の協働の模索―」『世界法年報』第27号（2008年）
――「アメリカと国連海洋法条約：“神話”は乗り越えられるのか」『国際問題』第617号（2012年）
鶴田順「改正SUA条約とその日本における実施―「船舶検査手続」と「大量破壊兵器等の輸送」に着目して―」栗林忠男・杉原高嶺編『日本における海洋法の主要課題―現代海洋法の潮流（第3巻）』（有信堂高文社、2010年）
――「ソマリア海賊事件―海賊対処法の適用」『平成25年度重要判例解説』（有斐閣、2014年）

寺谷広司「断片化問題の応答としての個人基底的立憲主義―国際人権法と国際人道法の関係を中心に―」『世界法年報』第28号（2009年）

富岡仁「海洋汚染の防止に関する旗国主義の動揺―IMCO一九七三年会議の議論を中心として―」『名古屋大學法政論集』第66巻（1976年）

富岡仁「1990年アメリカ合衆国油濁法について」『名古屋大學法政論集』第149巻（1993年）397-417頁

中田徹「いわゆる『シージャック防止条約』の採択について（上）（下）」『海洋時報』第49号、50号（1988年）

中谷和弘「海賊行為の処罰及び海賊行為への対処に関する法律」『ジュリスト』第1385号（2009年）

――「境界未画定海域における一方的資源開発と武力による威嚇―ガイアナ・スリナム仲裁判決を参考として―」柳井俊二・村瀬信也編『国際法の実践―小松一郎大使追悼』（信山社、2015年）

新倉修「刑事事件における普遍的管轄原則の動向（1）（2完）：2010年国連事務総長報告（A/65/181）について」『青山法学論集』第52巻4号、第53巻2号（2011年）

西谷斉「北西航路の国際法上の地位―氷結区域と国際海峡制度の交錯―」『近畿大学法學』第54巻5号（2007年）

西村弓「マラッカ海峡およびソマリア沖の海賊・海上武装強盗問題」『国際問題』第583号（2009年）

――「ロチュース号事件」杉原高嶺・酒井啓亘編『国際法基本判例50（第2版）』（三省堂、2014年）

――「公海上の船舶内での行為に対する裁判管轄権」『海洋権益の確保に係る国際紛争事例研究（第3号）』（2011年）

西本健太郎「『便宜置籍船問題』の再検討」『本郷法政紀要』第14巻（2005年）

――「海洋管轄権の歴史的展開（一）（二）（三）（四）（五）（六・完）」『国家学会雑誌』第125巻5・6号、7・8号、9・10号、11・12号（2012年）第126巻1・2号、3・4号（2013年）

――「南シナ海における中国の主張と国際法上の評価」『法学』第78巻3号（2014年）

――「国際海事機関（IMO）を通じた国連海洋法条約体制の発展」『国際問題』第642号（2015年）

日本海運振興会『外国籍船に自国国旗を掲揚させる制度に関する実態調査報告書』(2006年)

日本船主協会『日本海運の現状』（2011年）

野村摂雄「国際海運のための温室効果ガス排出権取引制度の検討に向けて」『環境法研究』第35号（2010年）

羽田正編『東アジア海域に漕ぎだす1：海から見た歴史』（東京大学出版会、2013年）

林久茂「海賊行為」『新海洋法制と国内法の対応（第3号）』（1988年）
―――『海洋法研究』（日本評論社、1995年）
林司宣『現代海洋法の生成と課題』（信山社、2008年）
萬歳寛之「拡散に対する安全保障構想（PSI）に関する国際法上の評価」『早稲田大学社会安全政策研究所紀要』第2号（2009年）
樋口一彦「アイヒマン裁判」松井芳郎編『判例国際法（第2版）』（東信堂、2006年）
広部和也「国家管轄権の競合と配分」村瀬信也・奥脇直也編『国家管轄権―国際法と国内法―』（勁草書房、1998年）
深町公信「大陸棚の法的地位（一）（二）（三）（四・完）―トルーマン宣言と大陸棚条約―」『九大法学』第57号、58号（1989年）60号、61号（1990年）
武城正長『便宜置籍船と国家』（御茶の水書房、2013年）
布施勉「新しい国際海洋法の思想と"Ocean Governance"」『学術の動向』1999年8月号
古谷健太郎「民間武装警備員による船舶の警備にかかる諸問題―国際法の視点から―」、*available at* <fields.canpan.info/report/download?id=6462>
古谷修一「普遍的管轄権の法構造―刑事管轄権行使における普遍主義の国際法的考察（一）（二・完）」『香川大学教育学部研究報告（第1部）』第74号（1988年）第76号（1989年）
―――「国際刑事裁判システムの国際法秩序像―『介入の国際法』の顕在化」『法律時報』第1065号（2013年）
逸見真『便宜置籍船論』（信山社、2006年）
許淑娟「PSSA（Particularly Sensitive Sea Area：特別敏感海域）―海洋環境保護と海上交通の関係をさぐる一例として―」『立教法学』第87号（2012年）
増田隆「海賊への対応―海賊に対する対処及び海上における国家警察権の行使に関する2011年1月5日の法律第13号」『日仏法学』第27号（2013年）
真山全「接近権」『海洋法・海事法判例研究（第3号）』（1992年）
水上千之「政府間海事協議機関（IMCO）と海洋汚染」『国際法外交雑誌』第72巻6号（1974年）
―――「海洋汚染規制に関する国家管轄権の拡大について」『国際法外交雑誌』第76巻（1977年）
―――「航行利益の尊重と沿岸国の領海における主権」『船舶の通航権をめぐる海事紛争と新海洋法秩序（第1号）』（1981年）
―――『船舶の国籍と便宜置籍』（有信堂高文社、1994年）
―――『排他的経済水域』（有信堂、2006年）
水島朋則「拷問禁止条約における当事国間対世義務と普遍管轄権について―訴追するか引き渡すかの義務事件（ベルギー対セネガル）を素材として―」『法政論集』第255

号（2014年）

三谷泰久「1974年SOLAS条約の改正について」『日本造船学会誌』第628号（1981年）

皆川洸「国際法における強行規範について」『一橋大学研究年報　法学研究』第7巻（1968年）

南有哲「自然中心主義と人間中心主義の対立について」『地研年報』第13号（2008年）

村上暦造「海洋汚染に対するエンフォースメント―国際条約のセーフガードを中心として―」『海保大研究報告』第27巻2号（1981年）

――「アキレ・ラウロ号事件に関する一考察」『海上保安の諸問題』（中央法規、1990年）

――「海賊」『海洋法・海事法判例研究（第2号）』（1991年）

――「入港国管轄権と国内法の対応」『海洋関係国内法の比較研究（第1号）』（1995年）

――「条約上の海賊行為」森本益之・加藤久雄・生田勝義編『刑事法学の潮流と展望』（世界思想社、2000年）

――「現代の海上犯罪とその取締り」国際法学会編『日本と国際法の100年（第3巻）海』（三省堂、2001年）

最上敏樹「国連の《二〇〇年》：国際立憲主義についての覚え書き」『法律時報』第67巻6号（1995年）

――「普遍的管轄権論序説―錯綜と革新の構造」坂元茂樹編『国際立法の最前線』（有信堂高文社、2009年）

森大輔『ゲーム理論で読み解く国際法―国際慣習法の機能』（勁草書房、2010年）

――「国家責任法の経済学的分析（一）（二）（三）（四）（五・完）」『國家學會雑誌』第125巻3号、5・6号、7・8号、9・10号、11・12号（2012年）

森川幸一「海上暴力行為」山本草二編『海上保安法制：海洋法と国内法の交錯』（三省堂、2009年）

――「国際平和協力外交の一断面―『海上阻止活動』への参加・協力をめぐる法的諸問題―」『日本外交と国際関係』（2009年）

森下忠『国際刑法の潮流』（成文堂、1995年）

――『刑法適用法の理論』（成文堂、2005年）

森田章夫「外国人不法行為法の法的問題点―国際法上の観点からする分析」『ジュリスト』第1299号（2005年）

――「政府の非商業的役務にのみ使用される船舶の免除」『海洋権益の確保に係る国際紛争事例研究（第3号）』（2011年）

――「国際法上の海賊（Piracy *Jure Gentium*）―国連海洋法条約における海賊行為概念の妥当性と限界―」『国際法外交雑誌』第110巻2号（2011年）

――「国際法上の海賊に対する国家管轄権の拡張―国連海洋法条約の妥当性と限界をめぐって―」『法学志林』第110巻4号（2013年）

薬師寺公夫「海洋汚染防止に関する条約制度の展開と国連海洋法条約」国際法学会編『日本と国際法の100年（第3巻）海』（三省堂、2001年）
　──「公海海上犯罪取締りの史的展開──公海海上警察権としての臨検の権利を中心に──」栗林忠男・杉原高嶺編『海洋法の歴史的展開──現代海洋法の潮流（第1巻）』（有信堂高文社、2004年）
　──「海洋汚染」山本草二編『海上保安法制：海洋法と国内法の交錯』（三省堂、2009年）
　──「国連海洋法条約と海洋環境保護：越境海洋汚染損害への対応」『国際問題』第617号（2012年）
柳原正治・森川幸一・兼原敦子編『プラクティス国際法』（信山社、2010年）
山内由梨佳「重大な人権侵害を構成する犯罪に対する普遍的管轄権の適用可能性──ベルギー人道法とスペイン司法権組織法を手がかりとして」『本郷法政紀要』第15号（2006年）
山田卓平「カナダによる公海漁業取締措置と緊急避難」『神戸学院法学』第40巻2号（2010年）
山田哲也「ソマリア『海賊』問題と国連──『安保理の機能変化』論との関わりで──」『国際法外交雑誌』第112巻1号（2013年）
山本草二「海上犯罪の規制に関する条約方式の原型」山本草二・杉原高嶺編『海洋法の歴史と展望』（有斐閣、1986年）
　──「海賊概念の混乱」『海洋時報』第41号（1986年）
　──「国家管轄権の機能とその限界」寺沢一・内田久司編『国際法の基本問題』（別冊法学教室、1986年）
　──『国際刑事法』（三省堂、1991年）
　──『海洋法』（三省堂、1992年）
　──『国際法【新版】』（有斐閣、1994年）
山本草二他『船舶の通航権をめぐる海洋紛争と新海洋法秩序』『船舶の通航権をめぐる海事紛争と新海洋法秩序（第2号）』（1982年）
山本晶樹「行政警察作用と司法警察作用」『中央学院大学法学論叢』第14巻1・2号（2001年）
横田喜三郎『海洋の自由』（岩波書店、1944年）
吉田靖之「公海上における大量破壊兵器の拡散対抗のための海上阻止活動（1）（2・完）──安保理事会決議1540・PSI二国間乗船合意・2005年SUA条約議定書──」『国際公共政策研究』第18巻1号（2013年）2号（2014年）
和田昌雄「STCW条約」『日本造船学会誌』第647号（1983年）
渡邉一郎「代理処罰」『法学教室』第334号（2008年）

II. 辞典類

Fellmeth, A. X. and Horwitz, M., *Guide to Latin in International Law*, (2009)
Wolfrum, R. (ed.), *Max Planck Encyclopedia of Public International Law*, Vol. VI, Vol. VIII (2012)
奥脇直也・小寺彰編『国際条約集（2013年版）』（有斐閣、2013年）
国際法学会編『国際関係法辞典（第2版）』（三省堂、2005年）
田中英夫編『BASIC英米法辞典』（東京大学出版会、1993年）

III. 主な一次資料

III-1. 各種条約の文書・外交会議

(1) 普遍的管轄権に関する研究

African Model National Law on Universal Jurisdiction over International Crimes, *available at* <http://www.ejiltalk.org/wp-content/uploads/2012/08/AU-draft-model-law-UJ-May-2012.pdf>

Amnesty International, *Universal Jurisdiction: The Duty of States to Enact and Implement Legislation*, (IOR 53/003/2001) (2001)

―, *Ending Impunity: Developing and Implementing a Global Action Plan Using Universal Jurisdiction*, (IOR: 53/005/2009) (2009)

International Law Association, *Final Report on the Exercise of Universal Jurisdiction in Respect of Gross Human Rights Offences*, (2000), *available at* <http://www.ila-hq.org/en/committees/index.cfm/cid/20>

Institute of International Law, "Universal Criminal Jurisdiction with Regard to the Crime of Genocide, Crimes against Humanity and War Crimes: Resolution", *available at* <http://www.justitiaetpace.org/idiE/resolutionsE/2005_kra_03_en.pdf>

Princeton Project on Universal Jurisdiction, *The Princeton Principles on Universal Jurisdiction*, *available at* <https://lapa.princeton.edu/hosteddocs/unive_jur.pdf>

The AU-EU Expert Report on the Principle of Universal Jurisdiction

(2) 国際法の漸進的な法典化のための専門家委員会

"Draft Provisions for the Suppression of Piracy", *American Journal of International Law*, Vol. 20, Special Supplement (1926)

(3) ハーバード・ロースクール国際法研究会

Harvard Research in International Law, "Draft Convention on Piracy with Comments", *American Journal of International Law*, Vol. 26, Supplement (1932)

――, "A Collection of Piracy Laws of Various Countries", *American Journal of International Law*, Vol. 26, Supplement (1932)

――, "Draft Convention on Jurisdiction with Respect to Crimes", *American Journal of International Law*, Vol. 29, Supplement (1935)

(4) 米国法律協会

American Law Institute, *Restatement of the Law Second, Foreign Relations Law of the United States*, (1965)

――, *58th Annual Meeting Proceedings 1981*, (1982)

――, *Restatement of the Law Third, Foreign Relations Law of the United States*, (1987)

アメリカ対外関係法リステイトメント研究会(訳)「アメリカ対外関係法第三リステイトメント(一)」『国際法外交雑誌』第88巻5号 (1989年)

(5) 国連海事海洋法課

United Nations, Division for Ocean Affairs and the Law of the Sea, *Law of the Sea Bulletin*, No. 31 (1996)

――, *The Law of the Sea: Enforcement by Port States, Legislative History of Article 218 of the United Nations Convention on the Law of the Sea*, (2002)

――, *Law of the Sea Bulletin*, No. 73 (2010)

(6) 欧州共同体等における研究

CE-Delft, *Technical Support for European Action to Reducing Greenhouse Gas Emissions from International Maritime Transport*, (2009)

European Committee on Crime Problems, "Extraterritorial Criminal Jurisdiction", *Criminal Law Forum*, Vol. 3 (1992)

European Parliament, Directorate General for Research, *Outflagging and Second Ship Registers: Their Impact on Manning and Employment*, (2000), available at <http://edz.bib.uni-mannheim.de/www-edz/pdf/dg4/SOCI107_EN.pdf>

JRC Reference Reports, *Regulating Air Emissions from Ships: The State of the Art on Methodologies, Technologies and Policy Options*, (2010)

Öko-Institut, *Integration of Marine Transport into the European Emissions Trading System: Environmental, Economic and Legal Analysis of Different Options*, (2010)

(7) 海賊行為等の事実調査

ICC International Maritime Bureau, *Piracy and Armed Robbery against Ships: Annual Report 2005, 2008, 2010*

International Maritime Organization, *Reports on Acts of Piracy and Armed Robbery against Ships: Annual Report-2000*

(8) 国連国際法委員会

Galicki, Z., "Preliminary Report on the Obligation to Extradite or Prosecute ("*aut ded-ere aut judicare*")"

International Law Commission, *Yearbook of the International Law Commission 1950*, Vol. II

―, *Yearbook of the International Law Commission 1951*, Vol. II

―, *Yearbook of the International Law Commission 1952*, Vol. II

―, *Yearbook of the International Law Commission 1956*, Vol. II

―, *Yearbook of the International Law Commission 1966*, Vol. I, Part I

―, *Yearbook of the International Law Commission 1966*, Vol. II

―, *Yearbook of the International Law Commission 1972*, Vol. II

―, *Yearbook of the International Law Commission 2001*, Vol. II, Part. II

(9) 国連事務総長報告書

Report of the Secretary-General on possible options to further the aim of prosecuting and imprisoning persons responsible for acts of piracy and armed robbery at sea off the coast of Somalia, including, in particular, options for creating special domestic chambers possibly with international components, a regional tribunal or an international tribunal and corresponding imprisonment arrangements, taking into account the work of the Contact Group on Piracy off the Coast of Somalia, the existing practice in establishing international and mixed tribunals, and the time and resources necessary to achieve and sustain substantive results

Report of the Secretary-General on Specialized Anti-Piracy Courts in Somalia and Other States in the Region

Report of the Secretary-General Prepared on the Basis of Comments and Observations of Governments

Report of the Secretary-General on the Protection of Somali Natural Resources and Waters

(10) ハーグ条約起草過程

International Civil Aviation Organization, *Subcommittee of the Legal Committee on the*

Subject of Unlawful Seizure of Aircraft
　　――, *International Conference on Air Law, The Hague, December 1970*, Vol. I
　　――, *International Conference on Air Law, The Hague, December 1970*, Vol. II

(11) 第三次国連海洋法会議
　　United Nations Conference on the Law of the Sea, *Official Records of the Third United Nations Conference on the Law of the Sea*, Vol. II, Vol. III, Vol. IV, Vol. V, Vol. VIII, Vol. XV
　　Platzöder, R., *Third United Nations Conference on the Law of the Sea: Documents*, Vol. X (1986), Vol. XI (1987)

(12) SUA条約改正会議
　　International Conference on the Revision of the SUA Treaties, "Statement by India"
　　――, "Statement by Pakistan"

Ⅲ-2. 判決・決定・勧告的意見等
(1) 常設国際司法裁判所・国際司法裁判所
　　Affaire du «Lotus», Arrêt, 1927, CPIJ Série A, n°. 10
　　Corfu Channel case, Judgment of April 9th, 1949: I.C.J. Reports 1949
　　Affaire des pêcheries, Arrét du 18 décembre 1951: C.1.J. Recueil 1951
　　Fisheries Jurisdiction (United Kingdom v. Iceland), Merits, Judgment, I.C.J. Reports 1974
　　Military and Paramilitary Activities in and against Nicaragua (Nicaragua v. the United States), Merits, Judgment, I.CJ. Reports 1986
　　Compétence en matière de pêcheries (Espagne c. Canada), compétence de la Cour, arrêt, C.I.J. Recueil 1998
　　Mandat d'arrêt du 11 avril 2000 (République démocraique du Congo c. Belgique), arrêt, C. I. J. Recueil 2002
　　Questions concernant l'obligation de poursuivre ou d'extrader. (Belgique c. Sénégal), arrêt,. C.I.J. Recueil 2012

(2) 仲裁機関
　　Arrest and Return of Savarkar, France v Great Britain, Award, (1911), *Reports of International Arbitral Award*, Vol. XI
　　S.S. 'I'm Alone' (Canada/United States), *Reports of International Arbitral Award*,

Vol. III

Compañia de Navegación Nacional (Panama) v. United States, Award, (1933), Reports of International Arbitral Award, Vol. VI

Guyana and Suriname, Award of the Arbitral Tribunal, 17 Sep. 2007, International Legal Materials, Vol. 47 (2008)

The Arctic Sunrise Arbitration (Netherlands v. Russia), Award on the Merits, 14 Aug. 2015

(3) 欧州人権裁判所

Affaire Medvedyev et autres c. France (Requête no 3394/03), Arrêt, 10 juillet 2008

Affaire Medvedyev et autres c. France (Requête no 3394/03), Arrêt, 29 mars 2010

Affaire Ali Samatar et autres c. France (Requête no 17110/10 et 17301/10), Arrêt, 4 déc 2014

Affaire Hassan et autres c. France (Requête no 46695/10 et 54588/10), Arrêt, 4 déc 2014

(4) 国際海洋法裁判所

The M/V "SAIGA" (No. 2) Case (Saint Vincent and the Grenadines v. Guinea), Judgment of 1 Jul. 1999, ITLOS

Request for an Advisory Opinion Submitted by the Sub-Regional Fisheries Commission, Advisory Opinion of 2 Apr. 2015, ITLOS

The "Enrica Lexie" Incident (Italy v. India), Provisional Measures, Order of 24 Aug. 2015, ITLOS

(5) その他の国際（地域的）司法機関

Investigation of Certain Incidents Affecting the British Trawler Red Crusader, *Reports of International Arbitral Award*, Vol. XXIX

Prosecutor v. Jean Kambanda, Case no: ICTR 97-23-S, Judgment and Sentence, 4 Sep. 1998

Prosecutor v. Anto Furundžija, Case no: IT-95-17/1-T, Judgment, 10 Dec. 1998

Suleymane Guengueng et al. v. Senegal, Communication No. 181/2001, (2006)

Judgment of the Court (Grand Chamber), (21 Dec. 2011) Case C-366/10

(6) 米国の国内裁判所

The Antelope, 23 U.S. (10 Wheat.) 66 (1825)

The Marianna Flora, 24 U.S. (11 Wheat.) 1 (1826)

United States v. The Brig Malek Adhel, 43 U.S. (2 How.) 210 (1844)
The Scotia, 81 U.S. 14 Wall. 170 (1871)
Cunard Steamship Co., Ltd. v. Mellon, 262 U.S. 100 (1923)
United States v. Aluminum Co. of America et al., 148 F. 2d 416 (1945)
Tel-Oren v. Libyan Arab Republic, 726 F.2d 774 (1984)
United States v. Apex Oil Company, INC., 132 F.3d 1287 (1997)
United States v. Royal Caribbean Cruises, Ltd., 11 F. Supp. 2d 1358 (1998)
United States v. Abrogar, 459 F.3d 430 (2006)
United States v. Jho, 465 F. Supp. 2d 618 (2006)
United States v. Petraia Maritime Ltd., 483 F.2d 34 (2007)
United States v. Jho, 2008 AMC 1746 (2008)
United States v. Lei SHI, 525 F.3d 709 (2008)
United States v. Ionia Mgmt. S.A., F.3d 303 (2009)
United States v. Sanford, Ltd. and James Pague, 880 F. Supp. 2d 9 (2012)
Institute of Cetacean Research, et al. v. Sea Shepherd Conservation Society, et al., 860 F. Supp. 2d 1216 (2012)
Institute of Cetacean Research, et al. v. Sea Shepherd Conservation Society, et al., 708 F.3d 1099 (2013)

(7) 英国の国内裁判所

Le Louis, Forest, High Court of Admiralty, 15 Dec. 1817, in J. Scott (ed.), *Cases on International Law Selected from Decisions of English and American Courts*, (1906)

Re Piracy Jure Gentium, Privy Council, 26 Jul. 1934, in G. Bridgman (ed.), *The All England Law Reports Reprint, Revised and Annotated 1934*, (1957)

(8) イスラエルの国内裁判所

"Judgment of the District Court" in E. Lauterpacht (ed.), *International Law Reports*, Vol.36 (1968)

"Text of Judgment of the Supreme Court" in E. Lauterpacht (ed.), *International Law Reports*, Vol.36 (1968)

(9) インドの国内裁判所

Massimilano Latorre v. Union of India, (29 May 2012), The High Court of Kerala, Case No. 4542

事項索引

【A〜Z】

APPS ································ 168-171
AWPPA ······················· 191, 193-195
CDEM基準 ················ 154-155, 166-167
CFPA ···································· 192-195
EEZ ········· 2-3, 6-7, 11-13, 18, 207-208
FAO ···································· 152, 181
GHG ····································· 163-164
ICC ································· 46, 50, 221
ILA ·· 179
ILO ·· 9-10
IMB ······································· 17, 95
IMCO ································ 8, 149, 159
IMO ········ 8-9, 113, 136, 149, 153, 161, 163, 190, 219
ISA ································· 3, 25, 219
IUU漁業 ····················· 84, 152, 181-182
　──寄港国協定 ············ 84, 152, 181
MARPOL条約 ································· 9
　──第6条 ······························ 156
　──第7条 ······························ 155
MARPOL73/78 ··························· 154
MEPC ································ 163, 219
MLC ·· 10
MOU ·· 184
NAFO ··································· 192-193
NPT ·· 115
OILPOL条約 ·························· 153-154
PCASP ·· 17
PLF ·· 107
RCCL事件 ······················· 169, 172-173
ReCAAP ································ 63, 99
Port State Control ····················· 151
SOLAS条約 ······················ 8, 10-11, 184
STCW条約 ························· 9-11, 184

SUA条約 ········ 10, 26-27, 28, 97-98, 107
　──第3条 ······························ 108
　──第4条 ···················· 109-110, 129
　──第6条 ············· 119-121, 138-139
　──第8条 ······························ 122
　──第9条 ······························ 134
　──第10条1項 ························ 119
　──第11条5項 ························ 120
SUA条約改正議定書 ························ 10
　──第3条の2 ······················ 114-116
　──第8条の2第5項
　　　　　　　　　　　　 134-136, 139
　──第8条の2第6項
　　　　　　　　　　　　 137-138, 144
　──第8条の2第7項 ··········· 137-138
　──第8条の2第8項 ········ 137, 139
TFG ························· 95-96, 101, 204, 215
UNCLOS ······································· 2
　──第2条 ·································· 5
　──第16条2項 ·························· 12
　──第17条 ······························· 11
　──第21条3項 ·························· 12
　──第24条 ······························· 11
　──第24条2項 ·························· 12
　──第27条 ································ 6
　──第28条 ························· 6, 135
　──第56条1項 ·························· 6
　──第56条2項 ·························· 13
　──第61条2項 ·························· 13
　──第62条 ······························· 13
　──第73条 ······························· 13
　──第91条 ······························ 207
　──第92条1項 ···················· 4, 188
　──第92条2項 ·························· 82
　──第94条 ···························· 8-11

---第101条 62-63, 66, 73, 103
---第105条 62, 71, 139
---第110条 71, 83, 139
---第211条 153
---第218条 26, 29, 156, 160-162, 167-168, 176, 180-181, 183, 189-190, 201, 215
---第228条 157, 162, 175, 215
---第230条1項 157, 162, 171, 194, 214
---第234条 192
---第286条 195
---第297条 196
---第298条 196
UNFSA 14, 21, 192, 222
USCG 121, 158-170, 202
WMD 10, 113, 115, 140

【ア行】

アイスランド漁業管轄権事件 3, 14
アイヒマン事件 45, 74-76, 203
アイム・アローン号事件 222
アキレ・ラウロ号型行為 109-112
アキレ・ラウロ号事件 107-109, 120
油記録簿 153, 155, 168-172
アブロガー事件 169
アペックス石油会社事件 169
アンテロープ号事件 65, 85-86
安保理決議 95
　　---1816 ...... 96-98, 101
　　---1846 ...... 97-100, 145
　　---1851 ...... 97-101, 215
域外適用 36-45, 49, 153, 165-166, 172-175
域内外区分基準 38, 40-44
一方的行為 191-192, 195-197
ヴィンゲルト説 42-44, 166
海からの視点 23, 209
英米主義 148

エスタイ号事件 192-193
エンリカ・レクシー号事件 5, 112
欧州人権条約 142, 213
オプト・イン 140-141

【カ行】

海運EU-ETS 163-165, 167, 172
海上警察権 21, 45, 83-94, 134, 140-145, 201-202
海上テロリズム 21, 28, 107, 109, 112-113, 116
改正SUA条約 107
海賊行為 21, 28, 40, 62-66
　　---からの類推 75, 78
　　---に関するハーバード草案 68-70, 87-89
海賊対処法 103-105
改定単一交渉草案 158, 162
海底平和利用委員会 71, 220
海洋ガバナンス 22-24, 94-95, 143-145, 182-185, 197, 209-211, 218-220
海洋国際法観 24, 223
海洋の管理 14, 21, 24, 198
海洋の自由 2-3, 13-14, 24, 193
合衆国憲法 67
合衆国法典第18編 110, 121, 168
合衆国法典第33編 168
管轄権に関するハーバード草案 39, 55
観念的適用説 34, 36-37, 40, 43
管理可能国 25, 205-206, 211-212
寄港国管轄権 29, 43, 147, 151-152, 175, 179-180, 199
寄港国管理 151
寄港国執行管轄権 156
寄港国司法管轄権 122, 155-159
旗国主義 2-4, 139, 188, 207
義務的管轄権 120, 127, 138
客観的属地主義 172-174
キャップ・アンド・トレード方式 164

事項索引

キュナード汽船会社事件 ·············· 81
強行規範 ·············· 48, 76-77
強制管轄権 ·············· 6, 32-33, 41, 161-162
強制的管轄権 ·············· 195
ギョーム説 ·············· 42-44, 166
権限行使地基準 ·············· 40-44, 163, 166
公海条約 ·············· 2
　──第5条1項 ·············· 8
　──第6条 ·············· 4, 188
　──第10条 ·············· 8-9
　──第15条 ·············· 63
　──第19条 ·············· 71
　──第22条 ·············· 71
公海の自由 ·············· 3
効果理論 ·············· 163, 172-174
航空EU-ETS ·············· 165, 172
航空機排出権事件 ·············· 165-168
拷問等禁止条約 ·············· 118-119
コール号事件 ·············· 113-115
国際海事裁判所 ·············· 71, 220-221
国際基準 ·············· 9, 151, 157, 190, 219
国際共同体の利益 ·············· 48-51, 57, 71-73, 129, 177-178, 217-218
国際人権法 ·············· 97-98, 210-211
国際人道法 ·············· 98
国際的な平等 ·············· 212-214, 219
国籍主義 ·············· 25, 38, 215
国籍剥奪 ·············· 80, 86
国連海事海洋法課 ·············· 12, 190
国連海洋法条約第11部実施協定 ·············· 3
国連事務総長 ·············· 78, 100, 124-125, 220
国家責任条文 ·············· 56, 201
国家代表等犯罪防止処罰条約 ·············· 127
国家平等原則 ·············· 18-19, 205-207, 211-212
コルフ海峡事件 ·············· 12
コントロールド・デリバリー ·············· 91

【サ行】

サイガ号事件 ·············· 222
「差別なき適用」の原則 ·············· 175-176
作用上の分類 ·············· 31-32, 37-38
参照規則 ·············· 9-11, 189-190, 218
事案関連地基準 ·············· 40-45, 166
シー事件 ·············· 110-111, 121, 200
ジェノサイド ·············· 28, 46-52, 73-78, 211
持続可能性 ·············· 22, 192
執行管轄権 ·············· 26-27, 32-33, 40-45, 52, 83-84, 94, 134, 136, 151, 199
実利の利益 ·············· 73, 132, 178, 197, 217-218
私的目的 ·············· 62-63, 109
司法管轄権 ·············· 5-6, 26-27, 32-37, 39-45, 62, 82, 94, 107-108, 192, 199-200, 215-216
自由権規約 ·············· 52, 213
重大・残虐 ·············· 28, 50, 71-73, 75-79, 94, 178, 199
主権的権利 ·············· 3, 6-7, 189
主権内在説 ·············· 42
ジュネーヴ海洋法4条約 ·············· 2, 63
ジョ事件 ·············· 170
消極的属人主義 ·············· 25, 39, 82
常設国際司法裁判所 ·············· 44
条約法条約 ·············· 76
処罰の効率性 ·············· 50-52, 82-83, 91, 132-133, 179-180
私掠船 ·············· 67, 72
真正の関係 ·············· 207
人道に対する罪 ·············· 46, 74-75, 93
新麻薬条約 ·············· 104, 139, 188, 198
人類共通の敵 ·············· 48, 75, 86-87
人類の共同遺産 ·············· 3, 20
スコチア号事件 ·············· 7
セーフガード ·············· 157, 162, 172, 194
積極的属人主義 ·············· 25, 39, 82, 215-216
絶対的平等 ·············· 207

戦争犯罪 ·· 46, 74
船舶起因汚染 ························· 9, 26-27, 147
相対的平等 ··· 207
属地主義 ····· 25, 38, 40-41, 149-150, 163
ソサン号事件 ··· 113

【夕行】

第2船籍制度 ··· 15
第2リステイトメント ······················ 33, 173
第3次国連海洋法会議 ····· 8, 14, 155-156, 160, 177, 180, 209
第3リステイトメント ····· 33-36, 93, 173
第三国 ······················ 25, 54-55, 200-202, 215, 219
逮捕状事件 ······························· 41, 47, 125
代理管轄権 ···························· 53-59, 127, 141
大陸棚条約 ··· 2
代理主義 ············· 28, 53-59, 101, 126-128, 141-143, 175-176, 200
タジマ号事件 ··· 150
ダビッド号事件 ····································· 131
通常犯罪 ······················ 73, 78, 94, 178, 199
適正手続 ·· 90, 143
適用基準 ············ 5, 25, 28, 31-32, 38-41, 51-52, 54, 82-83, 123, 132-133, 141, 163
テロ資金供与防止条約 ························· 116
伝統的枠組み ········ 2-3, 5, 7, 20, 21, 25, 187-188, 206
道徳的利益 ······ 51, 73, 75, 78, 178, 197, 217-218
逃亡犯罪人 ······························· 54, 56-58
特定的適用説 ··························· 34-37, 43
特別敏感海域 ·· 20
取締り・抑止の効率性 ············· 29, 84, 90, 198-199, 217-218
トルーマン宣言 ······························ 191, 203
奴隷貿易 ·················· 64-65, 81-82, 90-93

【ナ・ハ行】

二船要件 ·· 63, 66
入港条件 ···································· 149, 166-167
任意的管轄権 ································ 120, 127
人間中心主義 ··············· 208-211, 215-216
ハーグ条約 ························ 118, 120, 124-125
万国国際法学会 ································ 36, 39
犯罪の性質 ······· 47, 50-52, 71, 129, 177, 202, 217-219
万民法上の海賊行為事件 ························· 86
引渡しか訴追か ············· 28, 116-119, 123, 162, 176, 200
──事件 ·· 118-119
非公式単一交渉草案 ····························· 158
武装強盗 ······························ 17, 96-97, 109
普遍主義 ······· 25, 48-49, 58-59, 123-126, 141-143, 176-177, 200
普遍的執行管轄権 ····· 27, 45, 48, 94, 188
普遍的司法管轄権 ···························· 25-27
フランス海賊対処法 ··············· 104-105, 142-145, 202
フランス主義 ································· 148-149
プリンストン原則 ···················· 47, 50, 93
ヘーベイ・スピリット号事件 ···· 79, 196
便宜寄港国 ··· 180
便宜置籍船 ··············· 4, 15-16, 150, 207
法と経済学 ······································ 202-205
補完性 ······································ 214-215, 219
捕鯨事件 ··· 209
保護主義 ·· 25, 82, 215
北海大陸棚事件 ·································· 223

【マ・ヤ・ラ行】

松田草案 ································ 68-69, 87-88
マリアンナ・フローラ号事件 ············· 86
民間武装警備員 ·· 17
無害通航権 ··················· 3, 11-12, 130-132
メドヴェージェフ事件 ············ 142-143, 211
容疑者所在国 ······ 108, 116-119, 121-123,

133, 138-139, 200-201
4時間ルール ……… *28, 134, 137, 141, 201*
陸からの視点 ……………………… *23, 209*
「陸は海を支配する」の原則 ……… *223*
立法管轄権 …………………… *32-37, 161-162*
領海条約 ………………………… *2, 6, 148*

── 第20条 ……………………… *132*
リンブルグ号事件 ………………… *113, 115*
ルイ号事件 …………………… *67, 85-86*
レッド・クルセーダー号事件 ………… *222*
ローチュス号事件 ………… *23, 42-45, 123*
ロンドン会議 ……………… *152, 154-155*

著者紹介

瀬田　真（せた・まこと）

[略歴]
　1983年　茨城生まれ
　2007年　早稲田大学法学部卒業
　2008年　London School of Economics and Political Science, LLM 修了
　2013年　早稲田大学比較法研究所助手
　2015年　早稲田大学博士（法学）
　現　在　横浜市立大学国際総合科学部准教授

[主な論文]
・"Expanding the Scope of Universal Jurisdiction through Municipal Law: From Piracy to the Crime of Aggression via the Eichmann Trial", *Historical Origins of International Criminal Law*, Vol. IV（2015）
・"How do We Justify Unilateral Exercise of Port State Jurisdiction? The Challenge by the EU in Protecting the Marine Environment", *International Environmental Law: Contemporary Concerns and Challenges in 2014*, （2014）
・「海賊行為に対する普遍的管轄権の位置づけ―管轄権の理論的根拠に関する再検討―」『早稲田法学会誌』第63巻2号（2013年）
・「民間海上警備会社（PMSC）に対する規制とその課題―海賊対策における銃器使用の検討を中心に―」『海事交通研究』第61集（2012年）

海洋ガバナンスの国際法　　普遍的管轄権を手掛かりとして

2016年3月31日　第1刷発行

著　者	瀬田　真（せた・まこと）
発行者	株式会社　三　省　堂 代表者　北口克彦
印刷者	三省堂印刷株式会社
発行所	株式会社　三　省　堂 〒101-8371　東京都千代田区三崎町二丁目22番14号 電話　編集　(03) 3230-9411 　　　営業　(03) 3230-9412 振替口座　00160-5-54300 http://www.sanseido.co.jp/

©M. Seta 2016　　　　　　　　　　　　　　　　Printed in Japan

落丁本・乱丁本はお取替えいたします　　〈海洋ガバナンス・272pp.〉
ISBN978-4-385-31396-2

R 本書を無断で複写複製することは、著作権法上の例外を除き、禁じられています。本書をコピーされる場合は、事前に日本複製権センター（03-3401-2382）の許諾を受けてください。また、本書を請負業者等の第三者に依頼してスキャン等によってデジタル化することは、たとえ個人や家庭内での利用であっても一切認められておりません。